비
폭
력
의

힘

THE FORCE OF NONVIOLENCE
An Ethico-Political Bind

비
폭
력
의
힘

윤 리 학 - 정 치 학   잇 기

주디스 버틀러 JUDITH BUTLER 지음 | 김정아 옮김

문학동네

감사의 말

이 책의 기초가 된 2016년 예일대학교 태너 강연, 2018년 글래스고대학교 기퍼드 강연, 2019년 국립더블린대학교 커밍 강연 때 경청해주고 응답해주었던 분들에게 감사드립니다. 바르셀로나 현대문화센터, 취리히대학교, 파리정치대학, 도쿄의 메이지대학교, 암스테르담 자유대학교, 베오그라드대학교 철학사회이론연구소, 사회연구 뉴스쿨 비판적사회조사연구소, 비트바테르스란트대학교 사회경제연구소, 2015년에 케임브리지에서 열린 '심리와 타자' 컨퍼런스, 2014년에 열린 현대어문학협회 정례 회의에서 이 책의 논의에 비판적으로 참여해준 청중들과 동료들에게도 감사드립니다. 캘리포니아대학교 버클리에서 나와 함께 공부하는 학생들과 비판이론프로그램국제컨소시엄에서 나와 함께 일하는 동료들에게도 큰 감사를 드립니다. 당신들이 아니었더라면 내 머리는 지금보다 많이 둔해졌을 것입니다. 변함없는 지지를 보내주는 웬

디 브라운에게 언제나처럼 감사드립니다. 당신의 지성과 동행하는 것은 나의 즐거움입니다. 캘리포니아대학교 버클리의 우리 연구자들에게 소중한 친구이자 동료가 되어주었던 사바 마흐무드Saba Mahmood에게 이 책을 바치겠습니다. 당신이 살아 있었다면 이 책의 논의에 반론을 제기해주었을 것이고, 그렇게 당신과 토론할 기회가 나에게는 보물처럼 소중했을 것입니다.

이 책의 2장과 3장은 2016년 예일대학교 휘트니인문학센터 태너 강연의 증보입니다. 4장의 기초가 된 글은 리처드 깁스Richard G. T. Gipps와 마이클 레이스윙Michael Lacewing이 편집한 *The Oxford Handbook of Philosophy and Psychoanalysis*(Oxford: Oxford University Press, 2019)에 실려 있습니다.

무기나 완력이나 폭력을 사용할 수 있게 되면,
그만큼 영혼의 힘을 사용할 수 없게 된다.

마하트마 간디

폭력 아니면 비폭력 둘 중에 하나를 택하기는 이제 불가능하다.
비폭력 아니면 소멸 둘 중에 하나를 택해야 한다.

마틴 루서 킹 주니어

비폭력이라는 유산은 한 개인의 유산이 아니라, 인종차별을 자행하고
불평등을 양산하는 폭력에 결코 굴복하지 않는다고 선언하기 위해
하나가 되었던 무수한 사람들에게서 물려받은 한 사회의 유산이다.

앤절라 데이비스

서론

비폭력을 옹호하기 시작하면, 다양한 정치 스펙트럼에서 회의적인 반응이 나온다. 좌파 쪽에서는 폭력이 아니고는 근본적 차원의 사회적 경제적 변혁이 불가능하다는 말이 들려오고, 비교적 온건한 쪽에서는 그런 변혁을 성취하려면 폭력을 전술적으로 아예 포기해서는 안 된다는 말이 들려온다. 비폭력이어야 한다는 주장이든, 폭력이 도구로서 또는 전략으로서 필요하다는 주장이든, 그런 주장들이 공론화되려면 무엇을 폭력이라고 하고 무엇을 비폭력이라고 하는지 합의가 되어 있어야 한다. 비폭력을 옹호할 때 부딪치게 되는 주된 난관 중 하나는 '폭력'과 '비폭력'의 의미에 논란이 있다는 것이다. 예들 들면 어떤 사람들은 상처를 입히는 화행을 '폭력'이라고 하는데, 어떤 사람들은 명시적 위협을 제외하면 언어를 '폭력적'이라고 하는 것은 적절치 않다고 주장한다. 어떤 사람들은 폭력에 대한 제한적 시각을 고수한다고 할까, 폭력을 '구타'와 같이 물리적 차원으로 이해하는데, 어떤 사람들은 경제구조와 사법구조가 '폭력적'이라는 점을 강조한다. 경제구조와 사법구조가 언제나 물리적 폭력의 형태를 띠는 것은 아니지만, 그럼에도 신체에 해로운 영향을 미칠 수 있다는 것이다. 폭력에 관한 주요 논쟁을 보면, 전술적으로 구타의 이미지를 중심에 놓는 경우가 있다. 폭력이란 두 편이 격렬하게 대치할 때 일어나는 그 무엇이라는 식이다. 하지만 구타가 폭력이라는 사실에 굳이 토를 달지 않더라도, 사회구조가 (구조적 인종차별을 포함해) 폭력적이라는 사실을 강조할 수 있다. 그런데 머리나 몸통에 가해지는 물리적 타격이 구조적 폭력의 표출인 경우가 있으니, 그런 경우에는 해당 폭력행위가 구조와 어떻게 연결되는지를 이해할 수 있어야 한다. 실증적 설명은 폭력의 작동방식을 이해하는 데 제약을 초래하는 만큼, 구조적 폭력을 이해하려면 실증적 설명을 넘어설 필요가 있다. 한 사람은 때리고 한 사람은 얻어맞는 이미지에 의지하는 프레임을 넘어 좀더 넓은 프레임을 찾을 필요도 있다. 물론 폭력에 대한 논의가 가격, 구타, (강간을 포함한) 성폭력행위를 설명하지 못한다면, 다시 말해 친밀한 이인二人관계나 대면관계에서 폭력이 어떻게 자행될 수 있는가를 이해하는 일에 실패한다면, 폭력이란 무엇인가를 분명하게 기술하고 분석하는 일—우리가 폭력과 비폭력에 관해 논쟁할 때 실제로 무엇에 대해서 말하고 있는가를 분명히 하는 일—에 실패하게 된다.*

---

* "The Political Scope of Non-Violence", in Thomas Merton, ed., *Gandhi: On Non-Violence*, New York: New Directions, 1965, pp. 65~78 참조.

그냥 폭력에 반대한다고 발언한 뒤 그 발언을 본인의 입장으로 삼는다면 문제가 간단할 것 같다. 하지만 공론장에서 우리는 '폭력'이 불안정한 단어라는 것을 알게 된다. 공론장의 여러 입장이 이 단어의 의미론을 차지하기 위한 싸움을 벌이고 있다는 것이다. 때로 국가와 기관은 정치적 반대의견 또는 국가에 반대하거나 특정 기관의 권위에 도전하는 의견이면, 그 어떤 의견에든 '폭력적'이라는 수식어를 붙인다. 시위·점거·집회·보이콧·파업에는 매번 '폭력적'이라는 수식어가 따라온다. 물리적 싸움을 동원하려고 하지 않는 경우나 위에서 언급한 형태의 구조적 폭력에 의지하려고 하지 않는 경우에도 마찬가지다.* 이런 방식으로 국가나 기관은 비폭력적 실천들을 폭력이라고 재명명하면서, 사회적 의미론이라는 전장에서 이른바 정치적 전쟁을 벌이고자 한다. 표현의 자유를 지지하는 시위, 그 자체로 표현의 자유를 행사하는 시위가 '폭력'이라고 명명된다면, 그 이유는 하나밖에 없다. 권력이 언어를 그런 식으로 오용함으로써 반대세력을 음해하고자 한다는 것, 자유를 행사하고 지지하는 시위자들을 경찰·군대·치안 병력으로 진압하는 일을 그런 식으로 정당화함으로써 폭력을 독점하려고 한다는 것이 그 이유다. 미국학 전문가 찬단 레디Chandan Reddy에 따르면, 미국적 형태의 리버럴 모더니티하에서 국가는 폭력을 당하지 않을 자유를 보장해주는 권력체이자 인종적 소수자들과 비이성적이라고 낙

---

* 비폭력 행동을 전반적으로 살펴보려면 다음을 참조하라: Gene Sharp, *How Nonviolent Struggle Works*, Boston : The Albert Einstein Institution, 2013.

인찍혔거나 자국의 규범이 적용되지 않는 모든 타국인에게 폭력을 휘두를 수밖에 없는 권력체로 설정된다.* 이러한 시각에 따르면, 미국은 인종적 폭력을 통해 건국된 국가이자 지금도 여전히 구조적으로 소수자들에게 인종적 폭력을 휘두르고 있는 국가다. 요컨대 인종적 폭력이 국방에 복무한다는 이야기다. 미국 등지에서 흑인과 갈인褐人이 길을 가다가, 아니면 집에 있다가, 경찰에 의해서 '폭력적'이라고 오칭당하거나 오해당해 체포되거나 사살당하는 경우가 얼마나 많은가? 무기도 없는데, 걸어가거나 달려가다가, 오히려 항의하려고 하다가, 아니면 그저 깊이 잠들어 있다가 사살당하는 경우가 얼마나 많은가?** 그런 상황에서 자행된 폭력을 성공적으로 변호해내는 장면을 보면, 신기하기도 하고 끔찍하기도 하다. 그도 그럴 것이 살인적 경찰 행동을 정당방위로 보이게 하려면, 그렇게 체포되거나 사살당한 사람을 모종의 위협적 존재, 폭력을 충분히 저지를 수 있었거나 실제로 저지른 존재로 그려 보여야 한다. 그 사람이 폭력적 행동을 했다는 그 어떤 증거도 제시할 수 없는 경우에는, 폭력적이라는 것이 그 사람의 속성인 것처럼, 곧 그 사람 자체가 폭력적 부류인 것처럼 그려 보이거나, 순수한 폭력이 그 사람 안에 내재해 있으면서 그 사람을 통해 구현되고 있는 것처럼 그려 보

---

* Chandan Reddy, *Freedom with Violence: Race, Sexuality, and the US State,* Durham, NC: Duke University Press, 2011.

** 경찰에 의한 아프리카계 미국인 살인 중 "정당방위로 인정된" 살인의 통계를 보려면 다음을 보라: "Black Lives Matter: Race, Policing, and Protest", Wellesley Research Guides, libguides.wellesley.edu/blacklivesmatter/statistics.

여야 한다. 이런 그림에는 대개 인종차별이 드러나 있다.

이처럼 폭력에 대한 윤리적 찬반 논의인 것처럼 시작되는 논의는 어느새 폭력이 어떤 방식으로 정의되고 있는가, 누가 '폭력적'이라고 명명되고 있는가, 그리고 그렇게 정의하고 명명하는 것은 무엇을 위해서인가를 둘러싼 논쟁으로 넘어간다. 한 무리의 사람들이 한 장소에 모여 검열에, 또는 민주주의를 저해하는 부자유에 항의할 때, 그들이 '폭도'라고 명명된다는 것, 또는 그들이 사회질서를 어지럽히거나 무너뜨리려고 하는 세력으로 그려진다는 것은, 곧 그들이 폭력을 저지를 수 있거나 실제로 폭력을 저지르고 있는 세력으로 명명되거나 그려진다는 것이니, 이 시점에서 국가는 사회를 이 폭력적 세력으로부터 지켜야 한다는 명분을 마련할 수 있게 된다. 그렇게 명분이 마련된 뒤 감금이나 살상이 자행되었다면, 그 현장의 폭력은 국가폭력으로 출현하게 된다. 이렇듯 국가는 사람들의 저항력을 '폭력적'이라고 명명하고 재현하기 위해 주어진 권력을 이용해왔지만, 우리가 국가폭력에 '폭력적'이라는 수식어를 붙여보는 것도 가능하다. 마찬가지로 이후의 사태가 감금·상해·살해일 때, 그 현장의 폭력은 국가폭력으로 밝혀진다. 국가폭력은 국가에 맞서는 특정집단 사람들의 힘을 '폭력'이라고 명명하는 일에 그 막강한 힘을 동원해왔지만, 그렇다고 하더라도 국가폭력을 '폭력'이라고 명명하는 것이 불가능한 일은 아니다. 그런 맥락에서 보면, 2013년에 이스탄불 게지공원에서 벌어진 시위[*]를 비롯한 평화적 집회나 2016년에 터키의 여러 학자가 서명한 편지[**]를 비롯한 평화 촉구 서한은, 국가가 언론을 직접 운영하거나 충분히 통제하는 상황에서라야 비로소 '폭력적' 형상으로 재현될 수 있다. 국가가 언론을 그렇게 운영·통제하는 상황일 때라야 집회권 행사는 '테러' 신호라고 명명되고, 집회권 행사가 그렇게 명명될 때라야 국가의 검열, 경찰의 곤봉질과 스프레이 분사, 고용 중단, 무기한 억류, 투옥, 추방이 뒤따른다.

확실한 방식, 합의를 이끌어내는 방식으로 폭력을 폭력이라고 지적할 수 있다면 문제가 더 쉬워지겠지만, 그런 지적을 불가능하게 만드는 정치적 상황이 있다. 반대의견을 폭력적이라고 규정할 수 있는 권력 그 자체가 국가권력 강화의 도구—곧 반대의견의 목적을 불신하게 만드는 도구, 나아가 반대의견을 표명하는 사람들의 권익을 철저하게 박탈하고 그런 사람들을 투옥하고 살해하는 것을 정당화하는 도구—가 되는 상황이 그런 상황이다. 그런 상황에서 필요한 작업은, 그 규정의 오류와 부당성을 근거로 그 규정을 논박해내는 것이다. 하지만 무엇이 폭력이고 무엇이 폭력이 아닌지에 대한 의미론적 혼란에 파묻혀 있는 공론장 안에서 그 규정이 어떻게 논박되겠는가? 우리는 폭력과 비폭력에 관한 온갖 혼란스러운 의견을 떠안은 채 일반화된 상대주의를 인정하는 수밖에 없는 걸까? 두 가지 형태의 폭력—폭력의 방향을 왜곡하고 전도顚倒함으로써 폭력이 아닌 것을 폭력이라고 규정하는 전술과, 직접적

---

* "Gezi Park Protests 2013: Overview", University of Pennsylvania Libraries Guides, guides.library.upenn.edu/Gezi_Park 참조.
** "Academics for Peace", Frontline Defenders 공식 사이트 frontlinedefenders.org 참조.

명명과 파악을 너무 자주 빠져나가는 구조적 체제적 폭력—을 구별할 방법을 우리가 과연 마련해볼 수 있을까?

비폭력옹호론을 전개하고자 한다면, 폭력은 특정 장場(담론권력·사회권력·국가권력이 동시에 작용하는 역장)에서 어떻게 재현되고 규정되는가, 폭력의 전도는 전술적으로 어떻게 수행되는가, 그렇게 전도된 규정은 왜 망상적인가를 포착하고 평가하는 작업이 필요할 것이다. 나아가 우리는 국가폭력이 어떤 도식들을 자기정당화에 동원하는가에 대한, 그리고 그 도식들이 폭력을 계속 독점하고자 하는 권력의 노력과 어떻게 관련되어 있는가에 대한 비판 작업에 착수해야 할 것이다. 국가의 폭력 독점은 모종의 명명 관행에 의지하고 있다—폭력을 법의 강제력으로 위장하기도 하고, 대상에 가해진 폭력을 대상에 의한 폭력으로 전도함으로써 국가폭력을 외부폭력으로 재인식시키기도 하는 관행에.

비폭력에 찬성하거나 반대하는 논의를 진행하려면, 폭력과 비폭력 사이의 차이를 어느 정도 입증할 수 있어야 한다. 하지만 폭력과 비폭력의 구분이 폭력적 의도와 관행을 은폐하고 확장한다는 목적에 이용당하는 경우가 이렇게 많으니, 의미론적으로 안정된 구분에 가닿는 빠른 길은 없다. 다시 말해, 폭력이라는 단어의 용도를 정하는 개념적 도식들을 검토하고 그렇게 정해진 각각의 용도를 분석하지 않은 채로 폭력이라는 현상 그 자체를 향해 곧장 달려가기란 불가능하다. 폭력행위에 관여한 적이 없음에도 폭력 혐의로 기소당한 사람들이 기소의 부당성을 주장하려면, 폭력 혐의가 어떤 식으로 이용되고 있는가—"그런 혐의가 어떤 내용으로 되어 있는가"뿐만 아니라 "그런 혐의가 그런 내용을 가지고 어떤 효과를 내고 있는가"—를 드러내는 작업, 그런 혐의가 어떤 에피스테메 안에 있을 때 그럴 듯하게 들리는가를 드러내는 작업이 필요할 것이다. 다시 말해, 부당하게 기소당한 사람들이 기소의 부당성을 주장하기 위해 필요한 작업은 그런 혐의가 때로 신빙성을 얻는 것은 무엇 때문인지를 드러내는 작업일 것이고, 그중에서도 결정적으로 필요한 작업은 그 혐의의 화행효과를—그 혐의가 그럴 듯하다는 느낌을—폭로하고 물리치기 위해 우리가 무엇을 할 수 있는지를 보여주는 작업일 것이다.

그 길로 접어들기 위해서는 '폭력'과 '비폭력'이 용도에 따라서 의미가 달라지거나 왜곡된다는 점을 받아들여야 하지만, 무엇이 폭력이고 무엇이 비폭력인지가 집권세력에 의해 결정된다는 생각을 바탕으로 삼는 식의 허무주의를 받아들여서는 안 된다. 이 책의 과제 중 하나는, 폭력이 정치적 이권에 보탬이 되고 때로 국가폭력 그 자체에 보탬이 되기도 하는 여러 도구적 정의들의 대상이 된 지금 같은 상황에서, 폭력의 정의를 발견하고 확보하는 것이 얼마나 어려운 일인가를 인정하는 일이다. 내가 볼 때 그것이 어려운 일이라는 말은, 폭력과 비폭력의 도구적 구별의 거짓됨과 유해함을 폭로하고자 한다면, 비판적 사고라는 과제를 망치는 혼돈의 상대주의로 가야 한다는 뜻이 아니다. 폭력과 비폭력은 둘 다 이미 해석된 상태로, 선행 용법들에 의해 정리된 상태로, 윤리적 논쟁의 장이나 정치적 분석의 장에 들어오게 된다. 우리가 국가폭력에 반대하기를 희망한다면, 그리고 좌파의 폭력 전술들을 정당화할 수 있는가를 성찰하기를 희망한다면, 폭력과 비폭력 각각을 해석 대상으로 삼고 폭력과 비폭력의 구별을 평가 대상으로 삼아야 한다는 요구를 피해갈 방법은 없다. 우리가 여기서 도덕철학의 흐름을 타고 있을 때, 도덕철학과 정치철학의 혼류가 우리를 덮친다. 이 혼류는 우리가 어떤 경로로 정치를 하게 될 것인가뿐만 아니라 우리가 만들려고 하는 세상은 어떤 세상일 것인가를 좌우한다.

좌파 진영에서 폭력의 전술적 사용을 옹호할 때 가장 자주 내놓는 논의 중 하나는, 많은 사람이 이미 폭력장 안에서 살아가고 있다는 주장으로 시작된다. 이 논의에 따르면, 이미 폭력은 저질러지고 있으니 폭력에 들어선다는 것은 선택의 문제(폭력적 행동을 하기로 하느냐 마느냐의 문제)가 아니라는 것이다. 이미 우리는 폭력장 안에 있다는 것이다. 이런 관점에 따르면, 윤리적 성찰을 통해 폭력적 행동을 감행할 것인가 말 것인가의 여부에 거리를 둘 수 있다는 것 자체가 특권이자 사치(권력이 어디에 어떻게 위치해 있는가를 보여주는 지표)다. 그렇게 보자면, 누군가는 이미 (그리고 의도치 않게) 폭력의 역장에 들어서 있으니, 폭력적 행동을 고려하는 일은 선택이 아니다. 폭력은 언제나 저질러지고 있기 때문에 (그리고 소수자에게는 폭력이 정기적으로 저질러지고 있기 때문에) 그런 상황에서의 저항은 오히려 맞폭력이다.* 혁명적 목적을 위해 '폭력적 투쟁'이 필요하다는 좌파 진영의 일반적 전통적 주장

---

* 저항에 관한 철저한 논의(저항의 역설적 정식화 작업들까지도 포함하는 논의)는 다음을 참조하라: Howard Caygill, *On Resistance: A Philosophy of Defiance*, New York: Bloomsbury, 2013.

과는 달리, 위 주장에서는 비교적 특수한 정당화 전략들이 작동하고 있다. 즉 우리를 겨냥한 폭력이 저질러지고 있으니 우리가 (1) 폭력을 시작한 사람들을 상대로, (2) 그리고 우리한테 폭력을 저지른 사람들을 상대로 폭력적 행동에 나서는 것은 정당하며, 우리가 폭력적 행동에 나서는 것은 우리 자신의 삶을 위해서이자 이 세계에서 살아갈 우리의 권리를 위해서다라는 식의 정당화가 작동하고 있는 것이다.

이렇듯 폭력에 저항하는 것은 맞폭력이라는 주장이 제기될 때, 우리는 몇 가지 질문을 던져볼 수 있다. 폭력은 항상 순환중에 있고 이미 우리가 폭력장 안에 있다 하더라도, 폭력의 순환이 계속될 것인가의 여부에 의견을 내놓고 싶지는 않은가? 항상 순환한다고 해서 순환이 불가피하다고 결론지어야 하는가? 순환의 불가피함을 반박한다는 것에 어떤 의미가 있지는 않겠는가? 폭력에 저항하는 것이 맞폭력이라는 주장은 "상대편도 그렇게 하니까 우리도 그렇게 해야 한다"는 논의가 될 수도 있고, "상대편이 우리에게 그렇게 하니까 우리도 자기보존을 위해 상대편에게 그렇게 해야 한다"는 논의가 될 수도 있다. 둘은 별개의 주장이지만, 둘 다 중요한 주장이다. 첫번째 주장은 단순한 상호성 원리를 고수하면서 상대방이 어떤 행동을 한다면 나에게도 상대방과 똑같은 행동을 할 자격이 있음을 말한다. 하지만 이런 식의 논의로는 애초에 상대방의 행동이 정당한가에 대한 질문을 회피하게 된다. 두번째 주장은 폭력과 자기방어, 폭력과 자기보존이 연결돼 있음을 말한다. 이런 식의 논의에 대해서는 이어지는 장들에서 더 다루겠지만, 여기서도 몇 가지 질문을 던져볼 수 있다. 자기방어self-defense에서 '자기self' 는 누구인가?[*] 그 자기는 어떤 식으로 다른 자기들로부터 역사, 영토, 그리고 그밖에 그 자기의 결정적 관계들로부터 윤곽을 얻게 되는 것일까? 폭력의 대상이 되고 있는 사람도, 어떻게 보면 폭력행사를 통해 스스로를 방어하고 있는 '자기'의 일부가 아닐까? 둘 사이의 관계가 둘을 근본적으로 정의하는 관계일 때라야, 비로소 다른 사람에게 가해진 폭력이 곧 자기에게 가해진 폭력이기도 하다는 말에 의미가 생긴다.

위 문단의 마지막 말 속에 이 책의 핵심이 담겨 있다. 누군가가 다른 누군가에게 폭력을 저지르는 대신 비폭력을 실천하고 있다면, 그 둘 사이에는 이미 어떤 사회적 관계가 있었을 것이다. 두 사람 사이에 사회적 관계가 있다는 말은, 두 사람이 서로의 일부라는 뜻, 두 사람 각각의 자기가 서로 맞물려 있다는 뜻이다. 그렇게 보자면 비폭력은, 사회적 관계를 (아무리 복잡다단한 것이라 해도) 인정하는 한 방법이자 이미 그런 관계가 있었다는 데서 비롯되는 당위적 소망을 긍정하는 한 방법일 것이다. 그런 까닭에, 비폭력의 윤리학은 개인주의를 근간으로 삼아서는 안 되며, 오히려 윤리학과 정치학 양자의 토대로서의 개인주의 비판에 앞장서야 한다. 비폭력의 윤리학-정치학은 각각의 자기가 상대를 지탱할 수 있는 것에 못지않게 상대를 망가뜨릴 수도 있는 여러 관계에 얽매여 있는

---

[*] Elsa Dorlin, *Se défendre: Une philosophie de la violence*, Paris: La Découverte, 2017(한국어판: 엘자 도를랑, 『자신을 방어하기』, 윤김지영 옮김, 그린비, 2020).

서로의 삶 속에 어떤 방식으로 맞물려 있는가를 설명할 수 있어야 할 것이다. 상대를 얽매고 상대를 정의하는 이런 관계들이 양방향적 인간관계 너머까지 확장되는 만큼, 비폭력 또한 인간관계 차원에 머물고 있기보다는 살아 있는 모든 관계, 서로가 서로의 구성요소가 되는 모든 관계의 차원으로 확장된다.

하지만 사회적 관계를 그런 식으로 연구하려면 우선 폭력적 관계에 처해 있는 두 주체가 잠재적으로 또는 실제적으로 어떤 종류의 사회적 유대로 묶여 있는지를 알아야 할 것이다. 자기라는 존재가 다른 존재들과의 관계를 통해 구성되는 것이라면, 자기를 보존하거나 부정한다는 말의 의미 중 하나는 자기를 정의하면서 동시에 자기를 둘러싼 세계를 정의하는 확장된 사회적 끈들을 보존하거나 부정한다는 말이다. 이 연구의 방향은 자기라는 존재는 자기의 개인적 자기보존을 위해 폭력적으로 행동할 수밖에 없으리라는 생각에 맞서는 것이고, 이 연구의 전제는 비폭력이 개인주의의 정치적 유산에 대한 비판작업뿐 아니라 이기주의 윤리학egological ethics에 대한 비판작업을 요구한다는 것, 그리고 그것은 자기감selfhood이 사회적 관계성의 다사다난한 역장이라는 생각을 가능하게 하기 위한 요구라는 것이다. 그 관계성을 정의하는 것들 중에는 물론 부정적 차원—예를 들면 갈등, 분노, 또는 공격성—도 있다. 인간관계가 잠재적으로 파괴적이라고 해서 모든 관계성을 부정할 수 있는 것도 아니고, 관계적 관점을 채택한다고 해서 사회적 끈들이 이처럼 잠재적으로 또는 실제적으로 파괴되고 있음을 외면할 수 있는 것도 아니다. 요컨대 관계성이란, 그 자체로 바람직한 것도 아니고 이어져 있다는 표시도 아니며 파괴라는 반테제에 맞세워야 할 윤리적 당위도 아니다. 오히려 관계성이란 어떤 곤란하고 양가적인 역장이니, 윤리적 의무의 문제를 풀기 위해서는 관계성의 항시적 구성요소로서의 잠재적 파괴성을 고려해야 한다. 윤리적 결단을 내리고 '옳은 일을 하려는' 사람은, 그것이 어떤 일이든 그 결단을 조건짓는 분열과 투쟁을 거칠 수밖에 없다. 옳은 일을 해야 한다는 과제는 반성의 차원 너머에, 즉 내가 나 자신과 맺고 있는 관계의 차원 너머에 있다는 뜻이다. 비폭력이라는 과제도 마찬가지다. 세계가 폭력장으로 그려져 있는 지금, 세계에 폭력만 가득한 것 같고 아무 출구도 없는 것 같은 지금, 그 세계 속에서 어떻게 살고 어떻게 행동해야 폭력이 억제되거나 완화될 수 있을까 그 방법을 모색하는 것이 바로 비폭력의 과제다. 신체가 그러한 방향 전환의 벡터로 작용할 수도 있지만 담론, 집단적 실천, 인프라, 제도도 그렇게 작용할 수 있다. 이러한 주장에 따르면 (비폭력옹호론이 비현실적이라는 반론에 대한 재반론으로서) 비폭력은 현실이라고 셈해지는 무언가를 비판할 것을 요구하면서, 지금 같은 때일수록 반反현실주의counter-realism가 위력적이고 필수적이라는 것을 역설하고 있다. 어쩌면 비폭력은 지금처럼 구성되어 있는 현실과 결별할 것을 요구하면서, 앞으로 더 새로운 정치적 상상계에서의 가능성들을 펼쳐 보여주고 있는지도 모르겠다.

좌파 진영의 많은 사람은 비폭력에 대한 믿음은 있어야겠지만 자기방어만은 예외라고 주장한다. 그 주장을 이해하기 위해서는 그 '자기'가 누구인지, 자기의 영토는 어디까지이고 자기의 영토가 아닌 곳은 어디부터인지, 자기의 구성요소로 어떤 끈들이 포함되는지 알 필요가 있을 것이다. 내가 방어하는 자기가 나거나 나의 친척들이거나 나의 커뮤니티, 나의 국가, 나의 종교에 속한 사람들이거나 나와 같은 언어를 쓰는 사람들이라면, 그런 나는 나를 닮은 사람들의 삶은 지키려고 하겠지만 나를 닮지 않은 사람들의 삶은 굳이 지키려고 하지 않는 클로짓 공동체주의자에 불과할 것이다. 그런 나는 오직 나의 '자기'만 자기로 인정되는 세계에서 살고 있는 것 같기도 하다. 이렇듯 지켜질 가치가 있다고 여겨지는 자기네가 따로 있고 그렇지 못한 자기네가 따로 있다면, 자기방어를 위해 저질러지는 폭력을 정당화한다는 것은 문제가 아닐까? 애도가치 grievability를 전 지구적 스펙트럼에서 인구집단별로 등급화하는 식의 불평등을 설명해내려면, 바로 그 차별을, 곧 소중한 생명(사라진다면 애도될 생명)이 따로 있고 하찮은 생명이 따로 있다는 그 그로테스크한 차별을 만들어내는 인종 도식을 반드시 고려해야 한다.

자기방어가 비폭력을 실천해야 한다는 당위에 대한 정당한 예외로 간주되곤 하는 지금, 우리는 (1) 여기서 자기에 해당하는 것은 누구인가? 하는 질문과 (2) 자기방어의 '자기'는 어느 정도까지 포괄적인가?(위에서 말했듯 가족, 커뮤니티, 종교, 국가, 전통적 영토, 관행적 실천을 포함하는가?) 하는 질문 둘 다를 고려해야 한다. 애도가치를 인정받지 못한 생명들(사라진다고 해도 애도 대상이 될 수 없다는 듯 함부로 다루어지는 생명들), 프란츠 파농이 "비존재 지대zone de non-être"라고 부른 곳으로 이미 밀려나 있는

생명들에게는, '흑인의 생명도 소중하다Black Lives Matter' 운동에서
도 알 수 있듯, 생명이 소중하다는 발언이 도식의 타개책이 될 수
있다. 생명은 현상계 내에서 물리적 형태를 띤다는 의미에서뿐만
아니라 평등하게 인정받아야 할 가치를 지닌다는 의미에서도 소중
하다. 하지만 권력을 휘두르는 사람들 쪽에서 자기방어를 주장하
게 되면, 권력이, 그리고 권력에 따르는 혜택이, 그리고 권력이 상
정하고 산출하는 불평등이 방어 대상이 되는 경우가 얼마나 많은
지 모른다. 그런 주장에서 방어 대상이 되는 '자기'는 백인에 속하
거나 특정 국가에 속하거나 국경분쟁에서 한쪽 편에 속하는 사람
들과 동일시되는 자기이니, 자기방어 조항들이 전쟁 의도들을 강
화하게 되는 것은 불가피한 수순이다. 그런 식의 '자기'는 일종의
권역regime ─ 피부색·계급·특권의 측면에서 비슷하게 느껴지는 사
람들을 모두 그 확장된 자기의 일부로 포함시키고, 이를 통해 그
경제 내부에서 다르다고 느껴지는 사람들을 그 경제로부터 배척하
는 주체/자기의 권역 ─ 으로 작용할 수도 있다. 우리는 자기방어가
외부로부터 가해진 타격에 대한 반발이라고 생각하지만, 그런 타
격이 전혀 없어도 특권층의 자기는 자기방어의 경계선을 긋고 공
권력을 동원할 수 있다. 스스로에게 폭력을 휘두를 자격을 부여했
으니, 폭력을 분출시키는 데는 '가능한 위협' ─ 다시 말해 상상 속
의 위협, 위협당한다는 망상 ─ 으로 충분하다. 철학자 엘자 도를
랭Elsa Dorlin도 지적했듯, 모두의 자기가 자기방어 자격을 인정받
는 것은 아니다.* 예를 들어 법정에서 정당방위를 주장한다고 치
자. 쉽게 인정받는 주장은 누구의 주장이고 불신당하거나 무시당

하기 쉬운 주장은 누구의 주장인가? 다시 말해 정당방위의 대상이 될 만하다고 여겨지는 자기는 누구의 자기인가? 법을 적용하는 권력 프레임들 안에서 가치 있는 생명, 지켜질 만한 생명, 사라져서는 안 되는 생명으로 조명될 수 있는 생명은 누구의 생명인가?

좌파 진영이 폭력 사용을 옹호하면서 내놓는 가장 강력한 논의 중 하나는, 폭력 사용이 전술적으로 필요하다는 것, 구조적 폭력을 물리치거나 폭력적 정권(예를 들면 아파르트헤이트·독재·전체주의)을 무너뜨리기 위해서는 폭력을 사용할 수밖에 없다는 것이다.** 정말 그럴 수도 있고, 내가 그 말을 반박하겠다는 것도 아니다. 하지만 그 말이 의미 있는 논의로 성립하려면, 정권의 폭력과 정권의 전복을 겨냥한 폭력이 어떻게 구별되는지 우리가 알고 있어야 할 텐데, 그 구별이 항상 가능할까? 때로는 그 구별이 무너질 수 있다는 사실을 감수하는 것도 필요하지 않을까? 표현을 바꾸자. 폭력이 그 구별을 안중에 둘까? 우리가 만들어내는 구별 체계들을 폭력이 과연 안중에 둘까? 폭력을 쓰면 그만큼의 폭력이 새로 만들어지지 않을까? 그렇게 새로 만들어진 폭력이 어디를 향할

---

* 같은 책.

** Friedrich Engels, *Anti-Dühring*, Moscow: Progress Publishers, 1947(한국어판: 프리드리히 엥겔스, 『반뒤링론』, 김민석 옮김, 새길아카데미, 2012); Étienne Balibar, "Reflections on Gewalt", *Historical Materialism* 17:1, 2009; Yves Winter, "Debating Violence on the Desert Island: Engels, Dühring and Robinson Crusoe", *Contemporary Political Theory* 13:4, 2014; Nick Hewlett, "Marx, Engels, and the Ethics of Violence in Revolt", *The European Legacy: Toward New Paradigms* 17:7, 2012, and *Blood and Progress: Violence in Pursuit of Emancipation*, Edinburgh: Edinburgh University Press, 2016 참조.

지 미리 제어할 수도 없지 않을까?

때로 폭력옹호론은 폭력이 어떤 다른 목적을 달성하기 위한 수단일 뿐이라고 주장한다. 그럴 때는 이렇게 질문할 수 있다. 폭력이 폭력(폭력의 다양한 체제, 폭력 정권)을 무너뜨리는 도구나 수단 차원에 머무르는 것(폭력 그 자체가 목적이 되지 않는 것)이 과연 가능한가? 도구주의적 폭력옹호론이 성립하려면 폭력을 도구의 자리, 수단의 자리에 잡아둘 수 있다는 것(폭력 그 자체가 목적이 되지 않게 할 수 있다는 것)을 보여줄 수 있어야 할 텐데. 도구를 사용해 그런 목적을 실현하고자 한다는 것은 도구가 하나의 행동이 완결되기까지 하나의 분명한 의도를 꾸준히 따를 수 있음을 전제하고 있다. 도구주의적 폭력옹호론이 성립하려면 하나의 폭력 행동이 언제 완결될지를 알아야 할 텐데. 폭력이 통제 불능상태에 빠진다면 어떡하지? 폭력이 전혀 의도하지 않았던 목적을 위해 사용되면서 애초의 의도를 초과하거나 거역한다면 어떡하지? 아니, 폭력이라는 것이 원래 "통제 불능상태에 빠지는" 종류의 현상이라면 어떡하지? 그리고 마지막으로, 어떤 목적을 달성하려는 수단으로 폭력을 쓰는 일이 명시적으로 또는 암시적으로 폭력의 쓰임을 더 광범위하게 허용하는 일이라서, 그렇게 허용된 폭력이 세계에 더 많은 폭력을 불러오면 어떡하지? 그러다가 결국 서로 상반된 의도를 지닌 사람들이 새로 허용된 그 폭력에 의지해 저마다 각자의 의도를 실현하고자 하는 상황이 올 수도 있지 않을까? 애초에 폭력을 써서 이루려고 했던 목표와는 전혀 다른 파괴적인 무언가—분명한 의도에 의해서 통제되지 않을 수도 있을, 목표도 없고 의도도 없는 파괴성으로 밝혀질 수 있을 무언가—를 이루려고 하는 상황이 올 수도 있지 않을까?*

그렇게 보자면, 폭력과 비폭력에 관해 어떤 이야기를 시작하든 우리는 또다른 몇 가지 쟁점에 붙들리게 된다. 첫째, 완전히 다르게 해석되고 있는 상황들을 가리키기 위해 전략적으로 '폭력'이라는 용어가 쓰이고 있다는 사실은 폭력은 언제나 해석된 상태임을 알려준다. 이 테제가 의미하는 바는 폭력이 주관적 자의적 설명이라는 의미에서의 해석에 불과하다는 것이 아니다. 폭력은 서로 철저하게 이질적이기도 하고 서로 충돌하기도 하는 여러 프레임 안에서 조명된다는 것, 따라서 어느 프레임(들)에 의해 정리되어 있느냐에 따라 다른 방식으로 조명되거나 아예 조명되지 못한다는 것이 이 테제의 의미에 가깝다. 폭력을 안정적으로 정의하는 데 더 필요한 작업은, 폭력 사례의 나열이 아니라, 서로 충돌하는 정치 프레임들 내부에서 폭력성 개념이 어떻게 동요하는지를 설명하는 작업이다. 이 책의 목표 중 하나가 바로 그 작업을 위한 새로운 프레임을 구축하는 것이다.

둘째, 비폭력을 윤리적 입장 중 하나(개인적 양심의 문제, 곧 개인이 폭력적 방식에 관여하지 않기로 한 이유의 문제)로 이해하는 경우가 많지만, 비폭력을 실천해야 하는 가장 설득력 있는 이유는 개인주의 비판과 직접적으로 맞물려 있는 문제이자, 사회적 유

---

* 반대편 관점을 보려면 Scott Crow, ed., *Setting Sights: Histories and Reflections on Community Armed Self-Defense*, Oakland: PM Press, 2018 참조.

대관계를 우리 생명체의 구성요소로 재검토할 것을 요구하는 문제일 수 있기 때문이다. 개인이 폭력적으로 행동한다면 개인적 양심이나 개인적으로 간직하고 있던 원칙들을 저버리게 된다는 단순한 문제가 아니라, 폭력이 휘둘러진다면 사회적 삶, 곧 사회적 동물로서의 삶을 살아가는 데 필요한 '끈들'이 위험에 빠진다는 문제인 것이다. 자기방어를 근거로 폭력을 정당화하는 논의도 마찬가지다. 얼핏 보면 이 논의는 그 '자기'가 어떤 존재인지, 자기를 가질 권리를 누가 가지는지, 자기의 테두리는 어디까지인지 미리 다 알고 있는 말 같다. 하지만 '자기'를 관계적인 것으로 본다면, 자기방어를 옹호하려는 사람은 그 자기의 테두리가 어떻게 정해지는지에 대해 분명한 설명을 내놔야 한다. 한 사람의 자기가 다른 사람들의 자기와 불가분으로 연결되어 있다면, 그래서 후자 없이 전자를 생각하는 일이 불가능하다면, 그 한 사람의 자기는 언제 어디에서 시작해서 언제 어디에서 끝난다는 것인가? 그렇게 보자면 폭력에 대한 반박작업은, 개인주의에 대한 비판작업뿐 아니라 비폭력을 요구하는 사회적 유대관계들에 대한 상술작업을 함축하고 있다. 개인윤리로서의 비폭력이 지금 유지되고 있고 계속 유지될 수 있는 유대관계들의 사회철학에 자리를 내주게 되는 것은 그 작업을 통해서다.

아울러, 어떠한 사회적 유대관계가 마련되어야 하는가라는 질문은 지켜질 가치가 있는 '자기들'의 모습이 특정한 정치적 장 안에서 사회적으로 불평등하게 그려진다는 사실과 함께 제기되어야 한다.* 사회적 유대관계의 모습—생명이 위태로워지는 것을 막는 끈의 모습―은 사회적 존재론의 차원―사회적인 것의 형이상학이라기보다는 사회적 상상계라고 인식되어야 할 무언가의 차원―에서 그려져야 한다. 표현을 바꾸면, 사회적 상호의존성이 생명의 한 속성임을 보편적인 방식으로 언명한 뒤에야 비로소 우리는 사회적 상호의존성에 대한 공격으로서의 폭력에 대해 설명할 수 있다(폭력이 사람을 공격하는 것도 맞다. 하지만 더 근본적으로 폭력은 '유대관계'를 공격한다). 상호의존성은 자립과 의존의 차이점을 설명해주기도 하지만, 어쨌든 사회적 평등―모두가 저마다 의존적이라는 것, 모두가 의존관계(의존하는 동시에 의존되는 관계)를 통해 형성되고 지속된다는 것―을 함축한다. 각자 무엇에 의존하고 있는지, 무엇이 각자에게 의존하고 있는지는 저마다 다르지만(의존관계에는 다른 인명만 있는 것이 아니라 동식물도 있고 환경도 있고 인프라도 있기 때문이다), 어쨌든 우리는 그 모두에 의존하고 있고, 살 만한 세계의 지속을 위해서 그 모두가 우리에게 의존하고 있다. 이런 맥락에서 평등을 말한다는 것이 ('인人'이 개별자로서의 개인, 개별자의 테두리에 의해 정의되는 개인을 뜻한다면) 만인萬人의 평등에 대해서 이야기하는 것은 아니다. 개별자에도 테두리가 없는 것은 아니니 개별성이 없는 것은 아니지만, 개별성은 상호관계성에 의해 정의되고 지속되는 존재들beings을 서로 구분하는 특성, 곧 존재들의 부차적인 특성이다. 존재들이 상호관계적이라는 감각이 없을 때, 우리는 신체라는 테두리를 사람

---

* E. Dorlin, *Se défendre*, pp. 41~64.

의 문턱이 아닌 끝점으로 간주하게 된다. 신체는 통과와 투과의 현장이자 타자를 향해 열려 있음의 증거이며(이것이 신체 그 자체를 정의하는 일차적 특성이다), 이렇듯 신체가 곧 문턱이라는 생각은 신체가 하나의 단위라는 생각을 약화시킨다. 이제 사람들의 평등은 바로 이 사회적 상호의존성의 맥락 속에서 고려되어야 하니, 평등은 각각의 추상적 개인에게 동일한 가치를 매기는 셈법으로 축소될 수 없게 된다. 각 개인이 평등한 대우를 받아야 하는 것은 맞지만, 생명이 사회적으로 조직되어 있는 곳—물적 자원, 식량 분배, 주택, 노동, 인프라가 살아갈 수 있음liveability의 조건들에서 평등을 지향하는 곳—의 바깥에서 각 개인을 평등하게 대우하는 일은 불가능하다. 그러니 '평등'이라는 말을 조금이라도 실체적으로 규정하려면 살아갈 수 있는 이 조건들에서의 평등을 말하지 않을 수 없다.

여기서 한발 더 나아가, 누구네 생명이 지켜져야 하는 '자기네' 생명—다시 말해 자기방어 대상이 될 만한 생명—으로 셈해지고 있느냐를 질문할 때, 누구네 생명이냐에 따라 생명가치와 애도가치를 불균형적으로 부여하는 식의 불평등이 일반화되어 있음을 우리가 인식하고 있는 경우에만 이 질문은 의미가 있다. 이 불평등은 특정 프레임 안에서는 확고히 자리잡혀 있지만 어디까지나 역사적인 불평등이고, 상충하는 프레임들은 이 불평등에 이의를 제기하고 있다. 누군가의 생명에 어떠한 내재적 가치가 있는지에 대해 이 불평등은 아무 말도 해주지 않는다. 여기서 한발 더 나아가, 가치가 있느냐 없느냐, 보호 대상이 되느냐 방치 대상이 되느냐를 인구군에 따라 차별하는 식의 일반화된 불평등에 대해 생각할 때, 우리는 생명들의 불평등한 애도가치를 정함으로써 생명들의 불평등한 가치를 정하는 식의 권력을 발견하게 된다. 여기서 내가 '인구군들'을 사회학적 기정사실로 다루려는 것은 아니다. 인구군이 어떻게 생겨나는고 하니, 공통된 상해와 파괴에 노출됨으로써, 공통으로 적용되는 차별을 통해서 생겨나기도 하니까 말이다. 이 차별 속에서 어떤 인구군은 애도될 가치가 있다고 여겨지고(그래서 지속될 만하다), 어떤 인구군은 애도될 가치가 없다고 여겨진다(이미 죽은 셈 쳐지고, 그래서 쉽게 파괴되거나 쉽게 파괴의 힘 앞에 노출된다).

사회적 유대관계에 대한 논의나 불평등한 애도가치의 인구학은 폭력을 정당화하거나 비폭력을 옹호하는 주장들을 논의했던 이 책의 도입부와 상관없어 보일지도 모르겠다. 하지만 여기서 논점은, 그 모든 주장에서 폭력은 곧 해석이며 따라서 그 주장들은 무엇이 폭력으로 간주되는가에 대한 어떤 생각들을 전제하고 있다는 것, 또한 그 주장들은 개인주의를 바라보고 사회적 관계성, 상호의존성, 인구학, 평등을 바라보는 어떤 관점들을 전제하고 있다는 것이다. 우리가 던지는 질문이 '폭력은 무엇을 파괴하는가? 우리가 비폭력을 위해 폭력을 폭력으로 명명하면서 폭력에 반대할 때 그 근거는 무엇인가?'라면, 폭력의 관행(제도·구조·체제)들에 대한 우리의 논의는 그것들이 파괴하고 있는 삶의 조건들을 위한 논의여야 한다. 우리가 삶의 조건들과 살아갈 수 있음의 조건들에 대해 알지 못한다면, 그리고 그 조건들이 인구군에 따라 어떻게 달라지는지를 알지 못한다면, 폭력이 무엇을 파괴하고 있는지는 물론이고 우리가 왜 걱정해야 하는지도 알 수 없을 것이다.

셋째, 발터 벤야민이 1920년에 「폭력 비판을 위하여」에서도 밝혔듯, 도구주의 논리는 폭력이 정당하다고 주장해온 주류 논의 사이에서 가장 큰 힘을 발휘해왔다.* 이 복잡한 에세이에서 벤야민이 가장 먼저 제기하는 문제 중 하나는 '도구주의 프레임이 폭력에 대한 사유에 필요한 프레임으로 받아들여져온 것은 무엇 때문인가?'다. '폭력이라는 수단을 통해 어떤 목적을 달성할 수 있는가?'라고 묻는 대신, 이 질문을 돌려 세워 이 질문을 상대로 '도구주의 프레임, 다시 말해 수단/목적의 이분법에 의지하는 프레임을 통해 폭력의 정당성을 주장할 수 있다면, 도구주의 프레임의 정당성은 무엇을 통해 주장할 수 있는가?'라고 묻는 것도 가능할 것이다. 하지만 벤야민의 논점은 조금 다르다. '폭력에 대한 논의가 폭력의 정당화 가능성 여부라는 프레임 안에 갇혀 있다면, 폭력이 어떻게 현상되는지를 그 프레임이 미리 결정해놓지 않았겠는가?'가 오히려 벤야민의 논점이다. 벤야민의 분석을 통해, 우리는 폭력이 어떻게 현상되는지가 도구주의 프레임을 통해 결정되는 방식들에 주의를 환기하게 될 뿐 아니라 '폭력과 비폭력을 도구주의 프레임 너머에서 논

---

* Walter Benjamin, "Critique of Violence", in Marcus Bullock and Michael Jennings, eds., *Walter Benjamin: Selected Writings, Volume 1: 1913~1926*, Cambridge, MA: Harvard University Press, 2004; Walter Benjamin, *Zur Kritik der Gewalt und Andera Aufsätze*, Frankfurt: Suhrkamp, 1965 (한국어판: 발터 벤야민, 『폭력 비판을 위하여 외』(선집 5), 최성만 옮김, 2008; 「폭력의 비판을 위하여」, 『법의 힘』, 자크 데리다, 진태원 옮김, 문학과지성사, 2004).

의하는 것이 가능한가? 그런 논의가 시작될 때, 윤리적이면서 정치적인 비판적 논의를 위한 어떤 새로운 가능성들이 생겨나는가?'라는 질문을 제기하게 된다.

정당화되는 폭력은 무엇이고 그렇지 못한 폭력은 무엇인가라는 질문을 유보하고 싶지 않은 많은 독자들은 벤야민의 「폭력 비판을 위하여」 앞에서 불안을 느낀다. 이 질문을 유보하면 모든 폭력이 정당화되어버릴지도 모른다는 두려움 때문인 것 같다. 하지만 정당화 도식으로 돌아가는 것을 이 질문의 결론으로 삼는다면, 도구주의 논리에 이의를 제기할 때 어떤 가능성이 생겨나는지를 숙고할 수 없게 된다. 벤야민이 그와 같은 숙고에 필요한 종류의 대답들을 던져주는 것은 아니지만, 우리가 테크네의 맥락 바깥에서 폭력 관련 논의들을 살펴볼 수 있는 것은 벤야민이 수단/목적 프레임에 이의를 제기해준 덕분이다. 폭력이 그저 잠정적인 전술이나 도구라고 주장하는 사람들을 볼 때, 그들의 입장에 대한 한 가지 반론은 '도구가 도구 사용자들에 의해 사용될 수 있다면, 그런데 폭력이 도구들 중 하나라면, 폭력이 폭력 사용자들에 의해 사용될 수 있다는 결론이 나오지 않는가?'라는 질문의 형태를 띠게 된다. 누군가 나서서 폭력을 도구로 사용하기 전에 폭력이 이미 이 세계에서 행사되고 있는 것은 사실이고, 그 사실 자체만으로는 그 사용에 정당성이 생기는 것도 아니고 그 사용이 하찮아지는 것도 아니다. 하지만 도구가 애초에 그 도구를 사용하게 하는 특정한 세계를 전제하는 특정한 실천의 일부라는 점과 도구를 사용하는 일이 특정한 유형의 세계를 만들거나 다시 만드는 일, 곧 그 도구를 사용해온 역사를 활성화하는 일이라는 점은 매우 중요한 것 같다.* 우리 중 하나가 폭력을 행사하는 경우, 그 폭력행위 속에서, 그리고 그 폭력행위를 통해서, 우리는 더 폭력적인 세계를 건설하게 된다. 처음에는 그저 도구, 곧 테크네로—목표했던 것이 이루어졌을 때 폐기되어야 하는, 수단으로서의 방법으로—보일 수도 있을 무언가가, 나중에는 프락시스로—목표하는 것이 실현되고 있을 때(다시 말해 목표 실현과정중에 목표를 전제하고 재연함으로써) 비로소 목표를 세우게 되는, 과정으로서의 방법으로—밝혀진다. 이것은 도구주의 프레임 안에서는 포착될 수 없는 과정이다. 폭력의 용도를 목적이 아닌 수단으로 한정짓기 위한 노력에도 불구하고, 수단으로서의 폭력 실현이 의도치 않게 그 자체로 목적이 되면서 새로운 폭력을 만들어낼 수도 있고 폭력을 새로 만들어낼 수도 있고 금지된 폭력을 허용할 수도 있고 더 심한 폭력을 허용할 수도 있다. 폭력은 정의로운 목적 실현과 함께 소진되는 대신 숙고된 의도와 도구 도식 둘 다를 초과하면서 계속 새로워진다. 다시 말해 폭력 사용이 비폭력적 목적을 달성하기 위한 수단일 수 있다는 듯이 행동하는 것은, 곧 폭력 실천이 그 행동 속에서 폭력을 목적으로 정립된다는 점을 외면하는 일이다. 테크네는 프락시스에 의해 훼손되게 마련이고, 폭력 사용은 세계에 더 많은 폭력을 들여옴으로써 세계를 더 폭력적인 곳으로 만들 뿐이다. 자크 데리다의 벤야민

---

* 나의 글 "Protest, Violent, and Nonviolent", *Public Books*, 2017. 10. 13, publicbooks.org 참조.

독해는 정의가 법을 초과하는 방식에 초점을 맞춘다.* 하지만 법 너머에서 거버넌스의 기술이 작동할 가능성을 신적 폭력이 열어 보여줄 수도 있지 않을까? 그럴 수 있다면, 정당하다는 것은 무엇 인가에 관한, 그리고 우리가 '폭력'이라고 부르는 것이 어떻게 정 당화 프레임에 의해 일부 결정되는가에 관한 해석 논쟁이 시작될 수도 있지 않을까? 우리는 이 문제를 「3장 비폭력의 윤리학-정치 학」에서 살펴볼 것이다.

이 책에서 나는 비폭력에 대한 몇 가지 편견을 깨뜨리고자 한 다. 첫째, 비폭력이 모종의 가능한 행동장行動場과의 관계 속에서 개인이 채택하게 되는 윤리적 입장이라는 식의 이해를 이제는 벗 어나야 한다. 비폭력은 개인의 윤리적 입장이라기보다는 사회적 정치적 실천이며, 그 궁극적 형태는 참여―경제적 사회적 정치적 자유와 평등이라는 이상을 구체화하는 전 지구적 상호의존을 기리 는 방향의 세계 건설에의 참여―를 동반한 저항―구조적 형태의 파괴들에 대한 저항―이다. 둘째, 비폭력이 반드시 영혼의 평안한 부분으로부터 우러나오는 것은 아니다. 오히려 비폭력은 분노·울 화·공격성의 표명인 경우가 많다.** 공격성을 폭력과 혼동하는 사

---

* Jacques Derrida, "Force of Law: The 'Mystical Foundation of Authority'", *Acts of Religion*, ed. Gil Anidjar, New York: Routledge, 2010.
** 마하트마 간디가 1920년(투옥되기 2년 전)에 무질서조사위원회the Disorders Inquiry Committee 앞에 불려나가 사티아그라하 운동Satyagraha Movement의 비폭력을 옹호하는 대목이 있다. "사티아그라하는 피동적 저항과 다르다. 북극이 남극과 다른 것과 마찬가지다. 피동적 저항이란 약한 이들의 무기라고 했으니, 목 적을 달성하기 위해 완력이나 폭력을 사용하는 것도 피동적 저항에 포함될 수 있

람들도 있지만, 비폭력적 형태의 저항이 공격적으로 행해질 수 있다는 사실, 나아가 공격적으로 행해져야 한다는 사실을 강조하는 것이 이 책의 논의 속에서는 매우 중요하다. 요컨대 비폭력을 공격적으로 실천한다는 말에는 그 어떤 모순도 없다. 간디가 말했듯, 사티아그라하 곧 "영혼의 힘"—간디가 비폭력의 정치, 비폭력의 실천에 붙인 이름—은 비폭력의 힘—"진실에 대한 믿음을 견지할 때 그야말로 갑옷처럼 입혀지는 무적의 권세"—이다. 이 힘을 단순한 물리적 차원으로 축소해서 이해하는 것은 불가능하지만, '영혼의 힘'이 물리적 형체를 지니고 나타나는 것도 사실이다. 공권력 앞에서 '걸음을 못 걷게 되는' 유형의 실천은 한편으로는 소극적인 포즈지만(소극적 저항의 전통에 속한다고 간주된다), 다른 한편으로는 신체를 공권력 앞에 노출하고, 이로써 폭력장에 진입하고, 이로써 견고하고 신체화된 정치적 행위주체성을 행사하는 계획적인 실천이다. 물론 고통을 초래할 실천이지만, 자기 자신과 사회적 현실 둘 다를 변혁하기 위한 실천이다. 셋째, 비폭력은 실천 속에서 항상 철저하게 견지될 수만은 없는 이상이다. 비폭력 저항의 실천

는 반면, 사티아그라하란 가장 강한 이들의 무기라고 했으니, 폭력을 쓰는 것은 그 형태와 그 방법을 막론하고 사티아그라하에 포함될 수 없다."(Mahatma Gandhi, *Selected Political Writings*, ed. Dennis Dalton, Hackett Publishing, 1996, 6 참조) 또한 Martin Luther King, Jr., "Stride Toward Freedom" 참조. 비폭력이란 "기법"이자 "무기"이자 미래에 대한 끈질긴 믿음을 토대로 삼는 "저항" 양식이라고 설명하는 대목이 있다. 간디와 함께 소로의 『시민 불복종』도 킹에게 영향을 주었다. 또한 Leela Fernandes, "Beyond Retribution: The Transformative Possibilities of Nonviolence", *Transforming Feminist Practice*, San Francisco, CA: Aunt Lute Press, 2003 참조.

자들은 자신의 신체를 바리케이드가 될 수 있는 곳에 두는 정도만큼 물리적 접촉을 발생시키고, 그 과정에서 힘에 저항하는 힘이 가시화되니 말이다. 힘이 없어서 비폭력인 것도 아니고 공격성이 없어서 비폭력인 것도 아니다. 비폭력이란, 이 맥락에서 정의하자면, 체현의 윤리적 양식화an ethical stylization of embodiment다(말하자면 비非행동의 동작들과 양태들, 바리케이드가 되는 방식들, 폭력의 추가적 행사를 막아내거나 튕겨내기 위해 신체라는 고체성과 심부감각이라는 대상장對象場을 이용하는 방식들이다). 예를 들어 신체들이 모여 인간장벽을 만들 때, 우리는 그것이 힘을 차단하고 있느냐 아니면 힘을 휘두르고 있느냐를 물을 수 있다.* 힘이 어디로 향하는가에 대해 신중하게 숙고하는 것과 완력과 폭력 사이의 구분을 활용하는 것이 여기서 또 한번 우리의 과제가 된다. 때로는 장벽을 세우는 것이 곧 폭력이라고 여겨질 수도 있으니(폭력적 장벽이라는 표현이 사용되기도 한다), 여기서 제기되어야 할 중요한 질문은, 신체적 저항행동들이 티핑포인트를—저항의 힘이었던 것이 새로운 불의를 자행하는 폭력행동이나 폭력행사가 될 수 있는 시점을—알아차리고 있는가다. 이런 식의 애매함이 있을 수 있다는 사실이 이런 실천가치에 대한 우리의 믿음을 없앨 수는 없다.

---

* Başak Ertür, "Barricades: Resources and Residues of Resistance", Judith Butler, Zeynep Gambetti, and Leticia Sabsay, eds., *Vulnerability in Resistance*, Durham, NC: Duke University Press, 2016, pp. 97~121; Banu Bargu, "The Silent Exception: Hunger Striking and Lip-Sewing", *Law, Culture, and the Humanities*, 2017년 5월 참조.

넷째, 근본적인 윤리적 정치적 애매함을 경유하지 않는 비폭력 실천이란 없다. '비폭력'은 절대적 원칙이 아니라 진행중인 투쟁을 가리키는 이름이라는 뜻이다.

비폭력이 '약한' 입장처럼 보인다면, 우리는 '무엇이 강하다고 여겨지는가?'를 물어야 한다. 강하다는 것이 폭력을 행사하는 것, 또는 폭력을 사용하겠다는 의사를 표시하는 것과 동일시되는 경우가 얼마나 많은가? 이 추정적 '약함'에서 비롯되는 비폭력의 강함이 있다면, 그 강함은 약한 존재들의 권력—사회적 정치적 권력을 포함하여, 곧 개념적으로 무화되어온 사람들이 확고하게 존재하게 하는 권력, 불필요해 보이도록 형상화되어온 사람들이 가치와 애도가치를 인정받게 하는 권력, 폭력이 아닌 것에 폭력이라고 이름 붙이기 위해 뚱딴지같고 때로 전술적으로 꽤 효과적인 어휘를 내놓는 오늘날의 언론정책 안에서도 판단력과 공정함을 추구할 수 있음을 끈질기게 주장하는 권력을 포함하는 약자의 권력—과 연결될 수 있을 것이다.

반대의견을 내고 비판작업에 나서는 정치적 노력들로 인해 위태로워진 당국이 그러한 노력을 종종 '폭력적'이라고 칭하는 것은 사실이지만, 그 사실이 언어 사용을 단념해야 할 이유가 되지는 않는다. 그 사실은 우리가 폭력에 대해서, 폭력에 맞서는 저항에 대해서 논의하기 위해서는 정치적 어휘를 확충하고 정제해야 한다는 것, 그 어휘가 비판작업과 반대의견을 후려치는 폭력적 당국의 방패로 사용될 때 어떻게 왜곡되는지를 감안해야 한다는 것을 의미할 뿐이다. 청산되지 않는 식민지 폭력에 대한 비판작업이 폭력적이라고 여겨지는 경우(팔레스타인), 평화 청원이 전쟁행위처럼 조작되는 경우(터키), 평등과 자유를 향한 투쟁이 국가안보에 대한 폭력적 위협으로 간주되는 경우('흑인의 생명도 소중하다' 시위), '젠더'가 가족을 향해서 발사된 핵무기처럼 그려지는 경우(反젠더 이데올로기), 우리의 전장은 정치적으로 큰 힘을 행사하고 있는 환등상들의 한복판이다. 이런 입장들의 농간과 전략을 폭로하기 위해 우리는 폭력이 피해망상과 혐오에 물들어 있는 방어논리의 차원에서 어떻게 재생산되는지를 간파할 수 있는 진지를 마련해야 한다.

비폭력은 행동하지 못하고 있다기보다는 생명의 권리를 물적으로, 살아 있는 방식으로 (발화·동작·행동을 통해, 네트워크·점거·집회를 통해) 주장하고 있으며, 이 모든 방식은 불안정한 상황에서 살아가야 하는 사람들을 가치 있는 존재, 애도가치를 인정받는 존재로 다시 그려내기 위함이다(지금 그들은 시야에서 사라져 있거나 돌이킬 수 없이 불안정한 모습으로 그려져 있다). 불안정한 사람들이 자기의 생명을 위협하는 권력 앞에서 자기가 어떤 상황에서 살고 있는지를 내보일 때, 그들은 폭력적 권력이 목표하는 바 중 하나를—주변부로 따돌려진 사람들을 불필요한 존재로 그리는 일, 파농의 표현을 빌리면, 그들을 주변부 너머의 비존재 지대로 몰아내는 일을—무찌를 잠재력을 간직한 생존에 참여하고 있는 것이다. 급진적 평등주의의 이상들이 비폭력 운동의 배경이 될 때, 가장 중요한 사회적 이상—개인주의의 유산 너머에서 작용하는 비폭력의 윤리학-정치학에서 가장 중요한 이상—은 생명이 그 지속가치와 애도가치에서 평등해야 한다는 것이다. 이러한 평등의 이상이 있을 때, 비로소 우리는 사회적 자유를 새롭게 정의하는 방향으로, 곧 우리를 구성하고 있는 상호의존성을 사회적 자유의 정의에 포함시키는 방향으로 투쟁할 수 있게 된다. 바로 그 투쟁을 위해 모종의 평등주의적 상상계, 곧 모든 살아 있는 유대관계에 잠재해 있는 파괴성을 감안할 수 있는 상상계가 필요하다. 살아 있는 상호의존성이야말로 우리의 사회적 세계이니(아니 우리의 사회적 세계이어야 하니), 폭력으로 망가지는 게 바로 그 상호의존성이라는 것을 우리가 깨달을 때라야, 비로소 다른 사람에 대한 폭력이 어떤 의미에서 자기 자신에 대한 폭력인지가 분명해진다.

1장

비폭력, 애도가치, 개인주의 비판

비폭력은 바로 폭력장 안에서 윤리적 사안이 된다, 라는 명제에서 시작해보겠다. 폭력을 가하는 것이 극히 정당해 보이고 당연해 보이는 바로 그 순간에 (의무적 선택지까지는 아니라고 해도) 가능한 선택지로 주어지는 저항적 실천이 비폭력이다, 라는 것이 비폭력을 묘사하는 가장 정확한 표현이 아닐까 싶다. 그렇게 보자면, 비폭력이라는 실천은 폭력적인 행동이나 폭력적인 과정을 막아내야 할 뿐 아니라 지속적 형태의 행위를 때로 공격적으로 밀어붙여야 한다. 그런 까닭에 내가 할 논의 중 하나는, 비폭력을 생각할 때 단순히 폭력이 없는 상태 또는 폭력을 삼가는 행동이라고 생각하는 대신, 평등과 자유의 이상을 긍정하기 위한 지속적 참여라고, 나아가 공격성의 경로를 바꾸는 방식이라고 생각할 수 있다는 것이다. 나의 첫번째 논의는 알베르트 아인슈타인이 "전투적 평화주의"라고 불렀던 그것을 공격적 비폭력으로 재검토해볼 수도 있으

리라는 것이다.* 그러려면 (공격성과 폭력성은 같은 것이 아니니)
공격성과 폭력성의 관계를 새롭게 생각해보아야 할 것이다. 나의
두번째 논의는 평등에 참여하지 않는 비폭력은 무의미하다는 것이
다. 이 세계에는 확실한 가치를 인정받는 생명이 있는가 하면 그렇
지 못한 생명이 있다는 것, 이 불평등은 끈질기게 지켜지는 생명이
있는가 하면 그렇지 않은 생명이 있다는 사실과 맞물려 있음을 고
려해본다면, 왜 평등에 참여해야 비폭력일 수 있는지 그 이유를 알
게 된다. 여기서 우리가 가정하게 되듯, 사람들—그리고 다른 모
든 살아 있는 것들—에 가해지는 폭력에 반대할 때 그 이유는 그
생명이 가치 있는 생명이기 때문이다. 폭력에 대한 반대는 곧 그
생명이 가치 있는 생명이라는 확인이다. 누군가가 폭력으로 인해
죽었을 때 그 죽음이 손실로 인지되려면, 그 누군가가 살아 있을 때
그 누군가의 생명이 가치 있는 생명으로 인지되어야 한다. 뒤집어
말하면, 가치 있는 생명이란 죽은 뒤에 애도받을 만하다고 여겨지
는 생명이다.

  하지만 다들 알다시피 이 세상은 생명의 가치를 평등하게 매기
지 않는다. 부상당하거나 살상당하지 않을 권리가 항상 인지되지
는 않는다는 것이다. 애도받을 만하다고 여겨지는 생명, 애도가치
를 인정받는 생명이 아니라는 것이 그 이유 중 하나다. 생명이 애
도가치를 인정받지 못하는 이유는 여러 가지인데, 인종차별, 외국

---

* Mary Whiton Calkins, "Militant Pacifism", *International Journal of Ethics*
28:1, 1917 참조.

인 혐오, 동성애 혐오와 트랜스 혐오, 여성 혐오, 가난한 사람들과 기본권을 박탈당한 사람들에 대한 구조적 경시는 그 여러 이유 중 몇 가지다. 이름 없는 사람들이 닫힌 국경 앞에서, 지중해에서, 극빈국(식량을 확보하거나 의료를 이용하기가 극도로 어려운 나라)에서 떼로 죽어나간다는 것을 우리는 살면서 매일같이 알게 된다. 이런 시대에 이런 세계에서 비폭력이 무엇을 의미하는지를 이해하고자 한다면, 우리가 맞서 싸워야 할 폭력의 양태들을 숙지하기도 해야겠지만, 이런 시대에만 제기될 수 있는 몇 가지 근본적인 질문들—어떤 생명에 높은 가치가 매겨지는가? 왜 생명의 가치는 불평등하게 매겨지는가? 이 저항적 실천의 일부가 될 평등주의적 상상계를 체계적으로 정리하고자 하는 우리는 어디에서 시작해야 하겠는가? 하는 질문들—로 되돌아가기도 해야 할 것이다.

이번 장에서 나는 개인주의 문제를 논의하면서, 사회적 유대관계와 상호의존성이 비非개인주의적 평등론을 이해하는 데 얼마나 중요한지를 강조하고자 한다. 그러면서 이 상호의존성 개념과 비폭력을 연결해보고자 한다. 다음 장인 2장에서는 도덕철학이 성찰적 차원의 비폭력 실천을 전개하기 위한 토대가 될 수 있느냐는 질문에서 시작할 것이고, 이어서 사회적 편견에 물든 판타지들이 우리의 도덕철학적 비폭력론에 끼어든다는(이런 까닭에 가치를 인정받아야 하는 생명이 있고 상대적으로 혹은 절대적으로 무가치한 생명이 있다는 우리의 인구학적 가정들을 우리가 언제나 간파할 수 있는 것은 아니라는) 논의를 진행할 것이다. 이 2장은 임마누엘 칸트 쪽에서 지크문트 프로이트와 멜라니 클라인 쪽으로 움직인다. 3장에서는 비폭력의 윤리학-정치학을 최근의 인종차별과 사회정책에 비추어 살펴볼 것이고, 그러면서 생명정치 윤리학의 바탕에 인종차별적 망상이 있음을 이해하는 한 가지 방법을 프란츠 파농이 알려준다는 점, 그리고 갈등관계를 동반하거나 경유하면서도 폭력적 결론에 이르지 않는 삶을 사는 것에 대해 사유할 방법을 발터 벤야민의 끝이 열려 있는 갈등해결 방안(시민사회의 합의도출 기술Technik ziviler Übereinkunft) 개념이 알려준다는 점을 논의할 것이다. 그 논의를 위해 나는 공격성이 상호의존성에 기반한 사회적 유대관계의 구성요소라는 점, 그러나 그 공격성이 어떤 방식으로 조형되느냐에 따라 폭력에 맞서는 실천, 사회적 평등이라는 새로운 미래를 상상하는 실천이 차이가 나리라는 점을 제시할 것이다. 상상한다는 것이—그리고 무엇을 상상할 수 있느냐는 것이—이런 논증을 통해 사고하는 데 대단히 중요한 것으로 밝혀질 것이다. 할 수 있는 일의 현실주의적 한계라고 간주되는 것들을 뛰어넘어서 사고하는 일이, 지금 이 순간의 우리에게는 윤리적 의무이자 윤리적 욕구이기 때문이다.

리버럴 정치사상사의 주요 논자들은 현재의 사회적 정치적 세계가 있기 전에 자연상태가 있었다는 생각, 그리고 그 자연상태에서 우리는 이미 개인들이었고, 서로 분쟁하고 있었다는 생각을 주입시키고자 하지만, 우리가 어떻게 개인으로 존재하게 되었는지를 이해하게 해주거나 개인들 사이의 최초의 감정관계가 왜 의존이나 애착이 아니라 갈등이었는지는 정확히 알려주지 않는다. 정치 계약에 대한 우리의 이해에 가장 큰 영향을 미쳐온 홉스의 관점에 따르면, 한 사람이 남의 것을 갖고 싶어하기도 하고 두 사람이 같은 땅을 놓고 서로 자기 것이라고 주장하기도 하니, 그들이 서로 싸우는 것은 자기의 이기적 목적을 추구하고 자연, 재산, 사회적 우위를 누릴 권리를 확보하기 위함이다. 물론 자연상태는 장자크 루소도 공공연히 인정했듯 처음부터 픽션이었지만, 그럼에도 지금껏 강력한 픽션—카를 마르크스가 말한 "정치경제"의 조건들하에서 생겨날 수 있는 모종의 상상 양식—의 역할을 해왔다. 그 역할은 여러 가지다. 예를 들면, 자연상태라는 반反사실적 상황을 제시함으로써 우리의 현재적 상황을 평가하게 해주기도 하고, SF처럼 하나의 시점을 제공함으로써 현재(시간과 공간, 감정과 권익을 정치적으로 이렇게 조직화하는 시대)의 특수성과 우발성을 인식하게 해주기도 한다. 문학비평가 장 스타로뱅스키는 루소에 대한 글에서, 자연상태의 프레임 속에는 오직 한 사람—자급자족하고, 아무에게도 의존하지 않으며, 자기애에 절어 있고, 타인을 필요로 하지 않는 개인—이 있다는 의견을 내놓기도 했다.* 타인이라고 할 만한 사람이 없는 곳에서는 평등의 문제도 없는데, 다른 사람들이 등장하자마자 평등의 문제, 충돌의 문제가 생긴다는 것이다. 왜 그런 식으로 보려고 하는가?

마르크스는 자연상태 가설에서 개인을 원초적 존재로 정립하는 부분을 비판했다. 특히 『1844년 경제학 철학 초고』에서는 태초

---

* Jean Starobinski, *Jean-Jacques Rousseau: Transparency and Obstruction*, Chicago: University of Chicago Press, 1988(한국어판: 장 스타로뱅스키, 『장 자크 루소: 투명성과 장애물』, 이충훈 옮김, 아카넷, 2012).

에 인간 존재가 마치 무인도에 혼자 표류해 있는 로빈슨 크루소처럼 의식주를 자급자족한다는 생각—노동시스템도 없고 정치적 경제적 삶의 공동조직도 전혀 없는 상태에서 어느 누구에게도 의존하지 않고 살아간다는 생각—을 매우 아이러니하게 조롱하기도 했다. 마르크스에 따르면, "정치경제학자는 설명을 위해서 원초적 상태Urzustand라는 허구를 불러내지만 우리는 다르다. 그런 원초적 상태는 아무것도 설명해주지 않는다. 질문을 회색 안개 속으로 더 멀리 밀어낼 뿐이다…… 우리의 논의는 정치경제학의 현재적 실상에서 출발한다."* 마르크스는 현재적 실상을 위해 픽션을 버릴 수 있다고 생각했지만, 정치경제학 비판을 전개하는 과정에서는 바로 그런 픽션들을 거리낌 없이 이용하기도 했다. 픽션이 현실을 재현하는 것은 아니지만, 우리가 픽션을 읽을 줄 안다면 픽션은 다른 곳에서는 듣지 못할 현재적 현실에 대한 논평을 들려준다. 픽션을 다루는 이유는 구조를 파악하기 위해서이기도 하지만, 몇 가지 질문—여기서 그려볼 수 있는 것과 없는 것은 무엇인가? 상상해볼 수 있는 것은 무엇이며, 그것을 어떤 맥락에서 상상해볼 수 있는가?—을 던지기 위해서이기도 하다.

이를테면 로빈슨 크루소는 혼자 자급자족하는 인물이었고, 시종일관 성인 남성이었다. '자연인'의 프로토타입인 그의 자급자족 생활은 끝내 중단되지만, 그것은 그의 자연적 조건 때문이 아니라

---

* Karl Marx, *Writings of the Young Marx on Philosophy and Society*, eds. Lloyd Easton and Kurt Guddat, Garden City, NY: Anchor Books, 1967, pp. 288~289.

사회적 경제적 삶의 요구들 때문이다. 갈등이 시작되는 것은 다른 사람들이 무대에 등장할 때다(어쨌든 줄거리는 그렇게 흘러간다). 개인이 자신의 이기적 권익을 추구하면서 서로 부딪치고 싸우는 것은 시간적으로 보자면 원초적인 현상이고 존재론적으로 보자면 근본적인 현상이지만, 개인은 (사회계약 체결 전이라면) 자기의 욕구를 채우기에 급급할 뿐 자기가 다른 존재들에게 어떤 영향을 미칠지 상관하지도 않을 것이고, 그렇게 각자의 욕망이 경쟁하고 충돌하는 상황을 해결하려고 하지도 않을 것이며 해결을 기대하지도 않을 것이니, 갈등이 조정되려면 사회성이라는 조정의 바탕이 마련되어야 한다. 이 픽션에 따르면, 따라서 계약은 다른 무엇보다도 갈등해결 수단으로 출현한다. 각 개인이 모두에게 구속력을 갖는 법에 따라 살기 위해서는 자기의 욕구를 제한해야 하고, 자기의 소비 범위, 소유 범위, 행동 범위를 한정해야 한다. 홉스는 그렇게 구속력 있는 법이 인간 본성을 제약하는 수단으로서의 "공통 권력"이 된다고 본다. 자연상태는 바람직한 이상 같은 것이 아니었고, 홉스는 그런 상태로 돌아가자고 하지도 않았다(반면에 루소는 이따금 "자연상태로의 회귀"를 말했다). 공동 정부를 세우고 구속력 있는 법을 만들어 인간 본성의 분쟁적 속성을 억누르지 않는다면 살인을 저지할 수 없을 테니 남의 손에 죽는 일이 비일비재하리라는 것이 홉스의 상상이었다. 홉스가 보았을 때 자연상태가 일종의 전쟁이기는 했지만, 국가들 간의 전쟁이나 기존 세력들 간의 전쟁은 아니었다. 자연상태라는 전쟁은 오히려 한 개인 주권자가 다른 개인 주권자를 상대로 벌이는 전쟁—덧붙이자면, 주권자를 자처하는 개인들 간의 전쟁―이었다. 주권이 원래 개인의 것이었는지 (국가와 구분돼 있다고 여겨진 개인이 자기 주권을 국가에 넘긴 것인지) 아니면 국가가 이미 이 상상계의 암묵적 지평이었던 것인지는 확실하지 않다. 주권이라는 정치적-신학적 개념이 개인에게 주권자라는 지위를 부여할 것인가 하지 않을 것인가의 여부보다 시간적으로 그리고 논리적으로 앞서 있다는 뜻, 다시 말해 주권 개념이 개인에게 주권자라는 지위를 부여함으로써 주체의 형상을 만들어낸다는 뜻이다.

엄밀하게 말하자면, 로크와 루소와 홉스의 자연상태는 각기 다르다. 홉스의 『리바이어던』에만 최소한 다섯 가지의 자연상태가 있다는 주장도 있다.* 사회가 아직 없었던 때를 상정하면서 자연상태라고 하는 경우도 있고, 전근대적이라고 여겨지는 타 문명들을 묘사하거나 내전의 정치심리학을 논의하면서, 또는 17세기 유럽

---

* 그레고리 새들러에 따르면, 다섯 가지의 '자연상태'가 있다. "(1) 역사적으로는 존재하지 않는 수사적 개념으로서의 '자연상태'가 있다. 만인에 대한 만인의 투쟁상태, 문명사회·시민사회의 제도들이 철저히 부재하는 상태다. (2) 역사적으로 존재한, 전정치pre-political 사회의 '자연상태'가 있다. 이 상태에서는 일가체제family structure, 후견체제patron-client structure, 씨족체제clan structure, 부족체제 tribal structure 등이 서로 충돌한다. (3) 역사적으로 존재한, 기존 시민사회 내부의 '자연상태'가 있다. 이 상태에서는 법이 이미 제정되어 있음에도, 그리고 명목상 법이 집행되고 있음에도, 시민들이 서로를 믿지 못한다. 상대가 언제든 범죄를 저지를 수 있다고 느끼는 상태다. (4) 역사적으로 존재한, 국제관계를 지배하는 '자연상태'가 있다. 국가들 사이의 관계는 이런 상태다. (5) 역사적으로 존재한, 그리고 역사적으로 가능한 '자연상태'가 있다. 시민사회가 분열을 겪는 상태다. 이 상태가 심해지면 시민사회가 붕괴하고 내전이 발발할 수도 있다." Gregory Sadler, "Five States of Nature in Hobbes's Leviathan", *Oxford Philosopher*, 2016. 3.

곳곳에서 작동했던 정치권력의 역학을 설명하면서 자연상태라고 하는 경우도 있다. 내가 지금 여기서 학술적 리뷰를 작성하고 있는 것은 아니지만, 폭력적 갈등과 그 해결을 구심점으로 삼는 유형의 상상―나아가 판타지 또는 "순수한 픽션une pure fiction"(루소의 표현)―을 전개하고자 할 때 자연상태가 어떻게 그 계기가 되는 가를 논의하고 싶은 것은 맞는다.* 그러니 우리는 '이런 픽션, 이런 판타지는 주로 어떤 역사적 조건하에서 만들어질까?'라고 질문할 수 있다. 이런 픽션, 이런 판타지는 사회적 갈등에 처해 있을 때 또 는 과거에 그런 역사를 겪었을 때 실감나게 만들어지는데, 자본주 의적 노동분업체제와 관련된 괴로움으로부터 벗어나는 꿈을 그리 는 경우도 있는 것 같고, 그 체제를 정당화하는 역할을 하는 경우 도 있는 것 같다. 이 상상의 산물들은 국가권력과 그 폭력기구들을 강화함으로써 민의를 길들이거나 억눌러야 한다는 주장의 표현이 기도 하고 그 주장에 대한 논평이기도 하며, 우리의 포퓰리즘 논의 에서는 이 상상의 산물들이 우리가 민의를 제어되지 않은 형태 또 는 기성 체제들을 거역하는 형태로 상상하게 되는 조건이기도 하 다. 다시 말해 이 상상의 산물들은 이 계급과 저 계급, 이 인종집단 이나 종교집단과 저 인종집단이나 종교집단을 서로 반목하게 하는 식의 군림과 착취를 암호화하고 재생산한다. '부족주의'란 국가가 진압 권력을 행사하지 못하는 경우, 다시 말해 법폭력을 포함해 기

---

* Jean-Jacques Rousseau, *The Political Writings of Jean-Jacques Rousseau*, ed. C. E. Vaughan, Cambridge, UK: Cambridge University Press, 1915, p. 286.

타 국가폭력들을 강제하지 못하는 경우에 터져나오는 모종의 원초적 자연적 조건이라는 식이다.

이 책에서 우리는 판타지fantasy와 판타지phantasy를 구분할 것이다. 전자가 한 사람의 것일 수도 있고 여러 사람의 것일 수도 있는 의식적 소망인 반면, 후자는 무의식적 차원이 있으며 해석을 요하는 어법을 따를 때가 많다. 백일몽은 의식과 무의식의 경계를 넘나들 수 있지만, 판타지(수전 아이작스Susan Isaacs가 1948년 「판타지의 속성과 기능The Nature and Function of Phantasy」에서 처음 논의하고 멜라니 클라인이 좀더 정교하게 발전시킨 개념)는 복잡한 무의식적 대상관계들을 포함하는 경향이 있다. 라캉의 논의에서는 무의식적 판타지가 상상계 개념의 한 가지 토대가 되었고, 그러면서 이미지로 형태화하는 모종의 무의식적 경향성을 뜻하게 되었다(우리를 분열시키거나 여러 방향으로 분산시키는 이 경향성에 맞서 자기애적 방어기제가 세워지기도 한다). 라플랑슈의 논의에서는 판타지가 조금 다른 방식으로 두 가지로 정의되어 있다. 그중 첫번째 정의를 보면, 판타지는 "주체가 등장해 욕망의 실현을 연기하는 상상적 각본"이다. 이때의 욕망은 "최종심급에서 무의식적"이고, 이때의 연기는 "방어기제에 의해 다소 왜곡"되어 있다.* 하지만 『정신분석 사전』의 「판타지Fantasme」항목의 두번째 정의에서, 라플랑슈는 우리가 다루어야 할 문제가 상상과 현실의 분

---

* Jean Laplanche & J.-B. Pontalis, *The Language of Psycho-Analysis*, New York: W. W. Norton, 1967, p. 314(한국어판: 장 라플랑슈·장 베르트랑 퐁탈리스 지음, 다니엘 라가슈 감수, 『정신분석 사전』, 임진수 옮김, 열린책들, 2005).

간이 아니라, 현실 그 자체를 항상 같은 방식으로 해석하는 구조화 심리라는 것을 분명히 하고 있다. 이렇듯 라플랑슈는 고유의 어법에 따라 작동하면서 지각의 양태를 구조화하는 '원초적 판타지Urphantasie'(프로이트의 표현)라는 개념을 통해 정신분석학을 재정식화할 것을 제안하고 있다. 그렇다면 원초적 판타지란 욕망과 공격성이라는 벡터값을 갖는 다수의 배우가 등장하는 무대라고 할 수 있다. 그렇다면 이제 우리는 '자연상태'에서 벌어지고 있는 사건들을 그저 어떤 픽션, 어떤 의식적 판타지로 보는 데 그치는 것이 아니라, 다수의 비가시적 결정인자들에 의해 구조화된 망상 무대로 볼 수 있다. 나는 이 책에서 폭력과 방어의 장면들을 지칭할 때 대개 판타지라는 용어를 쓰겠지만, 클라인과 관련된 논의(무의식 차원이 확실히 포함된 용어로 쓰는 논의)에서는 판타지의 서체를 유지하겠다. 사회적으로 공유되어 있거나 소통될 수 있는 (어떤 무대처럼 펼쳐지기는 하지만 그렇다고 해서 어떤 집단 무의식을 전제하는 것은 아닌) 의식적 무의식적 판타지들의 상호작용을 논의할 때는 '망상적phantasmatic'이라는 용어와 '환등상적phantasmagoric'이라는 용어를 쓰겠다.

자연상태가 픽션이라면, 아니 판타지라면(앞으로 살펴보겠지만 픽션과 판타지는 다르다), 여기에는 어떤 소망, 어떤 욕망이 재현 또는 표현되어 있을까? 내가 볼 때 이 소망은 그저 한 개인의 차원, 한 심리적 삶의 차원에 속하는 소망이 아니라, 사회적 경제적 조건에 대해서 비판적 논평적 관계를 유지하는 소망이다. 이 관계는 도치된 반영이 될 수도 있고, 비판적 논평이 될 수도 있고, 정당화가 될 수도 있고, 심지어 철저한 비판작업이 될 수도 있다. 어떤 기원, 어떤 기원 상태로 설정되어 있는 무언가는 사후적 상상의 산물이니, 그 설정은 기존의 사회적 세계에서 시작되는 시퀀스의 결과물이다. 하지만 우리에게는 어떤 근본, 어떤 상상적 기원을 설정함으로써 이 세계를 설명하고 싶은(어쩌면 이 세계의 고통과 소외로부터 탈출하고 싶은) 욕구가 있다. 이런 식의 논의를 따라가다 보면, 사회적 세계와의 관계 속에 있는 심리적 삶에서 어떤 무의식 형태의 판타지가 근본으로 설정돼 있다는 생각을 진지하게 받아들일 경우, 쉽게 정신분석학의 길로 접어들게 된다. 맞는 생각일 수도 있을 것이다. 하지만 내가 원하는 것은 판타지를 현실로 대체하는 것이 아니라, 판타지 독법을 배우는 것, 권력과 폭력(역사적으로 조직되어온 형태)의 구조와 동력(생사의 사안과 관련된 형태)을 통찰하게 해줄 주요 판타지들을 읽어내는 법을 배우는 것이다. 내가 사회적 삶의 기원에 '의존하지 않는 남성man without needs'이 있다는 이 착상에 비판적 응답을 내놓을 수 있으려면, 사회적 삶의 기원에 관한 내 나름대로의 논의—나로부터 시작되는 논의가 아니라 나를 맥락화하는 논의, 상상계를 쇄신함으로써 사회적인 것의 어법을 표현할 수 있는 논의—를 내놓아야 할 것이다.

수시로 모종의 '근본'으로 언급되는 이 자연상태 판타지에서 눈길을 끄는 점 하나는, 처음부터 한 남성이 있고 그 남성은 성인이며 그 성인 남성은 혼자 자급자족한다는 점이다. 더 들여다보면, 이 이야기는 기원에서 시작되는 것이 아니라, 줄거리에 포함되지 않을 역사의 한복판에서 시작된다. 이야기가 시작되는 지점, 다시 말해 출발 지점에서, 예컨대 성별도 이미 정해져 있다. 자립성과 의존성이 서로 분리되어 있고, 남성성과 여성성은 부분적으로는 얼마나 의존적인가에 따라 결정되어 있다. 인간의 원초적 근본적 형상은 남성이다. 남성성은 의존적이지 않다는 속성을 통해서 정의되니, 인간의 원초적 근본적 형상이 남성이라는 것이 뜻밖의 뉴스는 아니다(이제 뉴스라고 할 수도 없지만, 아직도 들을 때마다 꽤 이상하게 느껴지기는 한다). 이 이야기에서 정말로 흥미롭게 느껴지는 점은(홉스의 이야기와 마르크스의 이야기 둘 다에 해당되는 점인데) 인간이 처음 시작부터 성인이라는 점이다.

표현을 바꾸면, 첫 시점의 인간(세계에 첫발을 내디딘 시점의 인간)은 아이였던 적이 없는 듯한 개인, 영원히 자급자족하는 듯한 개인, 생존하기 위해, 성장하기 위해 (그리고 경우에 따라서 공부하기 위해) 모부母父·친족·사회제도에 의지했던 적이 없는 듯한 개인으로 설정되어 있다. 이 개인에게는 이미 한 성별이 지정돼 있지만, 그 이유는 그가 수행하는 사회적 역할 때문이 아니다. 이 무대에서 그가 한 남성인 이유는 그가 개인이기 때문, 개인의 사회적 형태가 남성적이기 때문이다. 그러니 이 판타지를 이해하고 싶다면 이 판타지가 어떤 형태의 인간, 어떤 형태의 성별을 재현하는가, 이 재현이 통용되려면 어떤 형태의 인간, 어떤 형태의 성별이 비가시화되어야 하는가를 질문해야 한다. 최초의 인간을 그린 그림에서는 의존의 흔적이 모두 지워져 있다. 어째서인지는 몰라도 그는 처음부터 이미 항상 직립 자세이고, 유능하며, 남들에게 도움받은 적도 없고, 쓰러지지 않기 위해 남의 몸에 기댄 적도 없으며,

다른 누가 먹여주는 음식을 먹어야 했던 시기도 없었고, 다른 누가 덮어주는 담요를 덮어야 했던 시기도 없었다.* 리버럴 이론가들의 상상 속에서 튀어나온 이 행운남은 관계에 얽매여 있지는 않지만 분노와 욕망을 느낄 줄 알고 때로 행복감이나 자기만족감을 느낄 줄도 아는, 자연계(다른 사람들을 선제적으로 없애버린 세계)에 의지하는 다 큰 성인이었다. 그렇다면 이 장면의 내러티브에 앞서 어떤 절멸이 있었다는 것, 어떤 절멸이 이 장면의 출발점이라는 것, 다른 사람들은 전부 다 출발할 때부터 배제당한 상태, 부정당한 상태라는 것을 이제 인정해야 하지 않을까? 어쩌면 이것이 건국의 폭력이 아닐까? 물론 이 장면은 아직 아무것도 그려지지 않은 그림판tabula rasa이 아니라, 이미 모든 것이 지워져 있는 그림판이지만, 그것은 이른바 자연상태의 전사前史도 마찬가지다. 자연상태가 사회적 경제적 삶의 전사라면(자연상태의 가장 유력한 버전 중하나에 따르면 그렇다고 한다), 타자성의 절멸은 이 전사의 전사에 해당한다. 그렇게 보자면 우리는 지금 한 판타지를 분석하는 중일 뿐만 아니라 그 판타지의 역사를 쓰는 중이다. 아무 흔적도 남기지 않은 살인사건을 수사하는 중이라고 말할 수도 있다.

많은 페미니스트 이론가들이 주장해왔듯, 사회계약은 이미 남녀 간 성적 계약a sexual contract이다.** 하지만 그런 계약이 있기 전에도

---

* Adriana Cavarero, *Inclinations: A Critique of Rectitude*, Stanford, CA: Stanford University Press, 2016 참조.

** Carole Pateman, *The Sexual Contract*, Stanford, CA: Stanford University Press, 1988(한국어판: 캐롤 페이트먼, 『남과 여, 은폐된 성적 계약』, 이충훈·

그림 속에는 이 개인, 이 남성이 있을 뿐이다. 여성이 전혀 등장하지 않는 것은 아니지만, 인물로 형상화되지는 않는다. 여성은 재현 불가능하기에 여성이 잘못 재현되었다고 지적하기도 불가능하다. 모종의 추방이 있었고, 그렇게 비워진 자리에 한 성인 남성이 꼿꼿이 서 있다. 그는 여성들을 욕망하는 인물로 등장하지만, 그에게는 이성애마저 의존성으로부터 자유롭다(이런 종류의 이성애가 가능한 것은 이성애의 형성과정을 망각할 수 있는 그의 성숙한 기억 상실 덕분이다). 그가 다른 사람들을 접하는 형태는 일차적으로는 갈등이다.

이 유명한 망상 장면을 왜 정치이론에서 다루느냐고? 이 책의 주제가 비폭력의 윤리학-정치학이잖은가. 나는 갈등이 관계의 일차적 특성이라는 것에 반론을 제기하려는 것이 아니다. 사실 내가 하려는 주장은 갈등이 모든 사회적 유대관계의 한 부분으로 잠재해 있다는 것, 그러니 홉스가 아예 틀린 말을 하지는 않았다는 것이다. 실제로 프로이트는 네 이웃을 사랑하고 네 이웃의 아내를 탐하지 말라는 성경의 계명에 도전할 때 홉스의 테제를 염두에 두고 있다. 적개심과 적대감이 사랑보다 더 근본적이라고 가정하지 말아야 할 이유가 어디 있는가, 라는 것이 프로이트의 반론이었으니 말이다. 이 책의 테제는(곧 다시 나오겠지만), 비폭력이 윤리적-정치적 입장으로서 타당성이 있으려면, 그저 공격성을 억누르거나

유영근 옮김, 이후, 2001). Pateman에 대한 다양한 반응을 보려면 "The Sexual Contract Thirty Years On", *Feminist Legal Studies* 26:1, 2018, pp. 93~104.

공격성이 현실적으로 존재한다는 것을 외면해서는 안 된다는 것, 비폭력은 파괴성이 확실하게 감지되는 바로 그때 비로소 유의미한 개념으로 출현한다는 것이다. 파괴하고 싶은 욕망이 끓어오름에도 불구하고 그 욕망이 억제돼 있다면, 우리는 그 억제(욕망을 제약하고 치환하는 기제)를 어떻게 설명해야 할까? 그 기제의 원천은 어디일까? 그 기제가 작동하고 유지되게 하는 동력은 무엇일까? 어떤 논자들에 따르면, 억제는 언제나 자기억제의 한 형태다. 다시 말해 공격성의 외화를 억제하는 것은 초자아 기제다('초자아'는 공격성을 심리라는 구조물 안으로 흡수하는 과정을 가리키는 이름이다). 초자아 경제는 도덕주의moralisim다(자기 스스로를 대상으로 자기 스스로를 분출하는 공격성의 점점 심화되는 딜레마는 이 반복적 자기부정 구조를 작동시키는 심리적 삶을 압박한다. 도덕주의는 폭력을 비난하고, 그 비난은 새로운 형태의 폭력이 된다). 또 어떤 논자들에 따르면, 폭력을 겨냥한 이 억제는 외부—법, 정부, 아니면 심지어 경찰—로부터 가해질 수밖에 없다(이것은 홉스의 관점에 더 가깝다). 이 관점에 따르면, 통제되지 않는 주체들이 지닌 잠재적으로 살인적인 분노를 억제하려면 국가의 강제적 권력이 필요하다. 또 어떤 논자들에 따르면, 영혼이라는 고요하고 평화로운 안식처가 있으니 우리는 종교적 의식이나 윤리적 실천을 통해 공격성과 파괴성을 억누름으로써 그곳에 상시로 거하는 능력을 함양해야 한다. 하지만 앞에서 본 것처럼 아인슈타인은 '전투적 평화주의'를 옹호했고, 이제는 우리도 공격적 형태의 비폭력을 논의할 수 있지 않나 싶다. 이 논점을 이해하기 위해 나는 두 가지 제안을 내놓겠다. 첫번째 제안은, 감당 불가능한 형태(갈등과 공격성의 원천이 되는 형태)의 의존성과 상호의존성을 전제하는 비폭력의 윤리학을 고민해보자는 것이다. 두번째 제안은, 우리가 평등을 어떻게 이해하고 있느냐가 비폭력의 윤리학-정치학과 연결돼 있다는 점에 유념하자는 것이다. 이것이 의미 있는 연결이려면, 우리는 정치적 평등이라는 개념에 생명들 사이의 평등한 애도가치를 포함시켜야 한다. 추정 개인주의presumptive individualism로부터 벗어났을 때라야 비로소 공격적 비폭력—갈등의 한복판에서 출현하는 비폭력, 폭력장 그 자체를 장악하는 비폭력—의 가능성을 이해할 수 있을 것이기 때문이다. 말인즉슨, 여기서 평등은 그저 개인들 사이의 평등이 아니라, 개인주의에 대한 비판작업이 행해진 후에야 비로소 사유 대상이 될 수 있는 개념이라는 것이다.

의존과 의무

이제부터는 다른 이야기를 시작해보자. 모든 개인은 개인화 과정을 경유함으로써 출현한다. 태어날 때부터 개인이었던 사람은 없으니, 지금 누군가가 개인이 되는 과정을 거치고 있다면, 의존성이라는 근본적 조건에서 벗어날 수 없다. 시간이 지난다고 해서 벗어날 수 있는 것도 아니다. 지금 어떤 정치적 관점을 가지고 있느냐와 상관없이, 우리는 모두 다 근본적 의존성이라는 조건 속에서 태어났다. 성인이 된 후에 그 상태를 돌이켜 생각해보면 약간 수치

스러울 수도 있고 당혹스러울 수도 있다. 그 생각을 아예 하지 않을 수도 있다. 강한 개인적 자급자족감을 가지고 있는 사람은 남이 떠먹여주는 것을 받아먹어야 했던 시기나 혼자 서 있을 수 없던 시기가 있었다는 사실에 당연히 기분 나빠할 것이다. 하지만 나는 이렇게 말하고 싶다. 사실, 혼자 힘으로 서 있을 수 있는 사람은 아무도 없다. 엄밀히 말하면, 혼자 힘으로 먹고살 수 있는 사람은 아무도 없다. 우리가 장애학에서 배운 것처럼, 통행하려면 길에 포장이 되어 있어야 한다. 휠체어나 기타 지지기구로 움직여야 하는 사람에게는 더더욱 포장도로가 필요하다.* 하지만 포장도로도 지지기구고, 신호등과 연석도 마찬가지다. 통행하기 위해, 음식을 먹기 위해, 숨을 쉬기 위해 지지기구를 필요로 하는 것은 장애를 가진 사람들만이 아니다. 인간의 이 모든 기본적 기능은 저마다 모종의 지지가 있어야 유지될 수 있다. 우리가 지나다닐 수 있는 공간을 마련해주고 식량을 우리의 입까지 올 수 있는 방식으로 공급해주고 우리가 호흡할 수 있는 공기의 질을 유지할 수 있는 환경을 유지해주는 세계가 우리를 지지해주지 않는다면 우리 중 아무도 통행하거나 먹을 것을 마련하거나 숨을 쉴 수 없을 것이다.

의존성이라는 말에는 사회적 물질적 체제에 의존한다는 뜻도 포함될 수 있고, 환경이 없으면 살아갈 수 없으니 환경에 의존한다는 뜻도 포함될 수 있다. 유아기의 의존성은 성인이 되어도 극복되

---

* Jos Boys, ed., *Disability, Space, Architecture: A Reader*, New York : Routledge, 2017 참조.

지 않는다고 말할 수도 있을 것이다(정신분석학을 상대로 싸우고 있다고 해서 이렇게 말할 수 없는 건 아니다. 정신분석학이 싸움 상대가 아니라면 무엇이겠는가?). 성인도 아이와 똑같은 방식으로 의존적이라는 뜻은 아니다. 성인이 된다는 것은 자기가 자족적이라고 내내 상상하면서도 그런 자기 이미지가 망가지는 것을 거듭 보게 되는 동물이 된다는 뜻이다. 알다시피 이것은 라캉의 입장이다. '거울단계'라는 이 매우 유명한 설명에 따르면, 거울을 보면서 행복해하는 남자아이, 자기가 혼자 힘으로 서 있다고 생각하는 남자아이가 있다. 하지만 우리가 그 아이를 바라보면서 알게 되듯, 그 아이가 그렇게 자신의 근본적 자족성을 즐기고 있을 때, 그 아이의 어머니나 어떤 보이지 않는 지지 오브제(보행기trotte-bébé)가 그 아이를 거울 앞에 세워주고 있는 것이다.* 리버럴 개인주의라는 건국자적 자만은 일종의 거울단계가 아니겠는가? 이런 자만은 거울단계 유형의 상상계 안에서 만들어지는 것이 아니겠는가? 자급자족의 판타지가 힘을 얻기 위해서는, 영원한 성인 남성성의 이야기가 시작되기 위해서는, 모종의 지지, 모종의 의존성을 부정해야 하지 않겠는가?

알다시피 이 장면의 함의는, 남성성이 망상적 자족성과 동일시되고 여성성이 어머니가 제공하는 지지와 동일시된다는 것(그리고 지지의 현실이 거듭 부정된다는 것)인 듯하다. 이 그림-이야기

---

* Jacques Lacan, "The Mirror Stage as Formative of the 'I' Function", *Écrits*, trans. Bruce Fink, New York and London : Norton, 2006, pp. 75~81 (한국어판: 자크 라캉, 『에크리』, 홍준기 외 옮김, 새물결, 2019).

는 우리를 우리에게 별로 도움이 되지 않는 성별 관계의 경제에 가둔다. 이성애가 추정적 프레임이 되고(이 프레임의 유래는 어머니-아이 이론인데, 이 이론 자체가 아이의 지지관계들을 상상하는 한 방식일 뿐이다), 성별화된 가족구조가 당연시된다(예컨대 어머니의 돌봄노동은 불분명해지고 아버지는 철저히 부재한다). 만약에 우리가 일개 상상계일 뿐인 이 장면을 사태의 상징적 구조로 받아들이게 된다면, 매우 점진적으로나 장기적으로 개혁될 수밖에 없는 어떤 법 집행을 받아들이는 것이나 마찬가지다. 이 판타지, 이 비대칭, 이 성별화된 노동분업을 묘사하는 이론은 이 판타지의 조건들을 재생산하고 타당화하는 것으로 끝날 위험이 있다. 그 위험을 피하려면, 또다른 출구를 보여주는 이론이어야 하고, 그 장면보다 먼저 나오는 장면이나 그 장면 밖에 있는 장면—말하자면 시작점 이전의 시점—에 대해 질문하는 이론이어야 한다.

여기서 우리가 논의의 방향을 의존성에서 상호의존성으로 옮긴다면, 취약성에 대한 이해, 갈등, 성인의 정체성, 사회성, 폭력, 정치에 대한 이해도 바뀌지 않을까? 내가 이렇게 묻는 이유는, 정치적 차원과 경제적 차원 양쪽에서 전 지구적 상호의존의 실상들이 부정당하고 있기 때문이다. 착취당하고 있다고 말할 수도 있다. 기업 광고는 당연히 전 지구화를 찬양하지만, 기업 확장이라는 개념으로 포착되는 것은 전 지구화의 한 가지 의미일 뿐이다. 국민주권은 약화되고 있는 것 같지만, 새로 나타나는 내셔널리즘들은 기존 프레임을 고집하고 있다.* 일국의 정부들, 예컨대 미합중국 정부를 상대로 지구온난화가 살아갈 수 있는 세계의 향후에 대한 현실적 위협이라는 점을 설득하기가 그렇게 어려운 한 가지 이유는, 자국 부강에 대한 논의가 여전히 정부의 권한—생산과 시장을 확장하고 자연을 착취하고 이윤을 창출할 권한—을 중심으로 행해지고 있기 때문이다. 일국의 정부가 하는 일이 지구상의 모든 지역을 해치고 있을 가능성, 또는 지구상의 모든 지역에서 일어나고 있는 일이 우리 모두에게 결정적 영향을 미치는 살아갈 수 있는 환경의 지속 가능성 그 자체를 해치고 있을 가능성을, 이런 정부들은 전혀 떠올리지 못하는 것 같다. 아니면 이런 정부들은 정부가 지구 파괴 활동의 한복판에 있다는 것을 너무나 잘 알고 있지만, 그것 역시 정부의 권한·권력·특권—그 무엇에도, 그 누구에게도 양보할 수 없는 권리—인 줄로 알고 있는 것 같기도 하다.

인간과 동물을 포함해 세계에 거주하는 모든 존재를 위한 전 지구적 의무는 신자유주의적 개인주의 숭배의 대척점에 있는 개념이다. 수시로 나이브하다는 빈축을 사는 개념이기도 하다. 그래서 나는 지금 나의 나이브함, 나의 판타지(표현을 바꾸면, 반反판타지)를 내보일 용기를 내고 있다. 좀처럼 믿을 수 없다는 말투로 "전 지구적 의무를 믿는다고? 너무 나이브한 것 같은데?"라고 물어오는 사람들이 있다. 하지만 내가 '그러면 당신은 전 지구적 의무를 옹호하는 사람이 아무도 없는 세계에서 살기를 원하나?'라고 반문하면, 대개 '아니다'라는 답이 돌아온다. 내가 하려는 주장은,

---

* Wendy Brown, *Walled States: Waning Sovereignty,* New York : Zone Books, 2010.

이 상호의존성을 현실로 인정할 때 비로소 전 지구적 의무의 정식
화 작업―이주자들에 대한 의무, 유랑민들the Roma에 대한 의무,
불안정한 상황에서 살아가는 사람들, 점령과 전쟁을 겪고 있는 사
람들에 대한 의무, 제도적 구조적 인종차별을 겪고 있는 사람들에
대한 의무, 살해당하거나 실종되더라도 흐지부지하게 처리되는 선
주민들에 대한 의무, 가정과 사회에서 폭력에 시달리고 일터에서
괴롭힘에 시달리는 여성들에 대한 의무, 지정성별에 불복한다는
이유로 감금과 살해를 비롯한 신체적 상해의 위험에 노출되어 있
는 사람들에 대한 의무를 포함하는 작업―이 가능해진다는 것이
다. 또 내가 하고 싶은 주장은, 평등에 대한 새로운 생각은 오직 상
호의존에 대한 좀더 치밀한 상상―실천과 제도들, 시민생활과 정
치생활의 새로운 형태들 속에서 펼쳐지는 상상―으로부터 생겨
날 수 있다는 것이다. 참 묘하게도, 평등에 대한 이런 상상은 개인
들 각자의among 평등이 무엇을 의미하는지에 대한 재검토로 이어
진다. 사람을 차별하지 않고 동등하게 대우하는 것은 물론 옳은 일
이다(나는 차별금지법을 전적으로 지지한다. 이 점에 오해가 없기
를 바란다). 하지만 평등이 개인의 문제로 정식화된다면(그런 정
식화도 물론 중요하겠지만), 사회적 정치적 평등의 사유 가능성을
제공하는 관계들은 어떤 관계들인가를 논의할 수 없게 된다. 그런
정식화는 한 사람 한 사람을 분석 단위로 삼고 서로 비교하는 데
그친다. 이렇듯 평등을 개인의 권리(예컨대 차별받지 않을 권리)
로 이해할 때, 평등은 우리가 서로에게 짊어지고 있는 사회적 의무
와 분리된 개념이 된다. 평등을 정식화하면서 우리를 정의하는 관

계들—우리의 사회적 존재감을 정의하는 관계들, 곧 우리를 사회적 동물로 정의하는 관계들—을 토대로 삼겠다는 것은, 사회적 권리—사회에 대한 공동의 권리, 나아가 평등·자유·정의를 상상하면서 사회적 차원에 대한 그 상상을 구체화하고 의미화해줄 프레임으로 삼을 권리—를 주장하겠다는 뜻이기도 하다. 평등의 권리가 어떻게 정식화되든, 그것은 개인 주체의 속성으로 출현하는 권리가 아니라 사람들 사이의between 관계들로부터 출현하는 권리이자 그 유대관계들을 위해 출현하는 권리다.* 평등을 이렇듯 사회적 관계들의 속성으로 정식화하고자 한다면, 상호의존이라는 현실을 좀더 확실하게 인정하고 '셈의 단위'로서의 몸 개념을 내버림으로써 한 사람의 테두리를 관계적 통로이자 사회적 통로—쾌감을 불러일으키는 곳, 폭력에 노출된 곳, 더위와 추위를 느끼는 곳, 마치 촉수처럼 음식과 사교와 성애를 욕망하는 곳—으로 이해할 수 있어야 한다.

내가 다른 곳에서도 주장했듯, '취약성'은 어떤 주관적 상태로 간주되기보다는 우리가 함께 살아가고 있는 상호의존적 삶의 속성으로 간주되어야 한다.** 우리는 언제나 어떤 것(어떤 상황, 어떤 사람, 어떤 사회구조)에 의존하고 있고 그것과의 관계 앞에 노

---

* 관계적 평등을 힘있게 분석한 다음의 글을 참조하라: Elizabeth Anderson, "What Is the Point of Equality?", *Ethics* 109:2, 1999, pp. 287~337.
** 내 글 "Rethinking Vulnerability and Resistance", Judith Butler, Zeynep Gambetti, and Leticia Sabsay, eds., *Vulnerability in Resistance*, Durham, NC: Duke University Press, 2016 참조.

출돼 있으니, 우리는 그냥 취약한 것이 아니라 그것에 대해 취약하다. 표현을 바꾸면, 우리는 우리 삶을 가능하게 하는 환경구조, 사회구조들에 대해 취약하며, 그것들이 흔들릴 때 우리 또한 흔들린다. 의존성은 취약성을 함축하니, 어떤 사회구조에 의존하고 있다는 것은 그 사회구조에 취약하다는 뜻, 그 구조가 무너지는 경우 불안정한 조건 앞에 노출되리라는 뜻이다. 그렇게 보자면, 우리가 논의하고 있는 것은 나의 취약성 또는 당신의 취약성이라기보다는, 나와 당신을 하나로 묶어주고 우리를 더 큰 구조와 제도(우리가 삶을 지속하기 위해 의존하고 있는 대상)에 묶어주는 관계의 한 속성으로서의 취약성이다. 엄밀히 말하면 취약성은 의존성과는 다르다. 나는 살기 위해 누군가에, 무언가에, 어떤 조건에 의존하고 있다. 하지만 그 사람을 잃거나 그 물건을 빼앗기거나 그 사회제도가 무너질 때, 그렇게 버려지고 빼앗기고 위험에 노출된 나는 더이상 살아갈 수 없을 만큼 취약하다. 이렇듯 취약성을 관계 속에서 이해할 때 알게 되듯, 우리는 우리 삶을 가능하게 하거나 불가능하게 하는 조건들과 완전히 분리될 수 없다. 다시 말해 우리가 온전한 개인이 될 수 없는 것은 우리 삶이 그런 조건들로부터 해방될 수 없기 때문이다.

이러한 관점으로 미루어 짐작할 수 있듯, 우리를 서로 묶어주는 의무는 한편으로는 우리 삶을 가능하게도 하지만 다른 한편으로는 착취와 폭력의 조건일 수도 있는 상호의존성이라는 조건에서 비롯한다. 삶 그 자체를 정치적으로 조직하고자 한다면, 정책·제도·시민사회·정부를 통해서 상호의존성―그리고 상호의존성과 맞물려 있는 평등―을 인정해야 한다. 전 지구적 의무―다시 말해 전 지구적 차원에서 공동으로 감당해야 하고 구속력을 인정받아야 하는 의무―가 있다는 주장, 또는 있어야 한다는 주장을 받아들인다면, 그 의무를 국가들 사이의 의무로 축소해서는 안 된다. 전 지구적 의무라는 말이 암시하는 좀더 광범위한 상호관계 네트워크에는 국경 앞에서 기다리고 있거나 국경을 넘어가고 있는 인구군들(국적 없는 사람들, 난민들)도 포함되는 만큼, 그 의무는 국경을 가로지르면서 세부 조항들을 조정할 수 있는 탈국민적post-national 의무여야 할 것이다.

내가 지금까지 주장했듯 여기서 과제는, 내가 상상하기로는, 의존성을 극복함으로써 자족성을 획득하는 것이 아니라 평등의 조건으로서의 상호의존성을 받아들이는 것이다. 그런데 이 정식화에 즉각 도전해오는 중요한 반론이 있다. 어쨌든 피식민자의 이른바 '의존성'을 기정사실화하고자 하는 형태의 식민권력들이 있으며, 그런 유형의 논의들은 의존성을 피식민자가 된 인구군의 본질적 병리적 속성으로 만들고자 한다.* 이런 방향으로 진행되는 의존성 논의는 인종차별뿐만 아니라 식민주의마저 기정사실화하는 논의, 집단적 종속의 원인을 종속 집단 자체의 심리적-사회적 속성에서 찾는 논의다. 프랑스-튀니지 소설가 겸 에세이스트 알베르 멤미도 주장했듯, 식민자는 자기를 성인의 모습―"어린아이 같

---

* Nancy Fraser & Linda Gordon, "A Genealogy of Dependency: Tracing a Keyword of the US Welfare State", *Signs* 19:2, 1994, pp. 309~336.

은"의존성에 빠져 있는 피식민 인구군을 교육해서 계몽된 성인의 정체성을 부여하는 모습—으로 상상한다.* 칸트의 유명한 에세이 「계몽이란 무엇인가에 대한 답변」에서도 피식민자는 이렇듯 교육을 필요로 하는 어린아이의 모습으로 등장한다. 하지만 피식민자가 종속상태에 머물기를 거부하는 때가 오면 식민자는 식민권력을 상실할 위험에 처할 테니, 실상은 식민자가 피식민자에게 의존하고 있는 것이다. 강요된 의존관계에 의해 식민체제, 부당한 국가, 착취적 결혼에 매여 있다면, 의존성을 극복하는 것이 바람직한 일인 것 같다. 그런 식의 예속화를 끊어내는 것은 해방과정의 한 단계, 평등과 자유에 대한 권리 주장의 한 단계다. 하지만 그럴 때 우리가 받아들이게 되는 평등은 어떤 버전의 평등인가? 또 그 자유는 어떤 버전의 자유인가? 예속화와 착취를 극복하려는 노력 속에서 의존성의 끈을 끊어냈다면, 이제부터 자립의 가치를 인정하겠다는 뜻인가? 그렇다. 그런 뜻이다. 하지만 그 자립이 주인의 자립 mastery을 모델로 삼음으로써 우리가 가치 있게 여기는 형태의 상호의존성을 끊는 방식이 된다면, 그 뒤에 어떤 상황이 펼쳐질까? 우리가 자립을 통해 개인의 주권을 되찾거나 독립을 통해 국가의 주권을 되찾을 때 그 방식이 공거cohabitation에 대한 탈주권적 논의를 구상할 수 없게 만드는 방식이라면, 우리가 되찾은 주권은 끝없는 갈등을 함축하는 자족성에 불과하다. 어쨌든 지구상의 크고 작은

---

* Albert Memmi, *La dépendance: Esquisse pour un portrait du dépendant*, Paris: Gallimard, 1979; 영어판 trans. Phillip A. Facey, *Dependence: A Sketch for a Portrait of the Dependent*, Boston: Beacon Press, 1984.

지역들 사이의 상호의존성 개념을 재고하고 쇄신하지 못한다면, 환경 위협에 대한, 전 지구적 슬럼 문제에 대한, 구조적 인종차별에 대한, 전 지구적 공동 책임하에 거주지를 찾아야 할 무국적자들의 처지에 대한, 그리고 여기서 한발 더 나아가 식민적 양태의 권력들을 좀더 철저하게 극복하는 방안에 대한 논의를 시작할 수 없을 것이고, 사회적 연대와 비폭력에 대한 대안적 관점의 정식화 작업을 시작할 수도 없을 것이다.

이 책에서 나는 상호의존성에 대한 정신분석적 이해와 사회적 이해 사이를 오가면서 비폭력 실천의 기틀을 새로운 평등주의적 상상계 안에 놓아보고자 한다. 이 두 차원의 이해는 하나로 모여야겠지만 정신분석 프레임이 모든 사회관계의 모델이라는 식으로 뭉뚱그려져서는 안 된다. 자아심리학에 대한 비판작업은 정신분석학의 사회적 의미—정신분석학은 생활의 조건과 생존의 조건(생명정치가 개념화될 때마다 중요하게 제기되는 논제들)에 대한 좀더 광범위한 논의 안에서 어떠한 의미가 있는가?—를 밝혀낼 수 있다. 자연상태 가설이라는 테제에 맞서는 나의 반테제는 자력으로 지탱될 수 있는 몸은 없다는 것이다. 몸은 자립할 수 있는 유형의 존재가 아니고 그런 존재였던 적도 없으니(실체의 형이상학, 곧 몸을 어떤 테두리로 둘러싸인 공간적 존재로 개념화하는 형이상학이 몸이란 무엇인가를 이해할 때 아주 바람직한 프레임이었던 적이 없는 것은 그 때문이기도 하다), 몸은 생존하기 위해 남에게 맡겨지는 존재, 곧 자기 손을 사용할 수 있게 되기까지 남의 손에 맡겨져야 하는 존재다. 이 결정적 역설을 형이상학이 개념화해낼 수 있겠는가? 이 관계는 사람과 사람 사이의 상호관계인 것 같기도 하지만, 좀더 넓은 의미에서는 사회적으로 조직된 관계, 곧 삶의 사회적 조직을 가리켜 보이는 관계이기도 하다. 우리는 모두 맡겨짐으로써 살기 시작하니, 맡겨진다는 것은 수동적 상황인 동시에 삶을 가능하게 하는 상황이다. 누군가가 다른 누군가에게 아기를 맡기는 이 상황은 아기가 태어났을 때 벌어진다. 우리는 처음 시작부터 우리의 의지와는 무관하게 다뤄진다(의지의 형성이 아직 진행중이라는 것도 그 이유 중 하나다). 심지어 아기 오이디푸스는 자기를 산에 내다버려 죽게 만들라는 명령을 받은 양치기의 손에 맡겨졌다. 그렇게 아기를 죽게 내버려두라는 명령을 받은 사람의 손에 아기를 맡긴 어머니의 행동은 아기에게 거의 치명적이었다. 자기 의지와는 무관하게 남의 손에 맡겨지는 것이 항상 아름다운 장면은 아니다. 아기는 누군가에 의해 다른 누군가에게 맡겨지고, 돌봄제공자도 돌보는 일을 떠맡게 된 사람—자기 의지나 자기 선택으로 돌보는 일을 하고 있다고 느끼지 않을 수도 있는 사람—으로 여겨지는 경우가 흔하다. 돌보는 일에 항상 합의가 수반되는 것도 아니고 돌보는 일이 항상 계약의 형태를 띠는 것도 아니다. 돌본다는 것은 응애응애 울면서 배고파하는 동물의 요구를 들어주다가 수시로 만신창이가 되는 방식일 수도 있다는 것이다. 하지만 여기서 우리는 육아나 돌봄의 사회적 조직에 대한 구체적 논의에 의지하지 않는 좀더 포괄적인 유형의 권리를 주장해볼 수도 있다. 우리가 평생 삶 그 자체를 지속하기 위해 사회적 경제적 형태의 지지들에 의존한다고 할 때의 의존성은, 성장함으로써 극복할 수 있는 그 무엇—시간이 흐르면 자립으로 전환될 수 있는 의존성—이 아니다. 의존할 대상이 없다면, 사회구조들이 악화되거나 무효화된다면, 그때는 삶 그 자체가 흔들리거나 악화된다. 삶이 불안정해지는 것이다. 의존이라는 조건이 평생 지속된다는 것이 아이들과 노인들, 또는 신체적으로 곤란을 겪는 사람들을 돌보고 있을 때는 더 뼈아프게 느껴질 수 있겠지만, 그런 조건에 종속되어 있는 것은 우리 모두가 마찬가지다.

'맡겨진다'는 말은 무슨 뜻일까? 우리가 누군가에게 맡겨질 수 있다는 말은 다른 누군가가 우리에게 맡겨질 수도 있다는 뜻이 아닐까? 우리는 저마다 누군가에게 맡겨져 있는 동시에 다른 누군가를 맡고 있는 상황—각자의 입장에서는 비대칭적 상황이지만, 이 상황이 모종의 사회적 관계로 간주되는 경우에는 상호성을 띠는 관계—이지 않을까? 우리가 세계를 잃었을 때, 우리가 사회적인 의미에서 세계로부터 버려졌을 때, 몸은 괴로움을 겪고 몸의 불안정을 내보이는 방식의 시위를 통해서 정치적 요구를 내놓기도 하고 분노를 표출하기도 한다. 그렇게 몸으로 불안정을 내보이는 것 자체가 정치적 요구이자 분노의 표출이라고도 할 수 있다. 차별을 겪고 상해와 죽음의 위험에 노출되는 몸이 된다는 것은, 한 가지 형태의 불안정을 바로 그렇게 전시하는 일이기도 하지만, 부당한 형태의 불평등을 겪어내는 일이기도 하다. 삶을 불가능하게 만들 정도의 불안정이 점점 악화되는 여러 인구군의 상황은 우리에게 전 지구적 의무의 문제를 제기하고 있다. 왜 우리는 먼 곳에서 고통받는 사람들을 걱정해야 할까? 이 질문에 대한 답을 우리는 온정주의적 정당화에서가 아니라 우리가 이 세계에서 상호의존 관계 속에 함께 살아가고 있다는 사실, 다시 말해 우리의 운명이 서로에게 맡겨져 있다는 사실에서 찾아내야 한다.

자, 이제 우리는 이 논의의 출발점이었던 로빈슨 크루소로부터 한참 멀어졌다. 로빈슨 크루소는 자족성으로 정의되는 인물이었던 반면, 몸을 가진 주체는 자족성의 결핍으로 정의되는 존재이기 때문이다. 또한 지금까지의 논의가 시사하듯, 이 장면에는 희망·욕망·분노·불안이 모두 다 등장한다. 특히 위험성이나 의존성이 감당 불가능할 만큼 악화된 상황이라면 분노의 등장을 충분히 이해할 수 있다. 그런 상황은 어떤 상황이길래 상호의존성이 이렇듯 공격성·갈등·폭력의 장면이 되는 것일까? 이 사회적 유대관계에 잠재해 있는 파괴성을 우리는 어떻게 이해해야 할까?

폭력과 비폭력

도덕철학자들과 신학자들은 '살생이 나쁘다는 주장과 살생을 금하는 것이 옳다는 주장의 근거는 무엇인가?'라는 질문을 던져왔다. 이 질문을 다루는 흔한 방법은 '여기서 살생하지 말라는 명령은 절대적인가? 신학적 계명인가, 또는 다른 관습적 준칙인가? 이 명령을 지키는 것이 법 또는 도덕성을 지키는 것인가?'라는 질문으로 바꾸는 것이다. 아울러 이 질문에는 늘 '이 명령에 선의의 예외가 있는가? 살상은 언제 정당화되는가?'라는 질문이 따라온다.

그리고 그때부터의 논쟁은 주로 '이 명령에 예외가 있다면 어떤 것
들이 있는가? 그런 예외들은 이 명령이 절대명령이 아니라는 사실
과 관련해서 무엇을 알려주는가?'를 둘러싸고 진행된다. 이 시점
에서 자기방어가 논쟁에 끼어들곤 한다.

규칙에서 예외는 중요하다. 어쩌면 규칙보다 예외가 더 중요할
수도 있다. 예컨대 살생하지 말라는 명령에 예외가 존재한다는 것,
그리고 그런 예외가 항상 존재한다는 것을 통해 알 수 있듯, 살생
하지 말라는 명령은 절대명령이 아니다. 아예 명령을 내리지 못하
는 경우도 있고 명령이 저항에 부딪히는 경우도 있고 명령을 집행
할 권한이 일시적으로 중지되는 경우도 있다는 것이다.

'자기방어'가 지극히 애매한 용어라는 것은 모든 공격을 자국방
어로 정당화하는 군사적 대외정책에서 또는 선제적 살상을 허용하
는 조항들을 마련하고 있는 최근의 미합중국 법조계에서도 확인할
수 있다. 자기방어/자국방어는 내가 사랑하는 사람들·아이들·동
물들, 그리고 그밖에 나와 가깝다고 여겨지는 사람들─좀더 넓은
의미의 자기에 포함된 관계들─을 지켜주는 일로 확장될 수 있고
실제로 확장되고 있다. 그 관계들을 정의하고 한정하는 데 필요한
것은 무엇인가, 자기를 이처럼 다른 사람들을 포함할 수 있는 방
식으로 개념화하는 데 필요한 것은 무엇인가, 그 관계들은 왜 주로
생물학적 친척들이나 혼인으로 연결된 사람들이라고 이해되는가
라는 질문들에 의미가 생기는 것은 그 때문이다. 자기와 가까운 사
람들과 자기로부터 먼 사람들 사이에는 다소 자의적이면서 수상쩍
은 단절선이 그어진다(자기와 가까운 사람들을 보호하기 위해서

라면 폭력을 저지르게 될지도 모르고 심지어 살인을 저지르게 될지도 모르지만, 자기로부터 먼 사람들을 지켜주기 위해 살인을 저지르게 될 가능성은 없다). 그렇다면 자기라는 존재에 포함되는 것은 어떤 존재이며, '자기'라는 이름으로 지켜져야 하는 관계는 어떤 관계인가? 우리와 가까운 사람들의 삶을 보호하는 것이 지리적으로든 경제적으로든 문화적으로든 멀게 느껴지는 사람들의 삶을 지지하는 것보다 윤리적으로 더 큰 의무일까?

내가 나 자신을 지키면서 나의 일부라고 여겨지는 사람들(아는 사이이자 아끼는 사이일 정도로 아주 가까운 사람들)을 지키고 있을 경우 그때의 나 자신은 관계적 존재를 가리키는 게 맞지만, 그 관계들(자기의 영역에 속한다고 여겨지는 관계들)에는 나와 가까운 사람들, 나와 비슷한 사람들까지만 포함된다. 내가 자기의 영역, 곧 자기 권역에 속하는 사람들을 지켜주기 위해 폭력을 사용하는 것은 자기방어로 정당화된다. 그렇게 되면 나는 자기방어의 권리를 그 사람들로 이루어진 집단으로 확장하게 되고, 그 사람들을 폭력으로부터 보호하기 위한 폭력행사—그 사람들에게 폭력이 가해지는 것을 막기 위해 다른 사람들에게 폭력을 가하는 일—를 옳은 일이라고 생각하게 된다. 폭력 금지는 이로써 예외적 명령이 된다. 폭력행동에 참여하지 말라는 명령이 이제 다른 집단—자아의 권역에 속하지 않는 집단—에 부과되어 있는 만큼, 그 명령의 영향을 받지 않는 나(우리)는 살생하는 것이 정당한 듯하다.

나아가, 나 또는 나의 집단이 '자아'로 받아들여지는 무언가를 폭력으로부터 폭력적으로 지킨다는 것은, 폭력을 금하는 명령에 꽤 크고 중대한 예외가 생긴다는 뜻이기도 하지만, 폭력을 금하고 있는 힘과 그렇게 금지된 폭력 간의 구분이 무너지기 시작한다는 뜻이기도 하다. 폭력을 금하는 명령에 예외를 만드는 일은 곧 전쟁 상황을 만드는 일이다. 그런 상황에서 항상 옳은 일은 자기방어/자국방어의 이름으로 나 자신 또는 나의 집단을 지키되 나의 자아에 속하지 않는 다른 사람들이라면 아예 지키지 않는 일이 된다. 내가 지키지 않는 삶을 살아가는 사람들, 나의 삶—나 자신의 삶과 밀접하게 엮여 있는 삶, 곧 확장된 자기(나를 대상으로 내가 인정하는 윤리적 권리를 주장하는 다른 사람들을 포함하는 자기)의 영역에 속하는 삶—에 폭력을 가하고자 하는 사람들이 항상 있으리라는 뜻이다. 그러한 예외 상황이 만들어질 때, 우리는 폭력을 금하는 명령이 절대명령이 아님을 알게 된다. 예외에 전쟁 상황이 잠재해 있다는 말을 할 수 있을지도 모르겠는데, 어쨌든 그런 상황이 전쟁논리와 동연적coextensive이라는 말은 할 수 있겠다. 내가 나와 아주 가깝거나 나와 밀접하게 엮여 있는 이 사람 또는 저 사람을 위해 살인을 저지른다면, 가까운 관계와 먼 관계를 최종적으로 구분해주는 것은 무엇일까? 그 구분이 윤리적으로 정당하다고 여겨질 수 있는 것은 어떤 조건하에서일까?

물론 국제 인권 개입주의자들, 특히 우리가 미국에서 '리버럴 매파liberal hawks'라고 부르는 사람들의 주장에 따르면, 이런 상황이니만큼 우리—특히 제1세계—는 언제나 모두를 위해 전쟁 태세를 갖추고 있어야 한다. 하지만 나의 논점은 그런 주장과는 완전히 다르다. 비폭력이라는 당위에 대한 예외는 사실상 모종의 전쟁

논리로 귀결되는 다양한 형태의 집단동일시 논리를 고안해내기 시작하는데, 여기에는 내셔널리즘도 포함된다. 예를 들면 '나와 비슷한 사람들, 곧 일반화된 나의 권역에 속한다고 볼 수 있는 사람들이라면 지켜주고 싶겠지만, 나와 비슷하지 않은 사람들이라면 안 그러고 싶을 것 같다'라는 논리인데, 이 논리가 '내가 지켜주어야 하는 사람들은 나와 비슷한 사람들 또는 내가 알아볼 수 있는 사람들뿐이고, 그 사람들을 지켜주기 위해 내가 적으로 삼아야 하는 사람들은 내가 알아볼 수 없는 사람들, 나와 같은 권역임을 전혀 보여주지 못하는 사람들이다'라는 주장으로 바뀌기는 그리 어렵지 않다. 내가 이런 예를 통해 제기하고 싶은 한 가지 질문은, '지켜져야 하는 집단에 속하는 사람들(살려줄 만한 가치가 있는 삶을 사는 사람들)을 그 집단에 속하지 않는 사람들(살려주거나 지켜줄 만한 가치가 없는 사람들)로부터 구분해내기 위해 불려나오는 모종의 당위가 있는가?'이다. 폭력 금지 명령에서 예외가 어떤 방식으로 작동하는가를 보면, 내 편인 사람들에게 폭력이 가해질 때는 그들을 지켜야 한다고 여기는 반면, 내 편이 아닌 사람들에게 폭력이 가해질 때는 비폭력 원칙을 들먹이며 개입을 거부하는 방식으로 작동하더라는 것이다.

냉소적인 논의라고 느껴질지 모르지만, 우리의 윤리적 원칙들 일부가 이미 정치적 프레임 안에서 다른 이해관계들에 휘둘리고 있을 가능성을 강조하기 위한 논의일 뿐이다. 폭력을 동원해서라도 지켜줄 가치가 있는 인구군과 그렇지 않은 인구군이 구분된다는 말은 더 소중하게 여겨지는 생명이 있고 덜 소중하게 여겨지는 생명이 있다는 뜻이다. 요컨대, 비폭력에 대한 예외를 정하는 원칙은 동시에 여러 인구군을 내가 애도할 것 같지 않은 쪽(애도가치를 확보하지 못한 인구군)과 내가 필히 애도할 쪽(어떤 경우에도 죽게 내버려져서는 안 되는 인구군)으로 양분하는 기준이기도 하다는 점을 생각해보자는 것이 지금까지의 내 주장이었다.

그러니 우리가 비폭력 원칙에서 예외를 둔다는 것은 우리가 어떤 사람들과 싸우거나 그들을 해치거나 심지어 죽일 준비까지 되어 있다는 것, 그리고 그런 행위를 하는 데 대한 윤리적 이유를 내놓을 준비도 되어 있음을 보여준다. 그 논리에 따르면, 그것은 자기방어행위, 아니면 좀더 넓은 자기의 권역에 속하는 사람들―내가 동일시할 수 있는 사람들, 또는 나 자신의 자아가 속하는 좀더 넓은 사회적 정치적 권역을 구성하는 자아들이라고 인정되는 사람들―을 방어하는 행위다. 만약 이 명제―'나는 나와 동일한 사회적 정체성을 가진 사람들 또는 내가 이 나를 가장 중요하게 규정하는 방식으로 사랑하고 있는 사람들을 위한다는 명목하에 다른 어떤 사람들을 기꺼이 해칠 수도 있고 죽일 수도 있다'라는 명제―가 참이라면, 폭력을 윤리적으로 정당화하는 논의는 바로 인구학적 토대 위에서 펼쳐지고 있는 셈이다.

폭력을 금하는 명령에 대한 예외를 둘러싸고 펼쳐지고 있는 이 윤리적 논쟁의 한복판에서 인구학이 도대체 왜 등장하느냐고? 지금 내가 말하고자 하는 것은 처음의 논의가(비폭력을 이해하기 위한 윤리적 프레임이) 다른 종류의 논의(모종의 정치적 문제)로 바뀌고 있다는 것이다. 우선, 우리가 지키고자 하는 사람들의 생명을 죽어 없어져도 상관없는 사람들의 생명으로부터 구별해내고자 할 때 불러내게 되는 규범은, 애도가치가 있는 생명과 그렇지 않은 생명을 부당하게 차별하는 더 큰 작용력, 곧 생명권력의 한 부분이다.

하지만 모두의 생명이 애도가치에서 평등하며 정치적 세계를 올바르게 조직해서 이 원칙이 경제적 제도적 생명에 의해 확인될 수 있게 해야 한다는 생각을 받아들인다면, 다른 결론을 내릴 수 있을 것이고 어쩌면 비폭력 문제에 접근하는 다른 방식을 찾을 수도 있을 것이다. 예컨대 어떤 생명을 처음부터 애도가치가 있는 생명으로 여긴다면, 그 생명을 상해나 파괴로부터 지키고 보살피기 위해 모든 조치를 취할 것이다. 다시 말해, 이른바 '애도가치에서의 급진적 평등'을, 예외를 만들지 않는 비폭력의 윤리학을 위한 인구학적 전제조건으로 이해할 수 있을 것이다. 이 말은 자기방어가 행해져서는 안 된다는 뜻도 아니고, 개입이 필요한 경우가 없다는 뜻도 아니다. 비폭력은 어떤 절대적 원칙이 아니라, 폭력과의, 그리고 폭력을 막겠다고 하는 힘들과의, 끝이 열려 있는 투쟁이니 말이다.

내가 주장하고 싶은 것은, 최선의 비폭력 실천이 무엇일까에 대한 도덕적 고민이 급진적 민주주의의 전망을 확보하려면, 생명 지키기에 철저히 평등주의적으로 접근해야 한다는 것이다. 세계를 그런 방식으로 바라보는 실험, 다시 말해 그런 방식으로 짜여 있는 상상계에서는, 당장에 지켜져야 하는 생명과 언젠가 애도받아야 할 생명이 전혀 별개의 것이 아니다. 애도가치는 생명체들의 관리 방식을 좌우하는 기준이며, 실제로 생명정치의 불가결한 차원이자 생명 있는 존재들의 평등을 생각해보아야 할 때도 없어서는 안 될 차원이다. 내가 다음으로 주장하고 싶은 것은, 이런 평등론은 비폭력의 윤리학-정치학과 직접적으로 관련되어 있다는 것이다. 비폭력 실천에 살인을 금하는 명령이 포함되는 것은 당연하겠지만, 비폭력 실천은 그런 명령으로 축소될 수 없다. 예를 들어 '낙태반대론pro-life'이라는 입장에 답하는 한 가지 방법은, 평등한 생명가치를 우선 지지한 뒤, '낙태반대론'이 실은 젠더 불평등을 지지하는 입장, 배아적 생명에 생명권을 부여하는 한편으로 여성이 자기의 생명에 대해서 가지는 합당한 권리—자유와 평등에 대한 권리—를 심각하게 훼손하는 입장임을 밝히는 것이다. 그런 식의 '낙태반대론'은 사회적 평등과 양립할 수 없는 입장이자, 애도가치가 있는 존재와 그렇지 않은 존재 사이의 차별 요소를 더욱 강화하는 입장이다. 여기서 또 한번 여성들은 애도가치가 없는 존재가 된다.

윤리적-정치적 실천이 개인의 생활양식이나 의사결정의 차원, 또는 한 사람으로서의 나는 어떤 존재인가를 성찰하는 덕 윤리학virtue ethics의 차원에 머문다면, 평등 구현으로서의 사회적 경제적 상호의존성을 놓칠 위험이 있다. 또한 이 조건하에서 우리는 방치와 파괴를 저지를 가능성에 노출된다. 그렇지만 이 조건은 그런 결과들을 막아낼 윤리적 의무란 무엇일지를 짐작하게 해주기도 한다.

이런 프레임은 우리의 사고방식에 어떤 차이를 가져올까? 대부분의 폭력 형태는 불평등을 뒷받침하고 있고(그 점이 논의의 주제로 부각되든 아니든 마찬가지다), 폭력 사용 여부의 결정을 둘러싼 프레임은 어떤 경우에든 폭력 대상으로 고려되는 사람들에 대해 수많은 가정을 하게 한다. 예컨대 죽임당해서는 안 될 생명체를 명명하거나 인식할 수 없다면 폭력을 금하는 명령도 따를 수가 없다. 그 사람, 그 집단, 그 인구군을 살아 있는 생명체로 간주하지 않는다면, 살인하지 말라는 계명을 무슨 수로 이해하겠는가? 살아 있다고 여겨지는 사람이라야 폭력 금지 명령의 보호 대상이 될 수 있으리라고 가정하게 되는 것도 당연하다. 하지만 두번째 논점도 필요하다. 살생을 금하는 명령이 '모두의 생명에는 가치가 있다'—모두의 생명은 생명이기 때문에, 살아 있기 때문에 가치 있다—라는 전제에 기대고 있다면, 이 주장의 보편성은 이때의 가치가 모든 살아 있는 것에로 평등하게 확장되어야 한다는 조건에 매달려 있다. 사람뿐 아니라 동물에 대해서도 생각해야 한다는 뜻, 생명체뿐만 아니라 생명과정에 대해서도, 곧 생명의 체제와 형태에 대해서도 생각해야 한다는 뜻이다.

여기서 세번째 논점이 나온다. 누군가의 생명이 폭력과 파괴를 금하는 명령을 적용받는 생명, 폭력으로 망가지지 않게 보살펴야 하는 생명에 포함되려면, 그 생명에 애도가치가 있어야 한다(누군가의 생명에 애도가치가 있어야 한다는 것은 그 생명의 멸실이 손실로 개념화될 수 있어야 한다는 뜻이다). 누구의 생명이냐에 따라 애도가치가 달리 매겨지는 조건하에 있다는 말은 평등의 조건이 충족될 수 없다는 뜻이다. 그런 조건하에서는 폭력을 금하는 명령이 애도가치를 인정받는 사람들에게만 적용될 뿐 그렇지 못한 사람들(이미 멸실되었다고 간주되고 있는 사람들, 한 번도 온전한 생명으로 인정받아본 적이 없는 사람들)에게는 적용되지 않는 결

과가 빚어지기도 한다. 이처럼 비폭력의 윤리학이 삶의 가치에서
의 평등을 전제하고 긍정하고자 한다면, 애도가치 분배에서의 차
별을 문제삼아야 한다. 그렇게 보자면 애도가치가 불평등하게 분
배된다는 사실은, 인간을 포함한 여러 생명체가 불평등 구조 내부
(그야말로 폭력적인 부인disavowal 구조 내부)에서 차별적으로 만
들어진다는 사실을 이해하게 해줄 프레임이 될 수 있다. 평등이 형
식적으로 모든 인간에게 확대 적용되어야 한다고 주장하는 것은,
인간은 어떻게 인간이 되는가(인간으로 인정받는 인간, 가치 있는
인간으로 만들어지는 것은 누구이고 그렇지 않은 것은 누구인가)
라는 근본적 질문을 회피하는 것이나 마찬가지다. 평등이 의미 있
는 개념이려면 그렇듯 형식상 모든 인간에게로 확대 적용되는 개
념이어야 하지만, 그럴 때조차도 우리는 모종의 차별적 가정(인간
이라는 범주에 포함되는 것은 누구이고 부분적으로 포함되는 것은
누구이며 전적으로 배제되는 것은 누구인가, 멸실되었을 때 애도
대상이 될 사람은 누구이고 사실상 사회적으로 죽은 사람이기 때
문에 죽게 되더라도 애도 대상이 안 될 사람은 누구인가에 대한 가
정)을 하고 있다. 우리가 인간이라는 존재를 분석의 바탕으로 삼
을 수도 없고 자연상태를 분석의 토대로 삼을 수도 없는 것은 그
때문이다(인간이라는 개념은 역사적으로 가변적인 개념, 지금은
비평등주의적 형태의 사회적 정치적 권력의 차별적 맥락에서 정리
되어 있는 개념이고, 인간이라는 역장은 근본적 배제를 통해 구성
되는 역장, 인간으로 셈해지지 않는 형상들이 유령처럼 출몰하는
역장이다). 이처럼 나는 지금 '애도가치 분배에서의 불평등이 폭

력과 비폭력에 관한 우리의 의식적 사고방식에 어떻게 개입하고 이를 어떻게 왜곡하는가'라고 묻고 있다. 애도가치에 대한 고려는 죽은 사람들에게만 해당되리라고 생각될지 모르지만, 내가 하려는 주장은 살아 있을 때 이미 애도가치가 작용하고 있다는 것, 그리고 애도가치는 생명체의 속성(가치를 차별하는 도식 안에서 해당 생명체의 가치를 매기는 속성이자 해당 생명체가 평등하고 공정하게 대우받고 있는가라는 질문과 직결되는 속성)이라는 것이다. 나에게 애도가치가 있다는 말은, 곧 내 생명이 중요하다는 것을 나 자신이 알 수 있는 방식으로 나를 호명하고 있다는 뜻이다(내 생명이 중요하다는 말은 내 생명의 멸실을 막는 것이 중요하리라는 뜻, 내 몸이 중요하게 다루어진다는 뜻이고, 내 몸이 중요하다는 말은 내 몸이 생장할 수 있어야 한다는 뜻, 내 몸의 불안정이 최소화되어야 한다는 뜻, 내 몸의 생장에 필요한 것들이 마련돼 있어야 한다는 뜻이다). 애도가치가 평등해야 한다는 전제는, 신념이 되거나 사람이 사람에게 인사를 건넬 때의 태도가 되어야 하는 것은 물론이고, 의료·식량·주거·고용·성생활·시민생활을 사회적으로 조직할 때의 원칙이 되어야 할 것이다. 지금까지의 주장(잠재적 폭력성은 상호의존성을 띠는 모든 관계의 속성이라는 것, 그리고 상호의존성을 주요 특징으로 하는 사회적 유대관계란 늘 여러 형태의 양가감정ambivalence을 감안하는 개념이라는 것)에서, 나는 갈등이 잠재적으로 영속적이라는 점과 최종적인 방식으로 극복되지 않는다는 점을 받아들이고 있다. 지금 나는 갈등이 '사회적 유대관계'라는 무언가의 내재적 속성임을 주장하고 싶다기보다는(그렇게 주장하려면 그것이 단독적으로 존립하는 무언가여야 할 것이다), 양가감정이 구체적인 사회적 관계들(특히 의존성 또는 상호의존성을 포함해온 관계들)에서 차지하는 중요성에 대해 질문해보자고 제안하고 싶다. 우리가 사회적 관계들에 대해 논의하는 데는 그 외에도 온갖 이유가 있겠지만, 상호의존성을 특징으로 하는 사회적 관계의 경우라면, 양가감정과 부인이라는 두 속성에 대해 질문해보는 것도 가능하리라고 생각된다(양가감정과 부인은 자율적인 심리적 현실의 속성들이기도 하지만 사회적 관계의 심리적 속성들이기도 하니, 폭력의 문제를 관계적 프레임 안에서 이해할 수 있게 해주고, 이러한 이해의 지점을 심리적-사회적 수렴점이라고 명명할 수 있게 해준다).* 물론 이 말은 우리가 폭력에 대해 생각하는 방식이 이것 하나뿐이라는 뜻도 아니고, 심지어 이것이 최선의 방식이라는 뜻도 아니다. 예컨대 물리적 폭력, 법폭력, 제도폭력 사이에는 이해되어야 할 차이들이 있다. 인구학적 가정들이 우리의 폭력 관련 논쟁들에 스며들어 있다고 할 때(예컨대 인구학적 가정들은 폭력의 정당한 예와 부당한 예를 중심으로 폭력을 논의하고자 하는 의식적인 노력들을 추동하거나 방해하는 망상적 작용력의 형태를 띠고 있다), 그에 대한 모종의 통찰을 우리가 이 책의 각 장에서 얻을 수 있으리라는 것이 내가 도출하고 싶은 결론이다.**

---

* Stephen Frosh, ed., *Psychosocial Imaginaries*, London: Palgrave, 2015 참조.
** 클라인은 판타지fantasy(소망 또는 백일몽과 비슷한 의식적 상태)와 판타지 phantasy(투영projection과 내사introjection를 넘나들면서 두 정서affect 사이

지금까지 내가 밝히려고 한 것처럼, 평등은(이제 평등에는 애도 가치에서의 평등이라는 개념도 포함된다) 상호의존성과도 연결되어 있고, 전투적 유형의 비폭력을 우리가 왜, 그리고 어떻게 실천해야 하는가라는 질문들과도 연결되어 있다. 생명의 가치를 평등주의적으로 바라보는 일은 중요하다. 최선의 비폭력을 실천할 수 있는 최선의 방법에 관한 윤리적 고려를 시작하는 일이면서 동시에 급진적 민주주의의 이상들을 끌어오는 일이기 때문이다. 폭력의 제도적 삶을 거꾸러트릴 수 있는 것이 있다면, 그것은 폭력을 금하는 명령이 아니라 제도에 맞서는 에토스-실천일 것이다.*

파괴성은 모든 생명관계의 잠재적 구성요소인 만큼, 상호의존성은 항상 파괴성의 문제를 제기하고 있다. 하지만 사회적으로 조

의 경계, 곧 주체로부터 나오는 정서와 대상세계에 속한 정서 사이의 경계를 흐리는 무의식적 작용)를 구분했고, 나도 이 글에서 그 구분을 따라가고 있다. 클라인을 어떤 식으로든 엄밀하게 따라가는 것은 내 의도가 아니지만, 망상에는 의식적으로 작동하는 측면과 함께 자기와 타인 사이의 경계를 흐리는 무의식적 정서 전환 메커니즘을 통해 지탱되는 측면이 있다는 것, 인종차별적 망상은 그러한 망상의 한 가지 예라는 것은 여기서 꼭 논의하고 싶다. 내가 의식적 사고와 무의식적 사고를 엄밀하게 구분하는 논의를 받아들이고 있는 것은 아니지만, 인종차별주의를 비롯한 사회적 권력 형태들이 주체를 무의식 쪽에서 형성할 수 있다는 것, 다시 말해 인종차별주의가 심층적 치명적 사고 패턴을 확립할 수 있다는 것은 여기서 꼭 강조하고 싶다. 자세한 논의는 이 책 52쪽 참조.

* Marc Crepon, *Murderous Consent*, trans. Michael Loriaux & Jacob Levi, New York: Fordham University Press, 2019; Adriana Cavarero & Angelo Scola, *Thou Shalt Not Kill: A Political and Theological Dialogue*, trans. Margaret Adams Groesbeck & Adam Sitze, New York: Fordham University Press, 2015 참조.

직된 폭력과 방치는 (주권으로 작동하는 권력과 생명정치로 작동하는 권력 둘 다의 문제로서) 우리가 비폭력 실천을 성찰할 때 반드시 들여와야 하는 현재적 지평의 구성요소이기도 하다. 또 한번 이야기하겠다. 실천이 개인의 생활양식이나 의사결정 차원에 머물러 있다면, 상호의존성을 놓칠 위험이 있고(상호의존성을 놓친다면 평등의 관계적 속성을 볼 수 없게 된다), 아울러 파괴를 저지를 가능성을 놓칠 위험이 있다(사회적 관계는 이 가능성과 함께 구성된다).

이어지는 나의 마지막 논점은, 비폭력이라는 윤리적 입장이 급진적 평등에의 참여로 연결되어야 한다는 것이다. 더 구체적으로 말하자면, 비폭력 실천은 생명정치적 형태, 곧 때마다 보호받을 가치가 있는 삶과 그렇지 않은 삶—부수적 피해로 간주되거나 정책적 군사적 장애물로 간주되는 인구군—을 구분하는 형태의 인종차별과 전쟁논리에 대한 반대가 수반되어야 한다. 나아가 우리는 생명정치적 형태의 인구군 관리에 암묵적 전쟁논리가—이주민이 들어오면 우리를 파괴할 것이고, 문명을 파괴할 것이고, 유럽 또는 대영제국을 파괴할 것이라는 믿음이—어떻게 개입하는지를 살펴보아야 한다. 이 믿음이 난민—망상 속에서 파괴의 원흉이라고 이해된 인구군—이 폭력적으로 몰살당하는 사태, 또는 난민수용소에서 비교적 서서히 죽음에 이르는 사태를 허용한다. 그 전쟁논리에 따르면, 여기서 문제는 난민의 생명을 선택할 것이냐, 아니면 난민의 공격에 맞서 스스로를 방어할 권리를 주장하는 쪽의 생명을 선택할 것이냐의 문제다. 이런 사례들에서도 알 수 있듯, 다른 인구군을 파괴할 권한을 부여하는 것은 바로 인종차별적 피해망상적 형태의 자기방어다.

그렇기 때문에 비폭력의 윤리적-정치적 실천은, 상대편과 대결하는 데 그치거나 폭력을 금하는 명령을 강화하는 데 그치는 것이어서는 안 된다. 다시 말해 이 실천은 사회적 유대관계의 구속력과 상호의존성을 비가시화하는 환등상적 전도에 의지하는 생명정치적 형태의 인종차별과 전쟁논리에 대항할 수 있는 것이어야 한다. 또 이 실천은 폭력과 비폭력을 이해하는 프레임, 또는 폭력과 자기방어를 이해하는 프레임이, 어째서 그리고 어떤 조건하에서 전자와 후자를 전도시키면서 용어 정리에 혼란을 초래하고 있는지를 설명할 수 있는 것이어야 한다. 평화 청원이 어째서 '폭력' 행위로 명명되는가? 경찰을 저지하는 인간바리케이드가 어째서 '폭력적' 공격행위로 명명되는가? 폭력과 비폭력이 전도되는 이런 일은 어떤 조건하에서, 그리고 어떤 프레임 안에서 발생하는가? 폭력과 비폭력의 해석작업이 선행되지 않는다면 비폭력을 실천할 방법은 전혀 없다. 폭력이 안보, 내셔널리즘, 네오파시즘의 이름으로 점점 정당화되는 세계에서는 더욱 그러하다. 우리가 막스 베버, 안토니오 그람시, 그리고 벤야민으로부터 배웠듯, 국가는 폭력 비판론자들을 '폭력적'이라고 명명하는 방식으로 폭력을 독점하고 있다.*

---

* 베버는 국가를 "한정된 영토 내에서 합법적인 물리적 폭력을 독점하겠다고 주장하는(그리고 그 주장을 인정받은) 인간사회"라고 정의한다. Max Weber, "Politics as a Vocation", *From Max Weber: Essays in Sociology,* trans. H. H. Gerth and C. Wright Mills, Oxford, UK: Oxford University Press, 1946, p. 78(한국어판:

폭력이 있어야 폭력을 억제할 수 있다고 주장하는 사람들이나 경찰과 감옥을 비롯한 법의 집행력을 최종적 판관으로 칭송하는 사람들을 경계해야 하는 것은 그 때문이다. 폭력에 반대한다는 것은 폭력이 언제나 물리적 타격의 형태를 띠는 것은 아님을 이해하는 일이다. 그러니 폭력이 제도의 형태로 작용할 때, 우리는 '누구의 생명이 한 사람의 생명으로 현상되는가? 누구의 죽음이 손실로 인지되는가? 이 인구학적 상상계는 윤리학에서, 정책에서, 정치학에서 어떤 역할을 하고 있는가?'라고 물을 수밖에 없는 것이다. 파괴적 상상계의 지평은 폭력이 폭력으로 인지되지 않는 곳, 죽임당할 사람들이 죽임당하기에 앞서 생존의 영역으로부터 사라져버리는 곳이니, 우리의 논의가 이 지평 안에 머물러 있다면 우리가 정치를 윤리 안에 착근시킬 수 있는 방식—우리의 관계적 의무를 전 지구적 권역에서 주장하려면 어떻게 해야 하는가를 이해할 수 있는 방식—으로 생각하거나 인식하거나 행동하기는 불가능할 것이다. 이 파괴적 상상계의 지평에서 이 많은 불평등과 몰각이 지금 일어

막스 베버, 『직업으로서의 정치』, 전성우 옮김, 나남출판, 2019). 폭력violence과 강제력coercion에 대한 더 철저한 분석을 위해서는 계급 헤게모니가 강제력(물리적 위력이라는 명백한 위험이 동반되지 않은 상태에서 합의의 형태로 작용하는 힘)을 통해 유지된다는 그람시의 논의를 고려해야 할 것이다. 예컨대 『옥중일기』의 한 대목에서 그람시는 새로운 노동 양식을 위한 새로운 적응 양식이 가능하기 위해 무엇이 요구되는가를 논의하면서 "압력이 사회 전체에 가해지고, 폭력적 강제력이라는 알맹이에 설득과 합의라는 껍데기를 씌워주는 청교도 이데올로기가 발전한다"고 주장한다. Antonio Gramsci, *Prison Notebooks, Volume One*, trans. Anthony Buttigieg, New York: Columbia University Press, 1992, p. 138(한국어판: 안토니오 그람시, 『그람시의 옥중수고』 1-2, 이상훈 옮김, 거름, 1999).

나고 있는 만큼, 어떤 의미에서 우리는 이 지평을 부수고 밖으로 나가야 한다. 우리는 파괴에 참여하는 사람들을 상대로 싸워야 하지만 그들의 파괴성을 답습해서는 안 된다. 그렇게 싸우려면 어떻게 싸워야 하는지를 이해하는 것이 비폭력적 윤리학-정치학의 과제이자 난제다.

다시 말해, 자연상태의 새로운 정식화가 꼭 필요하지는 않지만, 정치적 현재의 기정사실들로부터 돌아서게 해줄 새로운 상상계(지각의 바뀜)는 꼭 필요하다. 그런 상상계는 우리가 윤리적-정치적 삶(공격성과 슬픔이 곧장 폭력으로 전환되지 않는 삶, 우리가 선택한 적 없는 사회적 유대관계들의 어려움과 적대감을 감당해볼 수도 있는 삶)을 향해 나아가는 길을 찾도록 도와줄 것이다. 모든 생명이 지속될 수 있는 세계를 세워야 한다는 의무를 짊어지기 위해 우리가 서로를 사랑해야 하는 것은 아니다. 생존할 권리는 모종의 사회적 권리—우리가 서로에 대해서 짊어지고 있는 사회적 의무이자 전 지구적 의무의 주관적 형태—라고 이해될 수밖에 없다. 상호의존하는 우리의 생존은 관계의 일이자 아슬아슬한 일이며, 감당 불가능한 갈등일 때도 있고 기쁨과 환희일 때도 있다. 많은 사람들은 비폭력을 옹호하는 것이 비현실적이라고 말하지만, 사실은 그들이 지나치게 현실에 매료되어 있는 것일 수도 있다. 내가 그들에게 '당신은 비폭력을 옹호하는 사람이 아무도 없는 세계에서 살고 싶은가? 그 불가능성을 위해 끝까지 애쓰는 사람이 아무도 없는 세계에서 살고 싶다는 것인가?'라고 물어보면, 항상 '아니다'라는 답이 돌아온다. 불가능한 세계는 우리가 지금 생각할 수 있는 지평 너머에 존재하는 세계다. 이 지평은 참혹한 전쟁의 지평이나 철저한 평화의 이상 같은 것이 아니라, 끝이 열려 있는 투쟁, 우리의 유대관계들을 끊을지 모르는 이 세계의 모든 것에 맞선 투쟁의 지평이다. 파괴의 억제는 우리가 이 세계에서 할 수 있는 가장 중요한 긍정 중 하나―당신의 생명과, 그리고 생태계 전체와 긴밀하게 연결되어 있는 이 생명에 대한 긍정―이다. 물론 이 긍정은 파괴당할 가능성 앞에, 그리고 파괴하는 힘 앞에 항상 노출되어 있다.

2장

다른 누군가의 생명을 지킨다는 것

비교적 단순한 질문을 하겠다. '우리 중의 누군가가 다른 누군가의 생명을 지켜내고자 한다면, 그것은 왜인가?' 일단은 도덕심리학에 나오는 질문, 도덕철학에 나올 법한 질문이라고 생각할 수도 있겠다. 물론 최근에는 재생산권, 재생산 기술력을 둘러싼 논쟁들과 건강관리·법집행·감옥을 둘러싼 논쟁들을 포함해서 생명을 지켜내는 것에 관한 여러 논쟁이 의료윤리학의 바탕이 되고 있다. 내가 이 글에서 그 논쟁들을 상세하게 다루지는 않겠지만, 우리가 그 논쟁들을 다루는 방식과 관련된 내용이 내 논의 안에 포함돼 있기를 바란다. 이 글에서 나는 생명이 지켜져야 하는 것은 언제 어디에서인가와 관련된 논쟁들의 한 가지 속성을 지적하고 싶다. 말인즉슨, 그 논쟁들에서 우리는 언제나 무엇이 생명으로 셈해지는가와 관련된 몇 가지 가정을 하고 있다. 그중에는 생명은 언제 어디에서 시작하고 어떻게 끝나야 하는가에 관한 가정도 있지만, 차

원을 달리하는 듯한 가정, 곧 누구의 생명이 생명으로 셈해지는가
에 관한 가정도 있다.

　그러니 '우리는 왜 다른 누군가의 생명을 지켜내고자 하는가?'
라는 질문은 동기를 묻는 질문일 수도 있고, 그런 종류의 행동이
왜 옳은가—생명을 지켜내기를 거부하거나 생명을 지켜내는 데 실
패하는 것이 왜 도덕적으로 옳지 않은가—라는 질문일 수도 있다.
첫번째 질문은 심리학적 질문이고(물론 정확히는 도덕심리학의
질문이라고 해야 할 것이다), 두번째 질문은 도덕철학이나 윤리
학—하나의 분과로 존립하기 위해 때로 도덕심리학에 기대는 분
과들—의 질문이다. 그런데 이 질문들이 사회이론·정치철학 분과
와도 겹칠 수 있을까?

　이 질문이 어떤 식으로 제기되고 어떤 가정과 함께 제기되는가
에 많은 것이 달려 있다. 예컨대 이것이 한 사람의 타인에 대한 질
문—'누군가가 그 사람의 생명을 지켜내려고 한다면, 그것은 왜인
가?'—이라면, 많은 것이 달라진다. 이 질문은 '우리는 우리와 강
하게 동일시되는 특정집단에 속하는 사람들의 생명을 지켜내고자
하는가, 아니면 폭력이나 파괴의 위험에 봉착해 있는 듯한 취약집
단에 속하는 사람들의 생명을 지켜내고자 하는가, 아니면 살아 있
는 모든 사람의 생명을 지켜내고자 하는가?'라는 질문과는 다르
다. '누군가가 다른 특정인의 생명을 지켜내고자 한다면 그것은 왜
인가?'라는 질문은 모종의 이인관계—'당신은 내가 아는 사람일
수도 있고 모르는 사람일 수도 있지만, 어느 쪽이든 나는 특정 상
황에서 위험을 방지하는 입장, 또는 당신의 생명을 위협하는 파괴

적인 힘을 차단하는 입장에 있을 수 있다'—를 전제하고 있다. '그런 상황에서 나는 어떻게 행동하며 왜 그렇게 행동하는가? 그 행동은 왜 옳은 행동인가?'라는 질문들은 도덕철학·도덕심리학 분과에 속하는 듯하다(이쪽 분과에는 물론 다른 질문들도 있다). 한편, '우리는 특정집단에 속하는 사람들의 생명을 지켜내고자 하는가? 그런 종류의 행동은 어떻게 정당화되는가?'라는 질문은 이른바 '생명정치적' 고려사항을 전제하고 있다. '무엇이 생명으로 셈해지는가?'뿐 아니라 '누구의 생명이 지켜질 만한 생명으로 셈해지는가?'도 그런 고려사항이다. '생명으로 셈해지는 생명은 누구의 생명인가?'라는 질문은 동어반복일 뿐인 것 같지만, 어떤 조건하에서는 이 질문이 의미가 있다. 생명으로 셈해지지 않는 생명이어도, 생명은 여전히 생명이 아닌가?

나는 다음 장에서 이 생명정치의 질문으로 돌아갈 것이다. 당장은 내가 처음 했던 질문—'누군가가 다른 누군가의 생명을 지키고자 한다면, 그것은 왜인가?'—으로 돌아가자. 이 질문은 개인을 향하는 형태로뿐 아니라 제도배치·경제체제·정부형태들을 향하는 형태—'한 인구군의 생명, 아니 모든 인구군의 생명을 보살필 수 있는 어떤 체제, 어떤 제도들이 마련돼 있는가?'—로 제기되어야 한다. 우리가 정신분석학 쪽을 살펴보려는 이유는, 우리가 생명을 없애려 하지 않고 지키고자 하는 이유를 그쪽에서 어떻게 설명하고 있는가를 살펴보기 위해서다. 개인심리와 집단심리는 끊임없이 겹쳐지기 마련이고 한 사람의 주관적 딜레마조차 그 사람을 더 넓은 정치적 세계와 맞물리게 하는 만큼, 논의할 내용은 개인심리와 집단심리 사이의 관계가 아니다. '나'와 '당신,' '저들'과 '우리'는 서로 맞물려 있으며, 그렇게 맞물린 관계는 논리적 인과관계일 뿐만 아니라 사회적 유대관계의 양가감정을 짊어진 채로 살아내야 하는 관계, 공격성을 조율해야 하리라는 윤리적 요구를 끝없이 해오는 관계다. 그러니 우리가 윤리학 논의를 시작하면서 '나'라는 일인칭을—심지어 '우리'라는 일인칭 복수를—무비판적으로 사용한다면, 주체(단수 주체와 복수 주체 둘 다)가 도덕적 성찰을 통해서 조율하고자 하는 사회적 유대관계가 어떻게 주체를 형성하고 공략하는가에 관한 선행연구는 이미 시야에서 사라지게 된다.

질문이 어떻게 던져지느냐에 따라 온정주의라는 또다른 문제가 제기될 수 있다. 누가 '지킴'을 행하는 집단에 속해 있고, 누구의 생명이 '지킴'을 필요로 한다고 여겨지고 있는가? '우리'의 생명도 지켜져야 하는 생명이 아닌가? 질문하는 사람의 생명과 질문에 등장하는 사람의 생명은 같은 생명인가? 질문하고 있는 우리도 우리 자신의 생명이 지켜져야 한다고 여기고 있는 것은 마찬가지인데, 그렇다면 누군가가 우리의 생명을 지켜주도록 되어 있는가? 아니면 우리의 생명이 가치 있는 생명이라는 것, 우리의 생명을 지키기 위해서라면 행해지지 않을 일이 없으리라는 것이 우리의 전제인가? (그래서 '우리'가 이런 식의 전제 없이 살아가는 '다른 누군가'를 질문에 등장시키는 것인가?) '우리'의 생명과 우리가 지키고자 하는 '다른 누군가'의 생명을 떼어놓는 것이 과연 가능한가? 질문에 답변하고자 하는 '우리'가 따로 있고 우리의 답변에 등장할 '다른 누군가'가 따로 있다는 말은, 온정주의적 분할이라고 할 수 있는 어떤 것이 양쪽을 가르고 있다는 뜻, 이쪽 사람들은 생명을 지켜줄 힘을 갖고 있거나 맡고 있는 데 비해 저쪽 사람들의 생명은 지켜지지 못할 위험에 처해 있다는 뜻—우리의 생명을 지키고자 하는 힘은 이미 존재하는 데 비해 저쪽 사람들의 생명은 의도형 폭력 또는 방치형 폭력으로 위험에 처해 있다는 뜻, 저쪽 사람들이 생존하기 위해서는 폭력에 맞서는 힘이 새로 생겨나야 한다는 뜻—이 아닌가?

예컨대 어떤 사람들이 '취약집단'으로 정체화될 때가 그런 경우다. 한편으로, '취약집단'이나 '취약군'에 관한 담론은 페미니즘 인권사업 쪽에서도 돌봄윤리학 쪽에서도 중요해지고 있다.* (한 집단이 '취약' 집단으로 명명되면, 그 집단은 보호를 요구할 수 있는 지위를 얻는다. 그러면 '누구에게 요구할 것인가? 어느 집단이 보호책임을 지게 되는가?'라는 질문이 나온다. 다른 한편으로, 취약집단의 보호책임을 지게 되는 집단은 바로 그 명명 관행을 통해 취약

---

* Martha Fineman, "The Vulnerable Subject: Anchoring Equality in the Human Condition", *Yale Journal of Law and Feminism* 20:1, 2008과 Lourdes Peroni & Alexandra Timmer, "Vulnerable Groups: The Promise of an Emerging Concept in European Human Rights Convention Law", *International Journal of Constitutional Law* 11:4, 2013, pp. 1056~1085 참조: Joan C. Tronto, *Moral Boundaries: A Political Argument for an Ethic of Care,* New York: Routledge, 1994: Tronto, *Caring Democracy: Markets, Equality, Justice,* New York: New York University Press, 2013: Daniel Engster, "Care Ethics, Dependency, and Vulnerability", *Ethics and Social Welfare* 13:2, 2019: Fabienne Brugère, *Care Ethics: The Introduction of Care as Political Category,* Leuveb: Peeters, 2019 참조.

성에서 벗어나게 된 것인가? 물론 여기서는 취약성이 불평등하게 분배된다는 점을 강조하는 것이 중요하겠지만, 취약집단이라는 명명은 취약한 집단과 그렇지 않은 집단을 암암리에 구분할 수도 있고, 취약하지 않은 집단에게 취약집단을 보호할 의무를 부과할 수도 있다. 두 가능성 다 문제적이다. 첫째, 한 집단을 대할 때 원래 취약한 집단 또는 원래 취약하지 않은 집단인 것처럼 대하게 되고, 둘째, 상호간의 사회적 의무가 시급하게 요청되는 바로 그 순간에 온정주의적 권력을 강화하게 된다.

우리 중에 '생명을 해치지 말라는, 게다가 생명을 보호하라는 윤리학적 주장에 동의하는 사람'을 자처하는 사람들이, '지금껏 우리는 취약층과 온정주의적 권력층을 구별짓는 (그러면서 도덕적 이유를 들먹이는) 사회적 위계에 동의하고 있었구나'라고 깨닫게 될지도 모른다. 그런 식의 구별짓기가 실제로 행해지고 있다고 주장하는 것은 물론 가능하겠지만, 일단 그런 식의 구별짓기가 도덕적 성찰의 토대가 된다면, 모종의 사회적 위계가 도덕적으로 합리화되고, 도덕적 논증은 평등이 공유된 조건이거나 상호적 조건이어야 한다는 희망으로서의 당위와 충돌하게 된다. 시급히 무너져야 할 위계들을 취약성을 기반으로 한 정치가 결국 강화하고 있다면, 전적으로 역설적인 결과는 아닐지 몰라도 어쨌든 난처한 결과일 것이다.

나는 다른 한 사람, 또는 다른 여러 사람의 생명을 지키고자 하는 심리학적 동기에 관한 질문을 던지는 것으로 시작했고, 이어서 이런 질문이 (분과학문의 경계를 넘어) 인구학적 차이들의 배치에 관한, 그리고 온정주의적 권력의 윤리학적 농간에 관한 정치적 질문으로 열린다는 것을 밝히고자 했다. 하지만 나의 논의가 아직 비판적으로 검토하지 못한 것들도 있다. '생명life' '생물the living' 등의 핵심 용어들도 그런 것들이고, '지키고 보호한다'는 말은 무슨 뜻인가, 지키고 보호하는 것을 상호적인 행동으로 볼 수 있는가(다른 사람들의 생명을 지키는 상황에 처할 수 있는 사람이 지켜져야 하는 상황에 처할 수도 있는가), 만약 그렇다면 취약성과 위험성이라는 잠재적으로 공유된 조건들은 어떤 종류의 의무를 암시하고 있으며 어떤 종류의 사회적 정치적 조직을 필요로 하고 있는가 등의 질문들도 그런 것들이다.

나는 '우리는 우리 자신이 저지르고 있는 파괴를 포함한 여러 가지 파괴에도 불구하고 생명을 보살필 수 있는가?'를 탐구하고자 한다. 나는 우리가 파괴할 수 있는 바로 그 생명을 지킬 방법을 우리 스스로가 찾을 수 있으리라는 것을 말하고자 할 뿐만 아니라, 생명을 지키는 일은 생명을 지키는 것을 목적으로 하는 인프라를 필요로 한다는 것을 말하고자 한다(생명을 지키지 않는 것을 목적으로 하는 인프라들도 있으니, 인프라만으로는 생명을 지키기 위한 충분조건이 될 수 없는 것은 물론이다). 나는 그저 '우리는 윤리적 책임을 짊어진 주체로서 한 생명, 또는 여러 생명을 지키기 위해 무엇을 하거나 하지 않기로 하고 있는가?'를 묻고 있는 것이 아니라 '생명을 지키기 위한 인프라 조건이 재생산되고 강화되려면 세계가 어떻게 세워져 있어야 하는가?'를 묻고 있다. 물론 어떤 의미에서는 바로 우리가 그 세계를 세우고 있지만, 또 어떤 의미에서는 그렇게 세워진 세계까지 포함하는 생물권biosphere이(우리가 만들지 않은 세계가) 우리를 둘러싸고 있다. 게다가 기후위기라는 점점 시급해지는 사안으로도 알 수 있듯, 인간적 개입의 결과로 환경이 바뀌기도 한다. 인간의 생명 형태와 인간이 아닌 생명 형태가 함께 살아갈 수 있는 조건들을 파괴하는 우리 자신의 권력 효과를 환경이 감당해주고 있다고 말할 수도 있다. 평등주의적 상상계의 맥락에서 비폭력의 에토스를 펼치고자 할 때 인간중심주의적 개인주의 비판이 중요하다는 점을 앞으로 더 이야기할 텐데, 이 대목은 그 논점의 여러 근거 중 하나다.

비폭력의 에토스는(그것이 무엇인지는 앞으로 더 논의할 것이다) 도덕철학이나 도덕심리학과는 다를 것이다(물론 이 논의의 목적지는 윤리학적 탐구가 정신분석학적 정치학적 영역을 열어젖히는 현장일 것이다). 우리가 도덕심리학을 출발점으로 삼았다면(프로이트도 파괴성과 공격성의 기원을 논의할 때 이 노선을 채택했다), 우리의 추론은 모종의 근본적인 정치적 구조들을 감안할 때라야 비로소 의미를 얻는다(모든 사회적 유대관계에 파괴 가능성이 잠재해 있다는 우리의 가정들도 이 구조들에 포함된다). 물론 생명은 구체적인 역사적 관점을 통해 조망될 때라야 비로소 이런 모습 또는 저런 모습으로 나타나게 된다(생명이 어떤 프레임 속에서 조망되느냐에 따라 생명의 가치가 생겨나기도 하고 없어지기도 한다는 말인데, 그렇다고 해서 그 말이 특정 프레임에 어느 한 생명의 가치를 온전히 결정할 권한이 주어져 있다는 의미는 아니다). 생명의 가치를 산정하는 차별적 방식의 바탕에는 생명의 애도가치를 등급화하는 암묵적 평가 도식이 있다. 어떤 사람들은 어마어마하게 높은 등급을 받지만(애도가치를 절대적으로 확실하게 인정받는 생명), 어떤 사람들은 거의 눈에 보이지도 않는다(애도가치를 절대적으로 인정받지 못하는 생명, 손실로 인지되지 못하는 죽음). 그리고 대단히 많은 사람들은 어떤 프레임 안에서는 가치를 크게 인정받지만 다른 프레임 안에서는 사라진다(가치를 기껏해야 불안정하게밖에 인정받지 못하는 생명). 사람에 따라서 애도가치 등급이 다르다고 주장하는 것도 가능하겠지만, 그런 주장의 틀로는 한 사람의 애도가치 등급이 바뀌는 경우를 설명할 수 없다(예컨대 누군가의 생명이 특정 커뮤니티 안에서는 적극적 애도 대상인 데 비해 지배적인 국가적 국제적 프레임 안에서는 전혀 인지되지 않고 인지될 수도 없는 경우). 그런데 그런 경우는 늘 있다. 그런 까닭으로, 커뮤니티의 애도는 다른 사람들(그 생명을 해친 책임을 져야 하는 사람들뿐 아니라 그런 종류의 생명은 언제나 스러진다고 전제하는 세계, 으레 그러려니 하는 세계에서 살고 있는 사람들)이 그 생명의 애도가치를 인정하지 않는다는 사실에 대한 시위이기도 하다. 그런 까닭으로, 애도는 시위가 될 수 있고, 사회가 죽음을 인정하거나 애도하지 않을 때는 애도와 시위가 함께 갈 수밖에 없다. 애도 시위는(여기서 우리는 '검은 옷의 여성들 Women in Black' '마요광장의 할머니들Abuelas de Plaza de Mayo' '아요트시나파 실종 학생 43명'*의 가족들과 친구들의 시위를 떠올릴 수 있다) 스러져서는 안 될 생명이 스러졌다는 주장, 그 생명이 애도받아야 한다는 주장, 그 생명의 애도가치가 일찍이 인정되었다면 그 생명이 그렇게 스러지지 않았으리라는 주장이다. 또한 애도 시위는 죽음의 전말과 누가 책임자인지를 포함하는 이야기를 확정할 수 있는 법과학적 증거를 내놓으라는 요구다. 폭력 사망에서 진상이 밝혀지지 않는다면 애도는 불가능하다. 죽음이 발생했다는 것은 밝혀졌지만 어떻게 발생했는지는 밝혀지지 않았으니, 손실의 온전한 인지는 불가능하다는 말이다. 죽음의 진상이 밝혀지지 않은 만큼, 죽은 생명의 애도가치는 인정받지 못한 상태인 것이다.

이 책의 한 가지 당위적 희망은, 애도가치의 급진적 평등이라는 정치적 상상계를 정식화하는 데 기여하는 것이다. 애도가치의 평등이라는 말은 죽은 사람을 애도할 권리가 우리 모두에게 있다는 뜻이나 애도받을 권리가 죽은 사람에게 있다는 뜻에 그치지 않는다. 그런 뜻도 없지는 않지만, 그런 뜻만 있는 것은 아니다. 죽은 사람이 애도받는 것과 그 사람이 살아 있는 동안 애도가치를 인정받는 것은 다르다. 후자에는 조건절이 내포되어 있다. 애도가치를 인정받는 사람이라는 말은 죽을 경우 애도받을 사람이라는 뜻이다. 반면에 애도가치를 인정받지 못하는 사람이라는 말은 죽을 경우 죽음의 흔적을 거의 혹은 전혀 남기지 못할 사람이라는 뜻이다. 그러니 만약 내가 여기서 '지금 애도받아야 하는 모든 죽음의 평등'을 주장하게 되면, 애도가치가 차별적으로 분배되는 방식(그리고 그런 방식으로 인해 애도받는 등급에 이르지 못하는 사람들,

---

* Christy Thornton, "Chasing the Murderers of Ayotzinapa's 43", NACLA, 2018. 9. 17., nacla.org 참조.

애도받을 만한 생명으로 인지되지 못하는 삶을 살아가는 사람들)
에 초점을 맞출 수 없게 될 것이다. 우리는 재화나 자원의 불평등
한 분배에 대해서 이야기할 때와 같은 방법으로 애도가치의 과도
하게 불평등한 분배에 대해서도 이야기할 수 있으리라는 것이 나
의 생각이다. 모종의 중앙권력이 모종의 셈법에 따라 애도가치를
분배하고 있다는 의미는 아니지만, 그런 식의 셈법이 암암리에 모
든 권력체제에 만연해 있다는 의미일 수는 있다. 내가 지금 누군가
가 죽었을 때 다 함께 울어야 한다거나 알지도 못하는 사람의 죽음
을 애도할 줄 알아야 한다고 말하고 있다고 생각하는 사람들이 있
을지 모르지만, 내가 하고 싶은 말은 그것이 아니다. 애도의 형태
는 달라질 수 있다. 심지어 비개인적인 형태의 애도도 있을 수 있
다. 가깝지 않은 사람이 죽었을 때, 모르는 사람이 죽었을 때, 심지
어 이름 없는 누군가가 죽었을 때도 애도할 수 있다. 누군가의 삶
에 애도가치가 있다는 말은, 그 사람이 지금 죽든 언제 죽든 죽었
을 때 애도받을 만하리라는 주장이다. 삶의 가치는 죽음과의 관계
속에서 매겨진다는 것이다. 상대에게 애도가치가 있다는 감각이
나의 윤리적 태도 안으로 들어오면, 나는 상대를 다르게 대하게 된
다. 내가 상대의 죽음을 인지하게 된다면, 다시 말해 내가 상대의
죽음을 알아채고 애도하게 된다면, 그리고 내가 상대의 죽음을 두
려워하면서 상대의 삶에 해악이나 파괴가 닥치지 않도록 보살피기
위해 조치를 취하고 있다면, 생명을 소중히 여기고 보살필 수 있는
능력 자체가 생명의 애도가치에 대한 현재진행형 감각, 곧 한 생명
의 미래를 무기한적 가능성으로 느끼는 감각(만약 그 생명이 갑자

기 끊어지거나 없어진다면 그때가 언제든 그 생명을 애도해야 하리라는 감각)에 의존하고 있는 것이다.

내가 지금까지 쓴 각본은 마치 이 문제가 두 사람의 윤리적 관계 — '나는 당신의 가치와 애도가치를 인정하고 있고, 어쩌면 당신도 나의 가치와 애도가치를 인정하고 있을 것이다' — 의 문제인 것처럼 읽히기도 한다. 그렇지만 이 문제가 요청하는 바는 두 사람 사이의 관계를 넘어 사회정책과 제도들, 그리고 정치적 삶의 구조를 다시 생각해보라는 것이다. 제도들이 애도가치의 급진적 평등이라는 원칙에 따라 구조화되어야 한다는 말은, 제도들의 맥락 안에서 그려지는 모든 삶이 지켜질 만한 삶이어야 한다는 뜻, 모든 죽음은 인지되고 애도받는 죽음이어야 한다는 뜻, 이들의 삶, 혹은 저들의 삶만 그러한 것이 아니라 모두의 삶이 그러해야 한다는 뜻이다. 건강관리·수감·전쟁·점령·시민권 등등이 애도가치의 급진적 평등이라는 원칙에 따라 구조화되어 있었더라면(이런 모든 제도가 지금 인구군에 따라 애도가치를 차별하고 있다), 우리의 사고방식이 지금과는 많이 달랐으리라는 것이 나의 주장이다.

그리고 바로 이 생명이라는 까다로운 문제도 그대로 남아 있다. 생명은 어디서부터 시작되는가? 내가 '생물'을 이야기할 때 나는 어떤 종류의 생자生者를 염두에 두고 있는가? 인간과 같은 주체를 염두에 두고 있는가? 거기에는 배아도 포함되는가? 포함된다면 'they'라는 인칭대명사는 부적절하지 않은가? 벌레와 동물을 비롯한 생명체들도 마찬가지가 아닌가? 다들 파괴되지 않게 보살필 만한 생명 형태들이 아닌가? 여기서 생명 형태는 개체와 같은 존재를 뜻하는 말인가? 아니면 생명과정이나 생명관계까지 아우를 수 있는 말인가? 호수·빙하·나무도 마찬가지인가? 그것들도 분명 애도받을 수 있고, 물질적 현실의 자격으로 애도작업에 나설 수 있다.*

이미 했던 말이지만 여기서 또 한번 되풀이하자면, 내가 지금 전개하고 있는 윤리적 논의는, 모종의 정치적 상상계, 구체적으로 말해서 가정법(조건문 실험) — '손실되었을 경우에 애도되리라고 가정되는 생명이라야 애도가치를 지닌 생명이라고 여겨진다' '폭력과 파괴로부터 적극적 구조적으로 보호되는 생명은 그렇게 애도되리라고 가정되는 생명이다' — 을 필요로 하는 평등주의적 상상계와 밀접하게 연결되어 있다. 제2조건문이라는 문법적 형식을 이런 식으로 사용해보는 것은 모종의 가능성을 실험해보는 한 방법, 모든 생명이 애도가치를 지닌 생명이라고 여겨질 때 생길 수 있는 일을 가정해보는 한 방법이니, 우리가 누구의 목숨은 소중하고 누구는 그렇지 않은지, 누구의 목숨은 더 잘 지켜지고 있고 누구는 그렇지 않은지에 대해 생각할 때 유토피아적 지평은 바로 그 생각의 한복판에서 열린다는 것을 이 방법이 우리에게 보여줄지도 모른다. 표현을 바꾸면, 바로 이 방법이 우리의 윤리학적 성찰들을 평등주의적 상상계 안에 착근시켜줄지도 모른다. 우리가 생명을 어떻게 상상하는가는, 이 성찰의 중요한 일부분이기도 하고, 더 나

* 물질의 애도mourning of matter를 다루는 저자의 글로는 Karen Barad, "Troubling Time/s and Ecologies of Nothingness : Re-turning, Re-membering, and Facing the Incalculable", *New Formations* 92, 2017 참조.

아가, 비폭력을 실천하는 데 필요한 조건이기도 하다.

생명을 지키는 문제와 관련된 윤리적 딜레마 상황에서 우리는 대부분 먼저 가설을 정식화하고 이어 그 가설을 확인하기 위해 여러 각본을 상상해낸다. 내가 칸트주의자였다면 '모두가 나처럼 행동하기를, 아니면 적어도 같은 도덕률에 따라 행동하기를 아무 모순 없이 바랄 수 있으려면, 나는 어떻게 행동해야 할까?'라고 물었을 것이다. 칸트에게는 '내가 무언가를 바라면서 행동할 때 모순을 범하고 있는가 아니면 합리적으로 행동하고 있는가' 하는 것이 문제다. 칸트는 이 문제를 부정문—"내 행동은 내 준칙이 보편적 법칙이 되기를 나 자신이 바랄 수 있는 방식이어야 하지 다른 방식이어서는 안 된다"*—과 긍정문—"준칙을 마련할 때는 그것이 보편적 법칙이 되기를 나 자신도 바랄 수 있는 것으로만 마련해라"**—으로 정식화하고 있다. 그리고 어려운 상황을 모면하기 위해 거짓 약속을 하는 경우를 예로 들고 있다. 거짓말이 무용해 보이는 이유는, 칸트에 따르면, "당장 거짓말을 하고 싶을 수는 있다 하더라도, 거짓말이 어떤 보편적 법칙이 되기를 바랄 수는 없다는 것을 이내 알게 되기" 때문이다.*** 다른 사람들이 "나에게 똑같이 되갚을 것"이고, "준칙은, 그 거짓말은, 보편적 법칙이 되자 마자

---

* Immanuel Kant, *The Moral Law: Groundwork of the Metaphysic of Morals*, trans. H. J. Paton, New York: Routledge, 1991, p. 73(한국어판: 임마누엘 칸트, 『도덕형이상학 정초, 실천이성비판』, 김석수·김종국 옮김, 한길사, 2019).
** 같은 책, 116쪽.
*** 같은 책, 75쪽.

스스로 무너질 수밖에 없을 것이다"*라고 칸트는 주장한다. 나는 이 말의 의미를 '거짓 약속이 보편화되기를 합리적으로 바랄 수 없다면 그것은 거짓말에 속는 것이 싫기 때문이라는 단순한 이유에서다'라고 받아들이고 있다. 하지만 거짓말을 허용하는 준칙이 왜 모순적인가를 이해하려면 우선 거짓말이 허용될 경우를 상상해보아야 한다.

'모두가 어떤 짓을 해도 되는 세계에서 살아갈 경우를 상상해보라는 명령은 해서는 안 될 짓이 있다는 결론을 낳는다'라고 할 때, 물론 결과론자들의 관점에 따르면, '해서는 안 되는 행동을 왜 해서는 안 되는가?' 하면, 그것이 불합리한 행동이라서가 아니라 원치 않는 피해를 발생시키는 행동이기 때문이다. 내가 생각할 때 칸트의 관점과 결과론자들의 관점은 둘 다 '어떤 행동이 저질러진다면 상호적으로 저질러질 것이다'—'내 행동이 상대방의 행동이라는 상상된 형태로 내게 돌아온다' '내가 상대방에게 저지르고 싶은 행동을 상대방도 나에게 저지 수 있는데 저질러진다면 피해가 생길 테니 저질러져서는 안 된다'—라고 보는 관점이다. (칸트의 관점에 따르면 피해가 발생할 때 해를 입는 것은 이성Vernunft이다. 물론 모든 도덕철학자가 그렇게 생각하는 것은 아니다.) 지금까지의 질문을 확장해보면, '어떤 세계에서 내가 이러저러한 폭력적 행동을 저지르려는 생각을 가지고 있을 때 다른 사람들도 나처럼 생각하면서 행동한다면, 나는 그런 세계에서 살고 싶겠는가?' 하는

---

* 같은 곳.

것이다. 이렇게 확장된 논의에서도 우리는 위의 두 관점에 따라 두 가지 방식의 결론—'내가 어떤 행동을 저지르려고 하면서 상대방이 그런 행동을 저질러서는 안 된다고 생각한다면, 그것은 불합리하다' '어떤 세계에서 내가 저지르려고 하는 행동을 다른 사람들이 똑같이 저지를 것 같으면, 그런 세계는 그야말로 살아갈 수 없는 세계일 것이고, 그런 세계에서 우리는 살아갈 수 있음의 임계값 방정식을 풀고 있게 될 것이다'라는 결론—을 내릴 수 있겠다.

칸트의 논의에서든 결과론에서든 이런 윤리학적 사고실험에서는, 내 행동을 남의 행동인 것처럼 상상함으로써 잠재적으로 파괴적인 행동을 가역적 양방적 행동으로 설정한다. 내 행동을 하고 있는 것이 내가 아니라고 상상해야 하는 만큼, 어렵고 불편한 종류의 상상이다. 그 행동을 상상하고 있는 사람은 나지만, 상상 속에서 그 행동을 하고 있는 사람은 더이상 내가 아니다. 물론 그 사람에게 나의 무언가가 포함되어 있는 것은 사실이지만, 이제 나는 나의 무언가를 다른 잠재적 누군가에게 또는 무수한 누군가들에게 전가했으니 그 행동으로부터 약간의 거리를 확보하게 된 것이다. 이처럼 나는 내가 저지르고 싶은 행동으로부터 거리를 두고 그 행동을 내가 아닌 모두에게 전가했으니, 그 행동이 다른 사람의 잠재적 행위가 되어 나에게 돌아왔을 때도 나는 사실 그리 놀라지 않는다. 그 행동이 남의 행동, 누구라도 저지를 수 있는 행동이고, 그렇기 때문에 내 행동은 아니라면, 결국 그 행동을 저지르는 것은 누구인가? 이렇게 피해망상이 시작된다. 이런 형태의 상상이 정신분석학과 몇몇 주요 지점에서 마주치리라는 것이 내 가설이다. 내 행동이 다른 사람의 행동이 되어 내게 돌아온다는 점은 판타지에 대한 정신분석학의 설명에서도 마찬가지다. 판타지에서는 공격적 행동이 형태화되는 경우도 있고, 공격성 자체가 상대방에게서 분출되어 나를 겨냥하고 있는 것처럼 형상화되는 경우도 있다. 이런 피해 판타지 상황에서는 나의 공격성이 외적 형상을 통해 나에게 되돌아오는 상상이 펼쳐지는데, 이는 살아갈 수 없는 상황에 가깝다. 무엇이 도덕철학에서 양방 행동을 상상하는 일(다른 사람들이 나처럼 행동한다면?)과 판타지에서 일어나는 가역 작용(외적 형태를 띠고 내 쪽으로 돌아오고 있는 저 공격성은 누구의 것인가? 혹시 나의 것인가?)을 연결하는가를 생각해본다면, 양방 행동을 상상하는 일이 나의 공격성이 상대방의 공격성과 밀접한 관계가 있음을 이해하는 데 매우 중요함을 이해할 수 있을 것이다. 이는 단순히 거울 속 투영체나 인지적 오류가 아니라 모든 사회적 유대관계의 구성요소로서의 공격성을 논의하는 한 가지 방법이다. 내가 가하고 있다고 상상하는 행동이 원칙적으로 나에게 가해질 수도 있는 행동이라면, 개인의 행동에 대한 성찰을 사회적 삶의 구성요소로서의 양방 관계로부터 분리해내기란 불가능하다. 삶의 평등한 애도가치에 관해 내가 전개하고자 하는 논의에서 이 가설은 주요 구성요소로 밝혀질 것이다.

내가 세우고자 하는 테제는 도덕철학이 정신분석적 사고와 철저하게 맞물리는 곳이 바로 대입 가능성substitutability의 망상적 차원이라는 것이다. 대입은 이 사람의 자리에 저 사람을 대신 집어넣는다는 뜻인데, 심리적 삶에서 빈번하게 발생하는 현상이다. 결과론적 논의의 한 가지 버전을 이 테제에 비추어 짧게 정리해보자면, 내가 파괴성을 띤 행동을 계획하면서 다른 사람들도 그렇게 행동할 수 있으리라고 상상하다보면, 그 행동이 나 자신에게 저질러지는 장면까지 상상할 수 있다. 그렇게 생겨난 피해 판타지(여기에 무의식적 속성을 부여하는 클라인의 논의에 따르면 판타지)는 저지르려고 했던 행동(혹은 그저 저지르고 싶어했던 행동)을 저지르지 않게 만들 정도로까지 강해질 수 있다. 내가 하려는 행동을 다른 사람들도 할 수 있다는 생각, 내가 다른 사람들에게 저지르려고 하는 행동을 다른 사람들도 나에게 저지를 수 있다는 생각이 감당 불가능한 정도로까지 펼쳐지는 것이다. 물론 내가 피해자가 되리라고 확신하게 되는 경우에는(내가 상상하는 그 행동이 부분적으로는 내가 저지르고 싶어했던 행동, 내가 저지르는 형태로 상상되었던 행동임을 깨닫지 못하는 경우다), 외부에서 나를 겨냥하고 있는 공격성에 맞서 공격적으로 행동한다는 식의 정당화 논리를 구축할 수 있다. 내가 피해자라는 망상을 이용해 나의 가해행위를 정당화할 수 있다는 것이다. 이상적인 경우에는 그 망상이 가해행위를 하지 않는 방향으로 나를 압박할 수도 있지만, 그러려면 그 망상에 등장하는 가해행위가 실은 내가 저지를 수 있는 행위임을 인지해야 한다.

다른 사람의 행동이라는 형태로 나를 향해 다가오고 있는 것이 나 자신의 공격성이라는 것을 깨달을 때(나는 나 자신을 방어하기 위해 그것에 공격적으로 맞서고 있다), 이 장면의 비극성 또는 희극성은 더욱 강해진다. 그것은 나의 행동인데 나는 그 행동을 다른 사람에게 전가하고 있는 것이다. 대입은 이렇듯 엉뚱한 면이 있지만, 어쨌든 내가 저지르는 일이 나에게 저질러질 수도 있다는 점을 감안하는 방향으로 나를 압박할 수 있다. 나는 '감안'이라는 표현을 쓰고 있지만, 이것이 언제나 의지적 과정인 것은 아니다. 대입이 판타지에 종속되기 시작하면 비의지적 연상들이 따라오게 된다. 사고실험의 초반은 의식적 과정일 수 있겠지만, 이처럼 나를 다른 사람의 자리에 집어넣고 다른 사람을 나의 자리에 집어넣는 종류의 대입은 나를 일련의 비의지적 행동반응—의지적 인지행동이 대입과정(대입에 감응하는 심리적 과정, 원초적 전이적 모방과정)을 철저히 조율하거나 억제하기는 불가능하다는 것을 시사하는 행동—과 맞물리게 한다.* 어떻게 보자면, '나'라는 존재 자체가 출현하기에 앞서 대입이 있었고, 의식적 사고가 진행되기에 앞서 대입이 진행되고 있었다.** 그러니 나의 자리에 다른 사람들을 집어넣거나 다른 사람들의 자리에 나를 집어넣는 일을 의식적 과제로 삼을 때, 내 사고실험의 의도성을 침식하는 어떤 무의식적인

---

* 원초적 모방에 대해 보려면 다음을 참조하라: Mikkel Borch-Jacobsen, *The Freudian Subject*, Stanford, CA: Stanford University Press, 1992; François Roustang, *Qu'est-ce que l'hypnose?*, Paris: Éditions de Minuit, 1994.

** 산도르 페렌치, 프랑수아 루스탕François Roustang, 사이먼 크리츨리의 작업에서 이 테제의 여러 버전이 발견되는데, 그중에서 크리츨리의 작업은 레비나스와 정신분석학의 관계를 중심으로 진행된다. Adrienne Harris & Lewis Aron, eds., *The Legacy of Sándor Ferenczi: From Ghost to Ancestor*, New York: Routledge, 2015; Simon Critchley, "The Original Traumatism: Levinas and Psychoanalysis", Richard Kearney and Mark Dooley, eds., *Questioning Ethics*, New York: Routledge, 1999 참조.

영역에 감응하게 되는 것은 당연한 일이다. 내 사고실험의 한복판에서 무언가가 나를 실험의 재료로 삼고 있으니, 이것은 내가 완전하게 통제할 수 있는 실험이 아니다. 이 논지는 '왜 다른 사람의 삶을 지켜내야 하는가'라는 나의 질문에서 (정리되는 과정에서 역전되고 확장되어 양방 행동의 무대로 재구성될 질문인 만큼) 중요한 것으로 밝혀질 것이다. 이처럼 나의 삶과 상대방의 삶이 서로의 자리에 넣어질 수 있다는 것으로도 알 수 있듯, 양자의 철저한 분리는 불가능한 듯하다. 나와 상대방의 관계는 내가 의식적으로 선택할 수 있었을 관계를 넘어선다. 나를 상대방의 자리에 집어넣거나 상대를 나의 자리에 집어넣는 가설적 대입 행동은 폭력이 양방의 피해를 초래한다는 점(다시 말해 폭력이 양방의 사회적 관계들 자체에 가해진다는 점)을 좀더 넓은 지평에서 고려하게 해줄 가능성이 있다. 하지만 이처럼 나를 상대방의 자리에 집어넣고 상대를 나의 자리에 집어넣는 능력 자체가 더 큰 폭력을 낳는 세계를 공고히 할 가능성도 있다. 어떻게, 그리고 어째서, 그런 일이 생기는 것일까?

누군가에 대해 저 사람 좀 없어져버리면 좋겠다는 마음이 든다 하더라도 우리가 실제로 그 사람의 생명을 빼앗을 가능성이나 개연성은 낮다고 한다면, 그 이유 중 하나는, 모두가 그런 식으로 행동하는 세계에서 우리가 계속 살아가기란 불가능하기 때문이다. 우리의 행동에 이러한 기준을 적용해본다는 말은, 그런 세계—우리가 실제로 그런 식으로 행동하는 세계—를 상상해보아야 한다는 뜻, 우리가 왜 그런 식으로 행동하게 되는가를 짚어내는 동시에 우리가 왜 그런 식으로 행동하면 안 되는가를 알아내야 한다는 뜻이다. 이렇듯 우리는 우리의 살인적 행위가 초래할 결과를 상상해보아야 하며, 그러려면 모종의 충격적 판타지를 경유해야 한다. ('저 사람이 나 때문에 죽을지 모른다'라는 상상에는 이미 '그 역도 참일지 모른다'—'내가 저 사람의 손에 죽을지 모른다'—라는 상상도 암시되어 있는 만큼, 내가 볼 때 이 판타지는 의식적으로 온전히 전개되지는 않은 판타지다.) 물론 나의 믿음들 사이에 칸막이를 침으로써 나의 행동을 양방적 행동이 아닌 일방적 행위로 상상해본다는 대안—저 사람의 손에 죽게 될 가능성에 대한 생각으로부터 나 자신을 분리시킨다는 대안—도 있지만, 만약 나의 믿음들이 그런 식의 부정이나 분열 위에 세워져 있다면, 내가 나 자신을 이해하는 데 어떤 결과들이 초래될 것인가?

위의 사고실험으로부터 나올 수 있는 한 가지 결론은, '다른 사람들이 나를 파괴하고 싶어한다' 또는 여기서 한 단계 더 나아가, '다른 사람들이 나를 필히 파괴할 것이다'라는 결론이고, 이 두 번째 단계에서 내가 내릴 수 있는 한 가지 결론은, '내가 먼저 그들을 파괴하지 않는다면 그것이 바보짓이다'라는 결론이다. 위의 사고실험으로부터 이러한 가정법적 가능성들이 나오고 있으니, 정합적 논증이 다른 사람들을 죽이기로 하는 결정을 뒷받침하는 쪽으로 작용할 수 있다. 그렇다면 그런 인지—다른 사람들이 나를 파괴하기 위해 혈안이 되어 있다는 식의 인지—의 토대는 무엇일까?

프로이트는 이성이 살인적 소망을 조절하고 규제할 수 있다고는 생각지 않았다(세계가 또 한차례의 전쟁을 목전에 두고 있을 때 프로이트 본인이 이렇게 말했다). 모종의 순환 논리가 (좋게 느껴지는 공격성이든 싫게 느껴지는 공격성이든) 공격성의 도구로 쓰일 수 있다는 것은 우리도 잘 알고 있다. 파괴충동이 존재한다는 현실 앞에서, 프로이트는 윤리학적 엄정성이 필요하리라는 점을 논증하면서도 윤리학적 엄정성이 문제를 해결하리라고 믿지는 않았다. 『문명 속의 불만』에서 프로이트가 농담처럼 주장하듯, "인간이 정신적으로 어떤 구성요소들로 되어 있는지에 그다지 신경 쓰지 않는"것이 초자아Über-Ich의 윤리적 엄정성이다. "자아Ich가 이드Es에 대한 절대적 지배권을 가지고 있"지 않은 것도 사실이다.* 프로이트가 또 주장하듯, '네 이웃을 네 몸처럼 사랑하라'라는 계명은 "인간의 공격성을 막는 가장 강력한 방어물이자 문명-초자아Kultur-Über-Ich가 펼치는 비非심리적 작전의 좋은 예 가운데 하나다."** 프로이트가 먼저 나온 「전쟁과 죽음에 대한 고찰」(1915)에서 쓰고 있듯, 우리가 아무리 이성에 정교하게 참여한다 하더라도, "이처럼 '살인하지 말라'는 계명이 강조된다는 바로 그 사실을 통해서 확실하게 알 수 있듯, 우리는 대대로 이어진 살인자들의 후손이다. 그들의 핏속을 흐르던 살의가 우리의 핏속에서도 아직 흐르고 있을 것이다." 여기서 프로이트는 우선 문명의 발전론적 궤

---

* Sigmund Freud, *Civilization and Its Discontents, The Standard Edition of the Complete Psychological Works of Sigmund Freud*, trans. James Strachey, vol. 21, 1927~1931, London : Hogarth Press, 1915, pp. 108~109(한국어판: 지크문트 프로이트, 『문명 속의 불만』, 김석희 옮김, 열린책들, 2020). 이후 "SE"로 약칭.
** 같은 책, 109쪽.

적―그리고 백인 통치의 거짓된 도덕적 약속―을 논박하고, 이어 삶에 포함되어 있는, 모든 문명권을 가로지르는 무의식적 차원을 강조한다. "우리의 무의식은 모든 거추장스러운 자들을 매일 매시간 해치운다…… 우리의 무의식에서는 더없이 사소한 일로도 살인을 하게 한다."* 프로이트가 지적하듯이, "그렇게 많은 (도덕)교육을 받은 사람들에게서 악행이 그토록 극성스럽게 나타난다는 것이 놀라울 수 있다." 살인충동의 일부는 얼마간 교육 불가능한 uneducable 차원으로 남아 있는데, 개인이 집단에 섞여들어갈 때가 특히 그렇다.

심리적 현실의 이 "정복 불가능한unbesiegbar" 차원―프로이트가 나중에 죽음충동과 연결시키게 될 차원―의 힘을 과소평가해서는 안 된다. 우리는 잠시 살의에, 그리고 무엇이 우리의 살인을 막아주는가에 초점을 맞추었지만, 우리가 때마다 확인하게 되듯 죽음충동은 실제 인명 피해와는 동떨어져 있는 듯한 정치적 숙의 안에서도 작동한다. 이런 종류의 추론―파괴가 저질러질 때 사실상 도구 역할을 하게 되는 부인에 입각한 추론―을 보여주는 대표적인 예로 '부수적 피해'를 들 수 있다.

법적 상호성 또는 정치적 상호성이 저항에 부딪치고 있다는 것을 보여주는 많은 증거가 있다. 식민통치가 정당하다고 주장하는 것, 다른 사람들이 질병이나 영양실조로 사망한다는데도 좋다고

---

* Sigmund Freud, "Thoughts for the Times on War and Death", SE vol. 14, 1914~1916, pp. 296~297(한국어판: 「전쟁과 죽음에 대한 고찰」, 같은 책).

하고 유럽 항구에서 상륙을 거부당한 사람들이 집단 익사한다는 데도 좋다고 하고 심지어 그들의 시신이 유럽의 호화 리조트 전용 비치로 밀려올 텐데도 좋다고 하는 것이 그런 예다. 고삐 풀린 사디즘 만족의 감각이 전염병처럼 퍼져 있는 경우도 있다. 미국에서 흑인 커뮤니티를 상대로 하는 치안행위 와중에 경찰에게 등을 보이면서 달려가는 무방비의 흑인 남성이 쉽게 사살당하는 것, 그렇게 총에 맞은 것이 사냥감이었다는 듯 살해에 윤리적 면책과 만족이 수반되는 것이 그런 예다. 기후변화 현실을 인정하게 되면 사업 확장과 시장경제에 제동을 걸어야 하리라는 것을 아는 사람들이 기후변화가 거짓이라는 억지 주장을 고집하는 것도 그런 예다. 파괴가 저질러지고 있음을 모른 체하기를 선택한 사람들, 돈을 버는 동안 돈을 벌 수만 있다면 파괴가 저질러지든 말든 신경쓰지 않을 수 있는 여건을 만든 사람들이다. 그런 사람들의 경우에는 파괴성이 기본 설정인데, 그중에는 말이나 생각으로 표현되지 않더라도 자동적으로 작동하면서 파괴를 허락해주는 '파괴되든 말든 상관없어'라는 태도도 있고, 산업공해와 시장 확대를 막는 억제조치들에 반대할 때의 만족스러운 해방감도 있다. 우리가 오늘날 살아가고 있는 정치적 삶에서도 사디즘 만족의 예를 볼 수 있다. 도널드 트럼프가 인종차별적 정책 및 행동을 금지하는 법, 폭력을 금지하는 법을 폐지하자고 할 때 많은 사람이 짜릿한 전율을 느끼는 것을 보면, 마치 트럼프가 민중을 초자아로부터 해방시켜주는 인물인 것 같고, 비폭력을 옹호하는 페미니스트·퀴어·반인종차별주의자들을 비롯한 좌파는 민중을 억압하면서 점점 약화되는 초자아의 상징인 것 같다.

폭력에 맞서는 입장이라면 나이브할 여유가 없다. 잠재적 파괴성이라는 사회관계—이른바 '사회적 유대관계'—의 필수 구성요소를 중요 문제로 삼아 다뤄야 한다는 뜻이다. 하지만 죽음충동—또는 공격성과 파괴성으로 정의되는 죽음충동의 프로이트 후기 버전—을 중요한 문제로 다루게 된다면, 파괴하지 말라는 도덕률이 심리적 삶에 제기하는 딜레마를 좀더 보편적인 맥락에서 고려할 수밖에 없게 된다. 파괴하지 말라는 것은 심리의 필수 구성요소를 제거하고자 하는 도덕률이 아닌가? 심리의 필수 구성요소를 제거하는 것이 불가능한 일이라면, 초자아를, 그리고 자제라는 초자아의 엄정하고 혹독한 요구를 강화하는 것 이외에 대안이 있는가? 이 질문에 대한 프로이트적 대답 중 하나는 충동을 자제하는 것이 최선이라는 것, 그럴 경우 우리의 충동은 도덕성의 형태를 띤 가혹함에 시달리게 되겠지만 그것은 우리가 치르는 심리적 비용이라는 것이다. 이 대답은 '살해 충동을 살해하라'라는 명령으로 이해될 수도 있을 것이다. 프로이트는 『문명 속의 불만』에서 대략 이런 내용으로 양심에 대한 논의를 전개하면서, 이제 파괴성이 파괴성 그 자체를 겨냥하고 있음을 보여주기도 하고, 스스로의 파괴성을 철저히 파괴할 수 없는 만큼 초자아 형태로 더 강하게 분출될 수 있음을 보여주기도 한다. 초자아가 살인충동을 자제하고자 할수록 심리기제는 더 혹독해진다. 공격성이 금지되어 있는 것은 물론이고 심지어 폭력도 금지되어 있지만, 이렇듯 자아를 채찍질하는 적극적 삶을 이어나가고 있으니 금지된 것일 뿐 파괴된 것도 아니고 제거된 것도 아니다. 이것이 프로이트가 파괴를 다루는 유일한 방식은 아니라는 것을, 우리는 4장에서 양가감정이 어떻게 윤리적 투쟁의 길을 열어주는지를 논의하는 대목에서 다시 살펴볼 것이다.

프로이트의 질문은 어떤 면에서는 내가 여기서 제기하고 있는 질문—우리는 무슨 까닭으로 상대방의 삶을 지켜내고자 하는가?—과 비슷하지만, 프로이트는 이 질문을 부정형—우리가 살의에 휩싸여 있을 때도 해를 끼치지 않을 수 있다면, 그것은 심리적 삶의 어떤 측면 때문인가?—으로 제기하고 있다. 하지만 정신분석적 논의 안에도 이 질문의 대안, 곧 이 질문의 긍정형—우리가 상대방의 삶을 적극적으로 보살피고자 할 때, 심리적 삶 안에서 활성화되고 있는 동기는 어떤 종류의 동기인가?—이 있다. 대입의 문제로 돌아가면 또다른 형태의 질문—무의식적 형태의 대입은 소위 '도덕감'을 어떻게 형태화하고 활성화하게 되는가? 나를 상대방의 자리에 놓되 완전히 몰입하지 않을 수 있는 것은 어떤 조건하에서인가? 상대방을 나의 자리에 놓되 완전히 휩쓸리지 않을 수 있는 것은 또 어떤 조건하에서인가?—도 가능하다. 우리는 각자의 삶이 처음 시작부터 서로의 삶 속에 맞물려 있게 되는 방식들을 이런 형태의 대입을 통해 통찰하게 되며, 최종적으로 어떤 윤리 규범이 채택되든 나 자신을 지켜내는 일과 상대방을 지켜내는 일은 구분되지 않으리라는 것을 이 통찰을 통해 이해하게 된다.

정신분석학을 통해 도덕철학에 기여하는 에세이 「사랑, 죄책감, 보상」에서 멜라니 클라인은 바로 이 사랑과 미움의 역학을 개인심리학과 사회심리학의 수렴점으로 보고 있다. 클라인이 주장하듯,

사람들을 행복하게 하려는 욕구는 "책임과 우려의 강렬한 느낌"과 연결되어 있고, "다른 사람들과의 진정한 공감genuine sympathy"은 우리를 "다른 사람들의 자리에 놓는 일"을 포함하고 있다. 그런 노선 위에서 우리는 '동일시'를 통해 최대한 이타 가능성에 접근할 수 있다. 클라인에 따르면, "잠시나마 본인의 느낌과 욕구를 무시하거나 어느 정도 희생하면서 본인이 사랑하는 사람의 느낌과 욕구를 우선시할 수 있으려면, 본인에게 그 사람과 동일시하는 능력이 있어야 한다." 사랑하는 사람의 행복을 추구하는 일은 그 사람의 만족을 공유하는 일로 여겨지기도 하니, 상대를 우선시하는 성향은 완전한 자기부정self-abnegation과는 다르다. 상대를 우선시하는 행동에는 대리자 모멘트vicarious moment ─ "이런 방식으로 희생했던 것을 저런 방식으로 되찾는다" ─가 있다.*

클라인은 본문의 이 대목에 "내가 처음에 말한 것처럼, 각자의 마음속에는 사랑과 미움의 끊임없는 상호작용이 있다"라는 말로 시작하는 각주를 달고 있다.** 대리자로 살아가는 일의 어떤 면이 각주의 성찰을 유도했을 수도 있고, 사랑과 공격성을 구분해서 논의하기 위해 사랑에 대한 논의와 공격성에 대한 논의를 시각적으로 구분해야 했던 것일 수도 있다. 어쨌든 두 논의는 몇 문단 뒤에서 다시 한줄기로 수렴된다. 본문은 이 대목에서 사랑에 초점을 맞추고 있지만, 클라인이 각주를 통해 분명히 밝히고자 하듯, 사랑은

---

* Melanie Klein & Joan Riviere, "Love, Guilt, and Reparation", Melanie Klein & Joan Riviere, *Love, Hate, and Reparation,* New York: Norton, 1964, p. 66.
** 같은 곳, 각주 1번.

언제나 공격성과 공존하고 있고, 공격성과 미움 둘 다 생산적일 수 있으며, 사랑하는 능력을 가진 사람들이 이런 다른 감정들을 표출할 수 있고 실제로 표출하고 있다는 것에 놀라서는 안 된다. 클라인이 분명히 밝히듯, 우리는 남에게 베풀 때는 물론이고 남을 보호할 때조차 우리가 양육자로부터 받았던 대우를 재연하거나 양육자로부터 받기를 바랐던 대우와 관련된 판타지를 재연하게 된다. 클라인은 두 가능성을 계속 열어놓으면서, "사랑하는 누군가를 위해 희생할 때나 그 사람과 동일시할 때, 우리는 좋은 양육자를 연기하고 있다. 우리가 그 사람을 대하는 방식은 우리를 대하는 양육자에게 느꼈던 방식, 또는 우리를 대하는 양육자에게 바랐던 방식이다"라고 쓰고 있다.

그러니 클라인이 "진정한 공감"에 대해 말해주는 것들—'다른 사람과의 진정한 공감은 가능하다' '공감능력에는 상대가 어떤 사람인가를 이해하는 능력과 상대가 어떻게 느끼는가를 이해하는 능력이 포함된다'—에도 불구하고, 공감이 가능해지는 것은 동일시에 수반되는 역할연기playing a role—사후적 역할연기replaying a role—를 통해서다(이 망상적 장면에서 나는 아이의 역할 또는 양육자의 역할을 하게 되는데, 실제로 해냈던 역할일 수도 있고, 해냈어야 하는 역할, 곧 "해냈더라면 좋았을" 역할일 수도 있다). 나중에 클라인 본인이 "이와 동시에 양육자를 상대로 착한 아이의 역할을 하게 되는데, 지난날 우리가 그토록 해내고 싶어했던 그 역할을 오늘날 이렇게 연기해내고 있는 것이다"라는 말을 실제로 덧붙인다.* 클라인은 이 모멘트에 들어서는 것을 대리자로서 동일시하는 것이라고 보는데, 일단 여기서는 이 모멘트에 들어서 있다는 것이 애도받지 못한 상실이나 성취되지 못한 소망 같은 것을 사후적 역할연기로 재연해내고 있는 것이라는 점에 주목하자. 클라인은 이 논의에서 "상황을 역전시킴으로써, 다시 말해 다른 사람을 상대로 좋은 양육자의 역할을 연기함으로써, 우리는 우리가 받고 싶어했던 양육자의 사랑과 좋음을 판타지 속에서 재창조하여 맛보고 있는 것이다"라는 식으로 결론짓고 있다.

우리가 어릴 때 받을 수 있었던 그 좋은 사랑을 나이가 들면서 상실한 것인지, 아니면 실제로 받지는 못했던(또는 받기는 했지만 원했던 만큼 많이 받지는 못했던) 그 좋은 사랑을 그저 받고 싶어했을 뿐인지가, 이 시점에서는 불분명하다. 우리가 대리자 모드 겸 베풀기 모드에 있을 때 우리는 한때 소유했던 것의 상실을 슬퍼하고 있는가, 아니면 소유해본 적이 없는 지난날을 그리워하고 있는가, 아니면 두 가지 모두를 약간씩 경험하고 있는 것인가의 문제가 중요해지는 것 같다. 클라인은 공격성 논의를 각주에서 도로 본문으로 끌어올리면서 이렇게 쓰고 있다.

우리가 다른 사람들을 상대로 좋은 양육자를 연기하는 것은 과거의 좌절과 고통을 처리하는 방법일 수도 있다. 양육자에게 느끼는 모든 감정—좌절을 안겨준 데 대한 불만, 그런 불만으로부터 비롯된 증오심과 복수심, 양육자를 사랑하면서도 양육자를 그렇

---

* 같은 책, 67쪽.

게 증오하고 보복함으로써 다치게 했다는 데서 유발된 죄책감과 절망감—을 우리는 **판타지** 속에서 사후적으로(증오의 이유 중 일부를 삭제한 상태로) 사랑 많은 양육자와 사랑 많은 아이를 동시에 연기함으로써 해소할 수 있다.*

공감이 여러 가지 동일시를 통해 가능해진다는 주장으로 시작하는 논의는 이렇듯 역할연기에 대한 설명으로 발전한다—우리가 다른 사람들에게 잘해주거나 다른 사람들의 행복을 확보해주고자 할 때, 우리는 저마다 우리를 충분히 사랑해주지 않았던 사람들에 대해, 또는 우리에게 좋은 사랑을 베풀어주다가 그 좋은 사랑을 우리가 받아들일 수 없는 방식으로 거두어간 사람들에 대해 느꼈던 불만을 사후적으로 연기하고 있다는 식으로.

또한 이 논리에 따르면, 어린 시절의 나는 착한 아이가 아니었지만 지금은 착한 아이가 될 수 있다(어린 시절에는 공격성의 파도들이 착한 아이가 되려는 모든 노력을 압도했으니, 착한 아이가 될 수도 없었다). 클라인이 '진정한 공감'이라고 부르는 일을 하고 있을 때, 나는 내 어린 시절의 상실들과 불만들을 처리하고 있는 것이나 마찬가지다(나의 죄를 씻고 있는 것이라고까지 말할 수도 있다). 나는 상대방을 우선시하지만, 내가 맡을 수 있는 역할은 정해져 있다. 이렇게 정리해보면, 공감은 참 쉬운 일인 것 같다. 상대방과 공감하기 위해서는 상대방을 사랑하고 상대방이 느끼는 것을

---

* 같은 곳.

느끼면서 내가 상대방에게 주는 만족을 공유하기만 하면 된다. 이 것이 진정한 공감이요 감정의 상호작용이다. 하지만 '나는 나의 사랑을 받고 있는 사람을 내가 연기하고 있는 각본 바깥에서 만날 수 있는가?'라는 질문을 던져본다면, 공감이 그렇게 단순하게 정리될 수 있는 것인가에 의구심을 갖게 된다. 여기서 각본은 내가 상실한 것을, 아니면 내가 가져본 적도 없는 것을 되찾으려고 노력하는 각본일 수도 있고, 한때 상대방을 파괴하려고 했고 어쩌면 아직도 상대방을 파괴하려고 하고 있는 내가 나의 죄와 화해하는 각본일 수도 있다(후자에서 파괴는 그저 판타지에서의 일일 수도 있다). 내가 겪은 상실과 내가 지은 죄가 내 공감의 동기로 작용하는 것일까? 아니면, 상대방이 행복을 얻도록 도운 내가 상대방의 행복을 공유하고 있을 때는 '나'니 '너'니 하는 것이 우리가 생각했던 것만큼 확실히 구분될 수 있는 것은 아니라고 해야 할까? (여기서 두 사람이 무언가를 공유하고 있다면, 정확히 무엇이 공유되고 있다는 것일까?) 아니면, 그들이 등장하는 판타지가 그들을 부분적으로 불분명하게 만든 것일까?

클라인이 이 논의를 결론지으면서 "보상해주는 것"이 사랑의 근본이라고 주장하는 대목은, 공감/동정sympathy을 논의할 또하나의 길을 보여준다. 내가 다른 사람에게 공감하고 있을 때(예컨대 그 사람이 어떤 손실이나 박탈을 겪고도 전혀 보상받지 못했다는 것에 대해 동정하고 있을 때), 나는 나 자신에게(내가 무언가를 가져보지 못했다는 데 대해 또는 내가 제대로 돌보아지지 못했다는 데 대해) 보상을 하고 있는 것 같다. 표현을 바꾸면, 다른 사람을 향한 공감/동정과 나 자신을 위한 보상은 항상 함께 작동한다. 이렇듯 동일시에 나의 상실을 연기하는 면이 포함돼 있다면, 동일시가 어느 정도까지는 '진정성 있는' 공감/동정의 토대가 될 수 있지 않을까? 다른 사람을 행복하게 하려는 노력 속에는 '진정성 없는' 무언가, 자기중심적인 무언가가 항상 섞여 있지 않겠는가? 그리고 이렇듯 동일시가 작동할 수 있는 가능성의 한 가지 조건이 자기보상 판타지라면, 다른 사람과의 동일시에 성공하기는 불가능하지 않겠는가?

이 대목에서 클라인은 불만과 죄에 초점을 맞추게 되는데, 불만은 과거에 박탈을 겪었다는 주장을 감안할 때라야 의미가 있다. 박탈은 상실의 형태를 띨 수도 있고(한때는 그렇게 사랑받았지만 지금은 아니다), 비난의 형태를 띨 수도 있다(그렇게 사랑받았어야 했는데 그러지 못했다). 이 대목에서 죄는 증오심, 그리고 공격욕과 연결되는 것처럼 보인다. 판타지는 아이가 양육자를 실제로 쥐어뜯거나 물어뜯었는가와는 상관없이 작동하니, 아이는 그것이 파괴의 판타지인지 실제로 있었던 일인지 모를 수도 있다. 공격 대상이 계속 눈앞에 있다는 것도, 양육자의 사인이 자연사였음을 입증하는 많은 기록이 남아 있다는 것도, 아이가 살인자가 아니라는 살아 있는 증거로는 충분하지 않다. 아이는 자기가 살해한 상대가 다소 불가해한 방식으로(때로는 한 지붕 아래서) 계속 살아간다고 느낀다. 그런 불가해한 방식으로 살아가는 피살자가 아이일 때도 있다(「가장의 근심」에 나오는 카프카의 오드라덱). 그러니 공감적 동일시의 바탕 요소를—클라인에 따르면, 상실의 장면, 박탈의 장면, 타협 불가능한 의존에서 비롯되는 증오의 장면 등을 사후적으로 연기하고 역전시키려는 노력을—이해하지 못한다면 동일시의 보상 궤적을 이해하기는 불가능하다.

"나는 정신분석을 진행하면서 아기의 머릿속에서 애증이 충돌하고 애착대상 상실에의 두려움이 일어나는 것이 발달에서 대단히 중요한 과정이라는 확신을 얻을 수 있었다"라고 클라인은 쓰고 있다.* 여기서 문제가 되고 있는 것은 어머니에게 근본적으로 의존하는 아기에게는 어머니 파괴의 판타지가 어머니 상실에의 두려움을 낳는다는 사실이다. 아기가 어머니를 제거하면 아기의 존재 조건들이 위태로워지리라는 것이다. 두 삶이 하나로 묶여 있는 듯, "무의식에는…… 어머니를 놓으려는 경향이 있지만, 어머니를 평생 잡고 싶다는 절박한 욕구가 그 경향을 상쇄시키고 있다."** 아기는 계산적 동물이 아니지만, 초보적 수준에서 이 삶이 저 삶과 하나로 묶여 있다는 인식이 있다. 이 의존은 때마다 다른 형태를 띠지만, 이 의존이 바로 사회적 유대관계 이론을 위한 정신분석적 토대라는 것이 나의 주장이다. 우리가 서로의 삶을 지켜내기 위해 애쓰고 있다면, 그 이유는 그것이 당장 나에게 유리하다거나 그것이 나중에 나에게 유리하리라고 기대하고 있다거나 하는 데 그치지 않는다. 우리가 서로의 삶을 지켜내기 위해 애쓰는 이유는, 각자의 삶보다 먼저 있으면서 각자의 삶을 가능하게 하는 사회적 유대관계

---

* 같은 책, 65쪽.
** 같은 책, 91쪽.

안에 우리가 이미 하나로 묶여 있다는 데 있다. 나의 삶은 상대방의 삶으로부터 완전히 분리될 수 없고, 판타지는 사회적 삶과 그런 식으로 맞물려 있다.

죄책감은 나의 파괴성을 억제하는 방법으로 이해되어야 할 뿐 아니라 상대방의 삶을 보살피기 위한 기제―우리의 결핍과 의존 (내가 살아가려면 상대방이 살아 있어야 한다는 감각)을 동력으로 삼는 기제―로 이해되어야 한다. 죄책감이 실제로 보살피는 행위로 옮겨질 때 그것을 계속 '죄책감'이라고 불러도 되는지도 잘 모르겠다. 그 용어를 계속 쓰다보면 '죄책감'에 이상하게 생산력이 있다거나 죄책감의 생산적 형태가 보상이라거나 하는 결론에 이를 수도 있겠지만, '보살핌safeguarding'(나나 다른 사람들이 앞으로 야기할 수 있는 피해를 막을 수 있는 적극적인 방식으로 상대방의 삶을 돌보는 일)도 미래지향적 모드이기는 마찬가지다. 물론 보상은 실제로 망가진 것에뿐만 아니라 내가 망가뜨리고 싶어하면서 실제로 망가뜨리지는 않았던 것에도 제공될 수 있다. 하지만 '보살핌'은 거기서 한 걸음 더 나아가는 일, 한 생명이 살아갈 수 있는, 그리고 어쩌면 생장할 수 있는 조건들을 마련해주는 일인 것 같다. 그렇게 보자면 보살핌은 지켜냄preserving과는 달라서(보살핌은 지켜냄을 전제한다), 지켜냄은 이미 펼쳐져 있는 삶을 보호하고자 하는 반면, 보살핌은 미래에 펼쳐질 수 있는 삶의 조건들을 보호하고 재생산하고자 한다. 그렇게 펼쳐질 삶의 내용은 예단될 수도 없고 예측될 수도 없다. 자기결정력이 모종의 잠재력으로 부상할 뿐이다.

클라인이 거듭 전개하는 유명한 논의에 따르면, 아기는 어머니의 젖가슴 앞에서 강한 만족감과 함께 강한 파괴충동을 느낀다. 그런 공격욕을 느낄 때 아기는 자기가 대상—"알다시피 아기가 가장 사랑하고 가장 필요로 하는 대상이자 아기가 전적으로 의존하는 대상"—을 파괴했다고 느낀다.* 또다른 대목에 따르면 아기는 어머니—아기가 가장 의존하는 대상—를 잃은 것에 죄책감을 느낄 뿐 아니라 '근심distress'—근원적 절망의 감지로서의 불안—을 느낀다.

"내가 누군가를 사랑할 때 그 사람에게 의존해야 하는 상황이 감당 불가능할 정도로 괴롭다면(그 최초의 예는 어머니다), 괴로움의 궁극적 원인은 내가 사랑하는 그 사람이 판타지 속에서 받은 상처들로 인해 죽을지도 모른다는 두려움이다"라고 클라인은 쓰고 있다.** 그 감당 불가능한 의존성은 그럼에도 불구하고 제거될 수 없다. 그처럼 감당 불가능함에도 불구하고 지켜져야 하는 사회적 유대관계들이 있다. 살인적 분노의 감정을 불러일으킬 정도로 감당 불가능하지만, 만약 그 감정이 행동으로 옮겨지면, 서로 간의 의존성을 감안할 때, 양쪽 모두 동시에 붕괴될 것이다.***

상대방에게 베풀려는 욕구, 상대방을 위해 희생하려는 욕구는 바로 그 인식—내가 상대방을 파괴하면 나의 삶이 위태로워진다—에서 생겨난다(이 점이 중요하기도 하고 어떻게 보면 역설적

---

* 같은 책, 61~62쪽.
** 같은 책, 83쪽.
*** Lauren Berlant & Lee Edelman, *Sex, or the Unbearable*, Durham, NC: Duke University Press, 2013.

이기도 하다). 그래서 아이는 이미 생긴 피해를 보상하거나(여기에는 자기가 피해를 입혔거나 피해를 입히는 상상을 했다는 자기이해가 있다), 앞으로 생길 피해를 보상하기 시작한다(여기서 보상은 파괴성에 맞서는 방법이다). 내가 어머니에게 보상을 제공하고자 한다면, 거기에는 내가 어머니를 망가뜨렸다는, 또는 내가 심리적 차원에서 살인을 저질렀다는 자기이해가 있다. 이처럼 나는 나의 파괴성을 부인하는 것이 아니라 나의 파괴성이 초래하는 악영향을 역전시키고자 한다. 파괴성이 보상 제공으로 전환된다는 뜻이 아니라, 내가 파괴충동에 사로잡혀 있음에도 불구하고 보상을 제공하고 있다는 뜻, 내가 파괴충동에 사로잡혀 있기 때문에, 바로 그 때문에 보상을 제공하고 있다는 뜻이다. 희생은 어떤 희생이든 보상 궤적의 한 부분이고, 보상이 효과적 해법인 것도 아니다. 페미니스트 문학이론가 재클린 로즈에 따르면, "보상할 수 있다는 것이 전능감을 강화"하는 경우도 있을 수 있으며, 나아가 클라인의 이론 안에서 보상할 수 있느냐는 발달과정, 교육과정에서의 숙제나 명령Imperativ으로 나타나는 경우도 때로 있다.* 보상 제공은 착오적 해법이지만, 보상을 제공하려는 노력과 과거의 개작을 통해 과거를 부정하려는 노력은 구분해야 한다. 후자는 환각적 형태의 부정으로서 의존성과 근심이라는 심리적 유산을 무시하거나 역전시키는 데 일조하면서 모종의 정신분열적 조건을 만들어낼

---

* Jacqueline Rose, "Negativity in the Work of Melanie Klein", *Why War?: Psychoanalysis, Politics, and the Return to Melanie Klein*, London: Blackwell, 1993, p. 144.

수 있다.

인간의 파괴성을 억제하려면 어떻게 해야 하는가라는 질문에 대한 정신분석적 대답은(프로이트에게서 우리는 그런 대답을 발견하게 되는데) 죽음충동의 회로를 재형성하는 도구들로서의 양심과 죄책감에 초점이 맞춰져 있다. 하지만 이처럼 초자아를—정언명령, 혹독한 처벌, 잘못이 저질러졌다는 최종 판결을—동원해 자아에게 책임을 물어야 한다는 논리, 곧 내면화를 통해 파괴충동을 억제해야 한다는 논리는 자해적 양심, 또는 부정적 자기애에서 절정의 순간을 맞는 것처럼 보인다(우리는 프로이트에게서 그런 인상을 받는다).

하지만 그러한 뒤집기 또는 부정적 변증이 클라인의 논의에서는 상대방의 삶을 지켜내고자 하는 충동이라는 또하나의 가능성을 만들어낸다. 죄책감은 전적으로 자기지시적이지는 않은 무언가로—다른 사람과의 관계를 지켜내는 한 가지 방법으로—밝혀진다. 표현을 바꾸면, 죄책감은 이제 사회적 유대를 끊어내는 부정적 자기애라기보다는 바로 그 유대에 관해 설명해볼 기회라고 이해될 수 있다. 그렇게 보자면 클라인은 우리에게 죄책감의 중요한 측면—상대방과 나를 지켜내는 것이 상대방의 삶이 없다면 나의 삶도 생각할 수 없음을 전제하는 행위일 때, 죄책감은 그 행위를 위해 파괴충동을 동원할 수 있다는 측면—을 이해시켜주고 있는 셈이다. 나의 삶을 파괴하지 않고서는 상대방의 삶을 파괴할 수 없다는 이 무능함이 클라인의 논의에서는 판타지 차원에서 작동한다. 클라인의 발달과정 논의는 아기와 어머니를 전제하지만, 우리는 이처럼 양가감정적 형태를 띠고 있는 사회적 유대관계는, 살인하지 말라는 명령이 사회성의 조직 원리가 될 경우, 좀더 보편적인 형태를 띠게 된다라고 말할 수도 있지 않겠는가. 어쨌든 나이가 든다고 해서 그 원초적 조건—생존 보장책으로서의 의존성에는 언제나 감당 불가능한 면이 있다는 것—을 벗어날 수 있느냐 하면 그렇지가 않다. 나이가 들어서 그 원초적 형태의 의존성을 떠올리는 새로운 형태의 의존성—돌봄제공자가 동반되는 형태의 주거나 돌봄제도가 존재하는 경우에는 그런 주거나 제도—에 발을 들여놓게 되면, 많은 경우, 감당 불가능한 면이 오히려 더 악화된다.

우리가 어떻게 살인하면 안 된다는 동일한 결론에 이르게 되는지에 대해서는 결과론의 각본—나에게 적대감이나 양가감정을 느끼게 하는 사람을 죽이는 행동이 사실은 나에게 대단히 이로운 행동은 아니라는 것, 왜냐하면 나에게 적대감이나 양가감정을 느끼는 사람이 내 행동을 보고 나나 다른 누군가를 죽이려고 마음먹을 수도 있기 때문이라는 것, 그런 식의 행동을 관장할 보편적 규칙을 세우려고 하는 경우에는 합리성(인간 존재의 주요 속성이자 세계의 거주 가능성을 구성하는 필수요소) 자체가 위태로워질 수밖에 없으리라는 것—에서도 볼 수 있었다. 결과론을 포함해서 우리가 지금까지 본 입장들은 저마다의 방식으로 대입의 각본—나의 행동을 상대방이 나의 자리에서 똑같이 하거나 내가 상대방의 자리에서 다시 하는 장면을 상상해보는 것, 그리고 내가 하려는 행동을 그 사고실험에 비추어 평가해보는 것—을 마련하고 있다. 하지만 클라인의 논의에서, 우리는 처음 시작부터 (그리고 비의도적으로)

내가 누군가를 대신해야 하는 상황 또는 내가 누군가의 대신이었음을 알게 되는 상황 속에 있다. 어떻게 보자면 성인의 삶 전체가 이 상황의 메아리다—'나는 당신을 사랑하지만 당신은 이미 나(나의 보상받지 못한 과거, 나의 박탈, 나의 파괴성을 짊어지고 있는 존재)이고, 나도 분명 당신에게 그런 존재(당신이 받았어야 하는 벌을 대신 받고 있는 존재)이며, 우리는 이미 서로의 역전 불가능한 과거를 불완전하게 대신해주고 있으니, 이처럼 보상될 수 없는 것을 보상해주고 싶다는 욕망을 나나 당신이나 평생 넘어설 수 없겠지만, 자, 여기 우리가 있으니, 같이 와인이나 한잔하자'라는 메아리.

프로이트가 『문명 속의 불만』에서 말해주듯이, "우리에게 주어진 삶은 우리가 감당하기에는 너무 무겁다."* 그래서 우리에게는 다양한 형태의 마취가 필요하다(여기에 예술이 포함되는 것은 물론이다). 우리는 애도 불가능한 죽음, 감당 불가능한 의존, 보상 불가능한 박탈을 짊어진 채, 우리가 '관계들'이라고 부르는 무언가에 휘말린 채, 보상해달라고 요구하는 각본들을 짜내고 있는 것 같기도 하고 보상을 제공하고자 다양한 형태의 베풂을 시도하고 있는 것 같기도 하다. 행동의 양극(예컨대 주기와 받기, 또는 보살피기와 보상하기)을 항상 구분할 수 있는 것도 아니고 행동하고 있는 쪽과 행동의 대상이 되는 쪽을 항상 분리할 수 있는 것도 아닌 이 동력이 어쩌면 평생 지속될 것이다. 이처럼 윤리적으로, 감각적으

---

* Sigmund Freud, *Civilization and Its Discontents*, SE vol. 21, 1930.

로 풍부한 의미를 품고 있는 애매성은 어쩌면 우리의 필수 구성요소—잠재적으로 공통된 속성—일 것이다.

내가 계속 존재하기 위해 상대방에게 의존해야 한다면, 그런 나는 상대방으로부터 분리되어 여기에 있지만 결정적인 의미에서 저기에 있다고도 할 수 있다. 음식을 먹을 때든 잠을 잘 때든 만져지거나 들어올려질 때든 여기와 저기에 애매하게 위치해 있다는 것이다. 표현을 바꾸면, 아기가 양육자로부터 분리되어 있다는 사실은 어떤 의미에서는 단순한 기정사실이지만, 중요한 의미에서 어떤 투쟁, 어떤 조율이며, 나아가 어떤 관계적 어려움이다. 양육이 아무리 바람직하다고 해도 다소간의 근심과 욕구불만은 항상 있기 마련이다. 양육자의 몸이 매순간 그곳에 있을 수는 없기 때문이다. 그러니 상대방에 대한 의존이 감당 불가능한 의존일 때, 상대방을 향한 증오는 이른바 파괴성의 일부—애착관계에서 으레 솟구쳐오르는 무언가의 일부—일 것이다.

이 논의를 좀더 보편적인 원칙—우리를 '우리가 살인을 저지르지 않게 해주는 것은 무엇인가?' '우리는 왜 상대방의 삶을 지켜내려고 하는가?'라는 질문으로 돌려보내주는 원칙—으로 번역한다면? '지금 이 순간에도 나는 상대방을 파괴하면서 나 또한 파괴하고 있다'라는 번역도 가능하겠는가? 만약 가능하다면 그 이유는 이런 '나'가 애매하게밖에 분화되지 못한 존재—분화를 평생의 투쟁이자 평생의 숙제로 삼아야 하는 존재—라는 데 있다. 클라인과 헤겔은 이 대목—내가 당신을 만나는 곳에서 내가 만나고 있는 사람은 당신이 된 '나'(나의 보상받지 못한 모습 속에서 나와 똑같은 모습을 하고 있는 당신)이고, 이 '나' 또한 그냥 나인 것이 아니라 당신의 유령이 된 나(다른 역사, 당신의 것이 아니었던 역사를 찾고 있는 당신이 나에게 옮긴 유령)이다―으로 수렴되는 것 같다.

그러니 이 '나'는 자기척결을 거치지 않고서는 의존성을 척결할 수 없는 세계에서 살고 있는 셈이다. 유아기의 몇 가지 진실은 (그리고 주권자적 자족성의 판타지를 낳는 해리dissociation와 편향 deflection은) 우리의 정치적 삶에 계속 영향을 미친다.* 그 때문에라도 우리는 (전쟁에 나가기 싫다면) 승리주의 형식들을 미리 제압하거나 서서히 무너뜨리는 "조롱거리"나 "패배자" 형식에 "매달려야" 하리라고 로즈는 말했다.**

'진정한' 공감이 있으려면 내가 당신과 별개의 존재라는 이해가 있어야 한다고 볼 수도 있지만, 또 어떻게 보면 나를 벗어나는 능력 (역할연기 능력, 나아가 상대방의 입장을 연출하는 능력) 또한 나란 존재의 한 부분(내가 당신에게 공감하는 것을 가능케 해주는 부분)이다. 동일시가 되면 나의 일부가 나를 넘어 당신으로 행동하게 된다는 뜻, 당신이 나에게서 지향하는 것을 내가 이행하게 된다는 뜻이다. 그러니 우리가 서로의 존재를 집으로 삼고 있다고도

---

* 이 논의의 한 대목에서 아기와 어머니와의 관계는 생명과의 관계라고 되어 있다. 하지만 그것이 어머니의 생명과의 관계인지 아니면 아기 자신의 생명과의 관계인지는 명시되어 있지 않다. 이 대목에서 "생명"은 바로 그 애매한 지칭의 함수다. 자신의 생명도 "생명"이고 상대의 생명도 "생명"이다.

** J. Rose, "Negativity in the Work of Melanie Klein", p. 37.

할 수 있다. 나는 내가 사랑했던, 이제는 없는 모든 사람의 앙금이 기도 하지만, 나를 제대로 사랑해주는 데 실패한 모든 사람의 유산 이자 내 상상 속에서 나를 어린 시절의 고통스러움—내가 살아남 아 있다는 데서 비롯하는 감당 불가능한 어린 시절의 감정—과 죄 책감(그리고 불안감)—내 격분의 잠재적 파괴력에서 비롯하는 감 당 불가능한 감정—으로부터 지켜주는 데 성공한 것으로 그려지 는 모든 사람의 유산이기도 하다. 또한 나는 당신의 생명을 위해 필요한 조건들을 확보하기 위해 노력하는 동시에 벗어날 수 없는 의존성 앞에서 당신이 느낄지 모르는 분노를 견뎌내기 위해 노력 하는 사람이 되려고 애쓰고 있다. 사실 우리는, 거의 모두가, 그 의 존성—사회적 심리적 생명 그 자체를 위해 필요한 조건들로부터 벗어나지 않고서는 벗어날 수 없는 의존성—에서 비롯하는 격분 과 함께 살아가고 있다.

하지만 이 의존성을 사생활 속에서(의존성의 친밀한 형태들 속 에서) 상상해볼 수 있다면, 우리가 불가피한 제도들과 경제들—우 리가 생명체로서 생존하기 위해 없어서는 안 될 것들—에 의존하 고 있다고 볼 수도 있지 않을까? 그런 관점이 생긴다면, 전쟁에 대 한 생각, 정치적 폭력에 대한 생각, 인구군 전체가 질병이나 죽음 에 방치되는 사태들에 대한 생각에 어떤 영향을 미칠 수 있지 않 을까? 그렇다면 '살인하지 말라'라는 도덕률은 '생명을 보살펴야 한다'(생명을 보살피기 위해 제도적 경제적 수단을 동원하되, 애 도되어야 하는 인구군과 그렇지 않은 인구군을 구별하려고 하지 않는 방식으로 동원해야 한다)라는 정치 원리로 확대되어야 할 것이다.

다음 장에서 나는 삶에서 애도가치라는 개념이 일관성 있게 확장될 경우, 우리가 생명정치 영역들과 전쟁논리에서 떠올리는 평등 개념이 수정될 수 있으리라는 것을 증명해보고자 한다. 우리가 초래한 피해, 또는 우리가 초래했으리라고 생각되는 피해를 보상할 방법을 찾자는 것만이 아니라(우리가 초래한 피해를 보상하는 것은 물론 중요하다), 아직 오지 않은 피해를 미연에 방지할 방법을 찾자는 것이다. 이를 위해서는 예방의 형태를 띠는 보상―현재 속에 존재하는 삶 앞에 펼쳐질 미지의 미래를 내다보는 적극적 형태의 보살핌―이 제공되어야 한다.* '그 열린 미래가 없다면, 그 삶은 아직 죽지 않은 것일 뿐 살아 있는 것은 아니다'라고 말할 수도 있을 것이다. 내가 할 주장은, 우리가 폭력적 행동을 취하지 않을 때 거기에 그저 계산속―우리가 폭력적 행동을 취하면 다른 누군가도 우리에게 폭력적 행동을 취할 수 있으리라는 생각, 그렇게 서로가 서로에게 폭력적 행동을 취하는 각본이 연출되면 우리 자신에게 그다지 이롭지 않으리라는 생각―만 있지는 않다는 것이다. 우리가 폭력적 행동을 취하지 않는다면, 그 이유를 우리는 서로 충돌하는(그러면서 대명사의 세계 안에 주체 구성의 토대를 놓는) 사회적 조건들 속에서 찾아내야 한다. 이런 나로 존재하는 '나'는 이미 사회적인 무언가, 이미 모종의 사회적 세계―익숙한 영역

---

* David Eng, "Reparations and the Human", *Columbia Journal of Gender and Law* 21:2, 2011.

을 초과하는, 시급하면서 동시에 대체로 비인격적인 세계—에 묶여 있는 무언가다. 나는 상대방의 머릿속에서 처음으로 누구—이 인칭의 '당신' 또는 남성 또는 여성 인칭대명사—가 되고, 그 망상적 개념화 과정이 사회적 동물로서의 나를 낳는다. 의존성과 나의 선후관계(의존성은 나라는 존재의 필수 구성요소로서 대명사의 출현보다 선행한다)가 나의 의존성(나는 나를 정의함으로써 나를 구성하는 사람들에게 의존한다)을 강조해주기도 한다. 나의 감사에는 분명 다소의 납득 가능한 울분이 섞여 있다. 윤리는 바로 이 지점에서 출현한다. 유대관계들이 그렇게 갈등을 불러일으킨다 해도, 그것들 없이는 내가 존재할 수도 없고 누구로 구성될 수도 없으니, 나는 그것들을 지켜내려고 노력할 수밖에 없다는 것이다. 이처럼 갈등과 함께 일하기, 양가감정을 조율하기는, 분노가 폭력적 형태를 띠는 것을 막는 데 가장 중요한 문제다.

모두의 생명에서 평등한 애도가치가 인정된다면, 경제적 제도적 생명의 거버넌스와 관련된 사회적 평등의 인식 안에 새로운 형태의 평등이 들어오게 된다. 여기에는 우리 자신이 저지를 수 있는 파괴에 맞서는 전략, 힘에 맞서 힘을 내는 전략이 수반되어야 한다. 이 전략은 취약층을 보호하기 위한 온정주의적 형태의 권력 강화 전략과는 구별되어야 한다. 후자는 항상 늦은 전략일 뿐 아니라, 취약성이 차별적으로 산출된다는 점도 다루지 못하는 전략이다. 어느 누군가의 생명이 애도받을 만한 생명(손실 가능성을 품고 있는 생명, 손실되었다면 애도받아야 하는 생명)이라고 여겨지고 있다는 말은, 세계가 그 손실을 차단할 수 있는 방식(그 생명을

피해와 파괴로부터 보호할 수 있는 방식)으로 조직되어 있다는 뜻
이다. 그런 평등주의적 상상계가 모두의 생명을 포착해낼 수 있다
면, 다양한 정치 스펙트럼에서 역할자들의 처신이 바뀌지 않을까?

　적국의 사람들, 방치된 사람들, 유죄판결을 받은 사람들에게도
애도가치가 있다는 메시지, 그들이 죽는다면 그 죽음도 손실일 것
인데 그들은 계속 죽고 있고, 그들을 지켜내는 데 이렇게 계속 실
패한다면 막대한 후회와 보상의 의무가 뒤따르리라는 메시지를 전
하기가 얼마나 어려운지는 잘 알려져 있다. 손실을 미연에 방지할
수 있는 후회의 힘을 길러, 우리가 현재 하고 있거나 미래에 하게
될 행동을 통해서 우리가 후회하게 될 미래를 막아낼 수 있으려면,
우리의 성향/배치disposition는 어떠해야 하겠는가? 그리스 비극에
서는 분노가 나온 뒤에 탄식이 나오는 듯하고, 탄식은 대부분 뒤늦
게야 나타난다. 하지만 간혹, 미리 탄식하는 코러스가 있다. 분노
의 생성을 감지하자마자 애도하기 시작하는 코러스, 터져나오려고
하는 분노에도 불구하고 한곳에 모여서 함께 목소리를 내는 익명
의 집단이 있다.*

---

* Nicole Loraux, *Mothers in Mourning*, trans. Corinne Pache, Ithaca : Cornell
University Press, 1998, pp. 99~103 참조; Athena Athanasiou, *Agonistic
Mourning: Political Dissidence and the Women in Black*, Edinburgh :
Edinburgh University Press, 2017 참조.

3장

비폭력의 윤리학-정치학

이 책의 앞 장들에서 정신분석학을 도덕철학과 사회이론에 접목시키면서, 나는 우리의 일부 윤리-정치 논쟁들이 모종의 암묵적 전제들—도덕적 질문을 하는 쪽은 어떤 인구군이고 도덕적 질문이 되는 쪽은 어떤 인구군인가에 관한 인구학적 전제들—을 깔고 있음을 전하고자 했다. '보살핌을 받아야 하는 삶은 누구의 삶인가?'라는 질문조차 애도가치를 인정받을 수 있는 삶은 누구의 삶인가에 관한 전제들을 깔고 있다. 애도가치를 인정받을 수 있다고 여겨지지 않는 삶이라면 보살핌받을 가능성도 거의 없지 않겠는가. 지금까지 나의 주장은, 정신분석학이 도덕의 망상적 차원—망상이 이성적이라고 자처하는 도덕적 성찰의 무비판적 차원으로 기능하는 방식—을 드러내준다는 것이었다. 이제부터 우리는 미셸 푸코Michel Foucault와 프란츠 파농Frantz Fanon에 의지해 이른바 '인구군 망상'과 '인종차별적 망상'을 논의함으로써 인종차별의 암묵적 형태들, 나아가 무의식적 형태들—폭력과 비폭력에 관한 국정담론과 공공담론을 구조화하는 형태들—을 이해해보고자 한다. 에티엔 발리바르Étienne Balibar와 발터 벤야민Walter Benjamin은 (이렇게 함께 놓임으로써) '폭력성'의 다양한 의미를, 그리고 '폭력'을 둘러싼 명명 관행—누군가가 국가권력을 비롯한 규제력의 정당성에 이의를 제기할 때 그 누군가를 '폭력적'이라고 명명함으로써 규제력 자체의 폭력성을 강화하고 은폐하는 데 일조하게 되는 관행—의 복잡한 리듬을 이해할 방법을 일러준다.

내가 지금까지 논의한 것처럼, 비폭력에 관한 도덕 논쟁들은 크게 두 가지 형태를 띨 수 있다. 첫번째 형태의 논쟁은 왜 남(들)을 죽이거나 해쳐서는 안 되는가라는 질문을 중심으로 펼쳐지는 반면, 두번째 형태의 논쟁은 우리에게 다른 생명(들)을 지켜낼 의무가 있다면 그것은 어떤 의무인가라는 질문을 중심으로 펼쳐진다. 우리가 살생을 참아내고 있다면 그것은 무엇 때문인가라고 질문할 수도 있지만, 우리가 생명을 (가능한 경우에) 적극적으로 지켜내고자 하는 도덕적 경로 또는 정치적 경로를 찾고 있다면 그 동기는 무엇인가라고 질문할 수도 있다는 것이다. 이것이 다른 개인들에 관한 질문인가, 아니면 특정집단들에 관한 질문인가, 아니면 자기를 제외한 모든 것에 대한 질문인가는 대단히 중요하다. 개인은 어떤 것이고 집단은 어떤 것인지에 대해 당연하게 받아들여지는 생각들, 심지어 이런 논의에서 부지불식간에 환기되는, 인간은 어떤 존재인지에 대한 생각들—누가 인간으로 셈해지는가에 대한, (판타지들을 포함하는) 인구학적 가정들—이 우리의 생명관—어떤 생명이 지켜질 자격이 있고 어떤 생명은 그렇지 않은가에 대한 생각들—을 좌우하는 동시에 우리의 인간관—인간은 어떤 존재인지에 대한 유효한 생각들—을 규정하기 때문이다. 어원상으로 인구학demography은 사람들demos을 글로 설명하는 방식graphos에 관한 학문이다. 인구학이 통계학과 연결되는 경우도 있지만, 그럴 때의 통계학은 인구군을 설명하는 글의 그래픽 중 하나일 뿐이다. 애도가치를 인정받는 존재들과 그렇지 않은 존재들을 구분할 때 어떤 그래픽이 동원되겠는가?

애도받을 만한 생명들: 계량 불가능한 가치에서의 평등

내가 지금까지 논의한 것처럼, 잠재적 폭력성은 모든 상호의존적인 관계들의 특징이고, 모든 사회적 유대관계가 상호의존적이라는 말은 시종일관 모종의 양가감정(프로이트가 사랑과 미움의 갈등에서 비롯된다고 이해했던 양가감정)을 감안해야 하는 것이 사회적 유대관계라는 뜻이다. 내가 지금부터 논의할 테지만, 생명의 애도가치가 불평등하게 분배된다는 인식이 있다면, 폭력을 둘러싼, 그리고 평등을 둘러싼 우리의 논쟁은 일신될 수 있다(아니, 일신될 수밖에 없다). 비폭력의 정치적 옹호는 평등에 동참하는 맥락 속에서 전개되어야 한다(그렇지 않으면 의미가 없다).

애도가치를 지닌 인구군이라면 그들의 생명은 생명으로 인정될 수 있고 그들의 죽음은 애도받는 죽음일 수 있다. 다시 말해, 그들을 잃는다는 것은 용인될 수 없는 손실—있을 수 없는 일, 충격과 격분을 불러일으킬 만한 일—일 것이다. 그런데 이처럼 애도가치가 한 집단(여기서는 한 인구군)의 속성으로 부여된다는 말은, 그 집단에 애도가치를 부여하는 또다른 집단 또는 커뮤니티가 있다는 뜻이다. 이처럼 애도가치는 담론의 맥락, 또는 정책이나 제도의 맥락 내부에서 다양한 매체를 통해서 다양한 강도로 부여되는 것인 만큼, 어떤 맥락인가 또는 맥락이 어떻게 바뀌는가에 따라 전혀 부여되지 않는 경우도 있고 부여되다 말다 하는 경우도 있다. 하지만 나의 논점은, '사람들이 얼마나 애도받을 수 있는가, 사람들에게 얼마만큼의 애도가치가 부여될 수 있는가는 그 사람들의 죽음이 어느 정도까지 손실로 인정될 수 있을 것인가에 달려 있다'라는 것, 그리고 '그 사람들의 죽음이 손실로 인정될 수 있는 때는 인정에 필요한 조건들이 언어의 내부에, 대중 매체의 내부에, 모종의 문화적 상호주관적 역장 내부에 마련되어 있을 때뿐이다'라는 것, 표현을 바꾸면 '문화적 힘들이 그 사람들의 죽음이 손실임을 부인하는 방향으로 작동하고 있을 때도 그 사람들의 죽음이 손실로 인정될 수 있기는 하지만, 그렇게 되려면 의무적 우울증적 부인 규범을 파괴할 수 있는 형태의 항의—공개적 애도의 수행적 차원을 활성화함으로써 애도 대상의 한도를 폭로하고 인정과 저항의 새로운 맥락을 마련하고자 하는 항의—가 요구된다'라는 것이다. 이것이 전투적 형태의 애도—가시적 공론장으로 뚫고 들어가 새로운 시공간의 성좌를 구성하는 애도—일 것이다.[*]

어떤 인도주의적 프레임을 채택하는 것, 모든 사람이 인종·종교

·출신에 상관없이 애도받을 만한 생명을 지녔다고 주장하는 것이 먼저이고 그 근본적 평등이 받아들여지도록 투쟁하는 것은 그다음이라고 말할 수도 있다. 그러면서 이것이 서술적 주장descriptive claim이라고, 모든 존재하는 생명에는 평등한 애도가치가 있다고 말하고 싶을 수도 있다. 하지만 우리의 서술이 여기에 그친다면, 우리는 현실을, 극도의 불평등이 만연해 있는 작금의 현실을 심하게 왜곡하게 된다. 그렇다면 우리의 과제는 규범적 이행에 나서는 것, 현실을 서술하는 척하는 게 아니라 모두의 생명이 애도받아 마땅하다고 주장함으로써 이론과 서술을 함께 작동시키는 유토피아적 지평을 받아들이는 것이다. 모두의 생명에 본디 애도가치가 있다는 주장, 모두에게 애도가치라는 천부적 선험적 가치가 있다는 주장을 펼치고 싶어졌다면, 그런 서술적 주장은 이미 자기 안에— '모두의 생명에 애도가치가 있어야 한다'라는—규범적 주장을 가지고 있다는 뜻이니, 그렇다면 왜 우리는 서술적 주장에 규범적 주장의 의미를 담고자 하는가라는 의문이 생긴다. 어쨌든 우리의 과제는 있는 것과 있어야 하는 것 사이의 극도의 간극을 지적하는 것인 만큼, 그 둘의 구분을 흐리지 말도록 하자. 아울러 현재의 맥락에서 더 적절한 서술적 주장이 '모든 생명에 평등한 애도가치가 있다'로 이론화되지는 않을 것인 만큼, '있음'에서 '있어야 함'으로의 이동, 우리의 작업을 위한 유토피아적 지평을 받아들이는 그 이동

---

* Douglas Crimp, "Mourning and Militancy", *October* 51, 1989, pp. 3~18; Ann Cvetkovich, "AIDS Activism and the Oral History Archive", *Public Sentiments* 2:1, 2003 참조.

을 시작하자.[*]

또한 평등한 애도가치를 인정받지 못하는 생명들에 대해 이야기한다는 것은 곧 평등한 애도가치라는 이상을 설정한다는 것이다. 이 정식화는 최소한 두 가지 측면에서 대단히 중요한 문제를 제기한다. 그 첫번째 측면으로, 우리는 한 인구군이 어느 정도 애도받고 있는가를 계산하거나 계량할 방법이 있는가를 질문해야 한다. 그 인구군이 다른 인구군에 비해 더 큰 애도가치를 인정받는다면, 그 차이는 어떻게 만들어지는가? 애도가치에도 등급이 있는가? 이런 종류의 질문에 대답할 수 있는 산법을 마련하고자 한다면 그것은 전적으로 역기능적인 시도, 아니면 최소한 대단히 생경한 시도일 것이다. '누구냐에 따라 애도가치에 차이가 있다' — '특정 프레임, 특정 환경이 주어져 있을 때, 누군가의 생명은 위험·빈곤·사망에 처하지 않도록 꼼꼼하게 보살핌받는 반면 누군가의 생명은 그렇지 않다' — 라는 위의 주장을 이해하려면, '한 생명의 계량 불가능한 가치가 이 배경 안에서는 인정되는 반면 저 배경 안에서는 인정되지 않는다'라는 점과, '똑같은 배경이 주어져 있을 때 (배경의 매개변수들을 찾을 수 있다는 가정하에) 어떤 생명은 계량 불가능한 가치를 인정받는 반면 어떤 생명의 가치는 계량화된다'라는 점을 정확하게 (데리다와 함께) 지적하는 방법밖에 없다. 계량화된다는 말은, 애도가치를 인정받지 못하는 생명이라는 회색

[*] Drucilla Cornell, *The Imaginary Domain*, London: Routledge, 2016(1995); Cornelius Castoriadis, *The Imaginary Institution of Society*, Cambridge, MA: MIT Press, 1997 참조.

지대에 이미 들어섰다는 뜻이다. '모든 생명이 평등한 애도가치를 인정받는 것은 아니다'라는 위의 정식화에서 중요한 문제를 제기하는 두번째 측면은, 우리가 평등에 대해서 하고 있는 생각들을 수정하지 않는다면 평등주의적 기준을 따라야 하는 사회적 속성으로서의 애도가치는 고려될 수 없으리라는 점이다. 표현을 바꾸면, 만약에 우리가 아직 평등한 애도가치에 대해서, 애도가치의 평등한 부여에 대해서 말하지 않았다면, 우리는 평등에 대해서 말하고 있는 게 아니다. 애도가치는 평등을 정의하는 속성이다. 애도가치를 인정받지 못한 사람들은 곧 불평등을 겪고 있다는 것, 가치 불평등을 겪고 있다는 것이다.

전쟁논리와 인종: 푸코와 파농

내가 2장에서도 주장했듯이, 우리가 누군가의 생명에 애도가치가 없다고 말할 때, 우리는 이미 끝난 생명에 대해서 말하고 있는 것만은 아니다. 사실 애도가치를 인정받는 삶을 살고 있다는 말은, 훗날 죽게 되었을 때 애도 대상이 되리라는 것을 알고 있다는 뜻이다. 하지만 애도가치를 인정받는 삶을 살고 있다는 말은 살아 있는 동안 생명가치를 인정받는 덕에 보살핌을 받으리라는 것도 알고 있다는 뜻이다. 이처럼 누구의 생명이냐에 따라 불평등한 애도가치를 매기는 수법은 생명정치biopolitique의 한 부분이다. 말인즉슨, 이런 형태의 불평등을 초래하는 것이 언제나 주권정치의 의

사결정과정이냐 하면 그렇지는 않다는 뜻이다. 푸코는 1976년 강의록『사회를 보호해야 한다』의 마지막 장에서, 19세기에 생명정치의 역장이 부상한 것에 대해 상술하고 있다. 여기서 '생명정치'라는 말은 생물로서의 인간을 대상으로 하는 권력의 작용을 뜻함을 알 수 있고, 주권권력과는 구분되는 생명정치, 곧 생명권력bio-pouvoir은 유럽 특유의 권력 구성체라는 것 같다. 생명권력은 생과 사를 관리하는 다양한 기술력과 기법들을 통해 작동한다. 푸코가볼 때 생명권력의 변별성은, 생물로 존재하는 인간에게 작용하는 권력이라는 데 있다(푸코는 그런 생물적 존재를 '생물학적/생명학적biologique' 존재라고 부르는 경우가 있는데, 그럴 때 어떤 종류의 생명과학을 염두에 두고 있는지는 알려주지 않는다). 푸코는 생명정치적 권력을 가리켜 특정 인구군을 "살려내고" 특정 인구군을 "죽게 내버려두는" 규율권력("죽여 없애"거나 "살게 내버려두는" 주권권력과는 변별되는 권력)이라고 설명한다.*

권력은 작용하지만, 푸코의 다른 많은 대목에서와 마찬가지로 여기에서도, 권력이 주권의 중심에서 작용하지는 않는다. 오히려 권력의 다양한 행위주체성agence은 특정 인구군을 특정 생물처럼 관리하는 탈주권적 맥락에서 작용한다(여기서 말하는 관리는 생

---

* Michel Foucault, *"Il Faut Défendre la Société", Cours au Collège de France (1975~1976)*, Paris: Seuil, 1976, p. 213(한국어판: 미셸 푸코,『사회를 보호해야 한다』, 김상운 옮김, 난장, 2015): "주권은 죽여 없애거나 살게 내버려두는 권력이었다. 그런데 지금 이 권력, 규율권력이라고도 할 수 있을 이 권력은, 살려내거나 죽게 내버려두는 권력이다."

명관리, 곧 살려내거나 죽게 내버려두기를 뜻한다). 이런 형태의 생명권력은, 무엇보다도, 생명의 양과 질 자체를 조절하면서 인구 군별 잠재 수명을 결정한다. 인종차별의 생명정치적 형태들을 암시하는 사망률과 출생률은 이런 종류의 권력이 작동한다는 증거자료.* 특정 생명이나 특정 생체(예를 들면 태아)가 다른 생명이나 생체(예를 들면 십대 여성이나 성인 여성)보다 거의 항상 우위에 있다고 보는 출산주의pronatalism나 '낙태반대론'에서도 이런 종류의 권력이 드러난다. 예컨대 이처럼 불평등에 동조하는 '낙태반대론'은 여성들이 겪는 사회적 불평등을, 그리고 생명의 애도가치에서의 차별을 지속시키고 악화시킨다.

우리의 논의에서 중요한 것은, 푸코의 주장들 가운데 '선험적 생명권은 없다'—'생명권이 행사되려면 우선 확보되어 있어야 한다'—라는 것이다. 정치적 주권이라는 조건하에서 권리—예컨대 생명권, 곧 생명에 대한 권리, 그리고 본인의 죽음을 관장할 권리—는 이미 권리를 가진 주체로 구성되어 있는 사람들에게만 주어진다. 하지만 생명정치적 조건하에서는 권력의 관리 대상이 각각의 주체가 아니라 덩어리진 인구군인 만큼, 생명에 대한 '권리'가 무슨 뜻인지 훨씬 애매하다. 덧붙이자면, 생명정치와 생사와의 관계는 푸코가 "교전관계"라고 부른 관계와는 다르다. 전쟁논리는

---

* 루스 윌슨 길모어에 따르면, "그중에서도 특히 인종차별은 조기 사망 취약군을 생산하고 착취하는 합법적 또는 초법적 국가 전략이다." Ruth Wilson Gilmore, *Golden Gulag: Prisons, Surplus, Crisis, and Opposition in Globalizing California*, Berkeley: University of California Press, 2007, p. 28.

"내가 살기 위해서는 상대방을 죽게 만들어야 한다. 내가 죽일 수 있어야 한다"라는 규약을 따른다.* 푸코는 이 기본적 전쟁 규약을 최소한 두 번에 걸쳐서 정식화하는데, "내가 살기 위해서는 상대방이 죽어야 한다"가 그 두번째 정식화다. 전자에는 '내가 살생할 태세가 되어 있어야 하며, 살생은 나의 생명을 지키는 방법이다'라는 뜻이 담겨 있다. 후자에는 '내가 살기 위해서는 상대방이 죽어야 하지만, 상대방을 죽이는 사람이 나일 필요는 없다'라는 뜻이 담겨 있다. 이 두번째 정식화를 통해 열린 길은 생명을 방치한 책임, "죽게 내버려둔" 책임을 져야 할 사람이 아무도 없는 상황을 만들 수 있는 다른 여러 기술력과 수법들로 이어진다.**

이런 관점에서는 '인종은 전쟁에 어떻게 관련되는가' 곧 '국가인종주의는 생명정치 논리를 통해 작동하는 전쟁들에 어떻게 관여하는가'를 포착하기가 더 어렵다. 푸코는 생명권력에서 죽음을 대하는 방식이 전쟁에서와는 다르다고 주장하고 있는 만큼, 푸코의 의도는 생명정치적 차원과 전쟁 개념을 분리하는 것이었다. 푸코는 생명권력에서는 "죽음이 덮쳐오는" 것이 아니라 생과 사가 다른 종류의 관리적 제도적 논리에 의해 조절되는 것이라고 쓰고 있다. 푸코는 마치 덮쳐오는 죽음의 시대가 이미 끝났다는 듯이 쓰

---

* 여기서 이인칭 대명사 'you'(프랑스어 삼인칭 대명사 'on')는 단수일 수도 있고 복수일 수도 있으니, 전쟁이 자기보호의 귀결인지 아니면 사회보호의 귀결인지 불분명하다(옮긴이: 푸코는 이인칭 대명사 'tu'를 사용했고, 한국어판 번역에서는 일인칭 대명사를 선택했다). Foucault, *"Il Faut Défendre"*, p. 255.
** 같은 책, 213쪽.

고 있지만(이는 다른 종류의 권력을 강조하기 위해서다), 그 시대는 아직 끝나지 않았다. 권력과 폭력은, 푸코가 볼 때는 이제 덜 직접적이고, 덜 스펙터클하다(국가폭력이 권력과 폭력 전체를 관장할 가능성도 덜해졌다). 하지만 주권권력과 생명정치적 차원을 분리하기는 수월치 않으며(이 점을 푸코도 이후 강의에서 지적하게 된다), 주권권력의 시대가 가고 생명정치의 시대가 온다는 식으로 역사의 흐름을 깔끔하게 정리하려는 모든 시도는 무엇이든 의심받아 마땅하다. 그 흐름이 유럽 근대사—전진하는 과정으로 서술되는 역사, 지난 두 세기에 걸쳐 유럽에서 일어났던, 그리고 유럽이 일으켰던 전쟁들을 고려하지 않는 역사—에 의지하는 경우라면 더욱 그러하다.

한 사람의 생명이 생명으로 여겨지지 않는다면 어찌 되겠는가? 다시 말해, 그 생명이 한 사람의 생명으로 인지되지 않는다면 어찌 되겠는가? 푸코가 매우 분명하게 '생명권은 이미 권리를 가진 주체로 구성되어 있는 주체에게만 주어져 있다'라고 주장할 수 있었다면, 그렇다면 우리도 '누군가가 생명권을 가진 주체가 되려면 우선 생명을 가진 존재로 구성되어 있어야 한다'라고 주장할 수 있지 않겠는가? 인종차별이란 "권력의 지배하에 있는 생명의 영토 내부에 단절선을 긋는 방식"이라는 푸코의 주장이 옳다면, 우리는 그 선이 인간이라는 종種을 우월한 유형과 열등한 유형으로 구분하고 있을 뿐 아니라 생명을 가진 유형과 생명을 갖지 않은 유형으로 구분하고 있다고 생각해볼 수도 있을 것이다.* 한 인구군을 파괴했다고 해도, 결국 파괴당한 것이 생명을 가지지 않은 쪽이라면 별일은 아닌 것이다. 파괴한 것이 아니라 생명을 가진 쪽 앞에 있는 예상외의 장애물을 치운 것뿐이다.

푸코는 정치이론 쪽의 논자들이 자신의 생명 관련 논의들을 비판하리라고 예측한다. 푸코는 이 논쟁에서 한발 물러서는데, 그것은 자신이 생명주의vitalism—모종의 생명이 사회계약보다, 주권보다, 생명정치적 영역보다 먼저 있었다는 모종의 근본주의—를 주장하게 되지는 않을까 하는 두려움 때문인 듯하다.** "지금까지는 정치철학 논의였는데, 옆으로 제쳐놔도 되는 논의이기는 하지만, 생명이라는 문제가 정치적 사유의 장에서 어떤 식으로 논제화되고 있는가를 잘 보여주는 논의이기는 하다"라고 푸코는 쓰고 있다.*** 이것이 옆으로 제쳐놔도 되는 논의는 아니지만, 그 이유가 권력의 영역에 선행하는 생명의 형태를 가정할 수 있는 논의이기 때문은 아니다. 내가 볼 때 권력은 이미 항상 인종차별 도식—소중한 생명과 덜 소중한 생명, 애도가치를 인정받는 생명과 덜 인정받는 생명 사이의 단절선이자 생명으로 인지되는 생명과 덜 인지되는 생명 사이의 단절선—을 통해 작동하고 있다. 한 생명을 생명으로 인지할 수 있는 것은 그 생명을 생명으로 제시하는 도식을 통해서

---

* 푸코가 볼 때 인종차별은 생명정치적 차원에 '단절선'으로 들어와 있다. "갈라놓는 것, 생명권력이 지배하는 생물학적 연속체 내부에 단절선을 긋는 것, 그것이 인종차별의 일차적 역할이다." Michel Foucault, *"Society Must Be Defended"*, trans. David Macey, New York: Picador, 2003, p. 255.

** Catherine Malabou, "One Life Only: Biological Resistance, Political Resistance", *Critical Inquiry* 42:3, 2016 참조.

*** 같은 책, 241쪽.

뿐이다. 한 인구군의 생명성에 대한 인식론적 무화nullification 또는
폐제foreclosure―인종학살적 인식론의 정의定義 그 자체―는 생물
의 역장을 모종의 의미 연속체―'누구의 생명이 지켜질 만하고 소
중하고 애도받을 만한가?'라는 질문에 대해서 구체적 의미를 지니
는 연속체―로 구조화한다.

　이 질문을 던진다는 것은, 곧 처음 시작부터 이 특수한 "역사-
인종 도식"(프란츠 파농이『검은 피부, 하얀 가면』에서 매우 중요
하게 사용하는 용어)―모종의 지각-투영, 곧 흑인의 신체에 입혀
짐으로써 흑인의 신체에 대한 사회적 부인을 관장하는 해석적 의
복―과 대결한다는 것이다. 사실 파농은 역사-인종 도식과 (흑인
의 생명에 모종의 본질이 있다고 보는) "인종-피부 도식"을 구분
하는데, 이 둘 중에 프랑스 현상학자 모리스 메를로퐁티의 "신체
도식" 개념과도 직접 연결되고 애도가치와 관련된 인종차별적 도
식들과도 직접 연결되는 것은 역사-인종 도식인 듯하다. 메를로퐁
티가 말하는 신체 도식은, 자기와 세계와의 관계들을 신체적으로
조직하기도 하지만, 자기와 관계를 맺고 있는 바로 그 세계가 내어
준 맥락 내부에서 자기 자신을 구성하기도 한다. 파농에 따르면,
역사-인종 도식은 좀더 깊은 차원에서 작용하면서 메를로퐁티가
말한 그 이상화된 신체 도식을 교란시키게 된다.* 역사-인종 도식
의 구성성분들은 파농이 '백인 남성'이라고 부르는 형상―흑인의

---

* Frantz Fanon, *Black Skin, White Masks*, New York : Grove, 2008, p. 91(한국
어판: 프란츠 파농,『검은 피부, 하얀 가면』, 노서경 옮김, 문학동네, 2014).

신체적 세계 경험을 "확실한 불확실함incertitude certaine" 속에 내던지는 인종차별 권력들의 형상—을 통해서 주어진다. 한편으로 이 신체 도식에서는 "일인칭 의식" 안에 "삼인칭 의식"이 들어오고, 이로써 나의 지각방식 그 자체가 제삼자의 지각에 의해서 분열되지만(내가 보고 있을 때, 그렇게 보고 있는 나는 누구인가? 내가 나 자신을 보고 있을 때, 그렇게 나 자신을 보고 있는 눈은 다른 누군가의 눈일 수밖에 없지 않은가?), 다른 한편으로 그 목표 지향적 '도식'—파농의 표현을 빌리면, "시간적 공간적 세계의 한복판에서 신체로서의 나 자신을 구성해내는 더딘 과정"—에서 나는 세계의 구성성분들을 가지고 나 자신을 구성해나간다. 파농이 '백인 남성'이라고 부르는 권력자는 "수많은 세부·일화·서사를 가지고 나를 엮어놓은" 사람이다.* 이렇듯 파농에게 글을 쓰는 일은 제삼자가 글로 엮어놓은 것을 고쳐 말하는 일이니, 파농의 책에서 우리는 인종차별 피해자가 신체 도식의 해체를 겪은 뒤에 서서히 자기 자신을 구성해내는 모습을 보게 된다. 이것은 자기 자신을 신체로 경험하는 차원에서 일어나는 일이자 신체 도식을 망가뜨리고 빼앗아가고 차지하고 점령하고 해체하는 세계에서 일어나는 일이다.

파농이 일인칭과 삼인칭—흑인 남성과 백인 남성 같은 형상들—을 사용하는 것은 물론 이러한 도식 개념을 설명하기 위해서다. 하지만 역사-인종 도식은 그러한 특정 형상들보다 광범위하고 분산적이다. 역사-인종 도식은 인구군들의 실제적 구체적 생명

---

* 같은 곳.

과 관련되는 개념이며, 그런 의미에서 흑인 혐오적 인종차별 및 생명권력에 대한 푸코의 성찰에 비판적 보론이 되기도 한다. 또한 그러한 역사-인종 도식은 세계보건, 기아, 난민, 이주, 문화, 점령(그리고 기타 식민지배 관행), 경찰폭력, 감금, 사형, 간간이 벌어지는 폭격과 말살, 전쟁, 인종학살 등등에 관한 각종 정책들의 선행조건이 되기도 한다. 강의록 종결부에서 푸코는 "국가 인종주의"가 인구군들의 생과 사를 관리하는 주요 도구 중 하나라는 것을 지적해주지만, 인종차별이 서로 다른 생명들의 상대적 가치를 정하는 데어떤 방식으로 관여하는지를 명확하게 설명해주지는 않는다. '어떤 인구군들이 여러 형태의 주권권력에 의해 공격의 과녁이 되고 있다' '어떤 "죽게 내버려두기"가 생명권력에 의해 조직화되어 있다'라는 것을 명확하게 감지하는 것과 그처럼 생사를 중요시하기도 하고 중요시하지 않기도 하는 차별방식들을 정확하게 설명하는 것은 다른 문제인데, 이를 어떻게 설명해나가야 할까? 우선 인종화racialization를 인종 도식의 구체화 과정—누구의 생명은 소중하고 누구의 생명은 그렇지 않은지에 대한 지각 그 자체를 통해서 인종 도식을 구체화하는 과정—으로 받아들인다면,* '공격의 과녁이 되는 인구군이나 감금 대상이 되는 사람들에 관한 군사 논의나 정책 논의에서 그 차별화된 지각 형태들은 어떤 식으로 작용하는

---

* Michael Omi & Howard Winant, *Racial Formation in the United States*, 3rd ed., London: Routledge, 2015; Karim Murji & John Solomos, eds., *Racialization: Studies in Theory and Practice*, Oxford, UK: Oxford University Press, 2005 참조.

가? 지금 우리가 전개하고 있는 폭력과 비폭력에 관한 논의에서도 무비판적으로 수용된 일련의 전제들―인종 도식들―로 작용하지 않겠는가?'라고 질문해볼 수 있을 것이다.

『사회를 보호해야 한다』 끝에서 푸코는 '불안정하거나 방치된 인구군은 아직 권리의 주체로 구성된 존재가 아니니, 그들이 누구인가―다시 말해 그들은 정치장 안에서 어떻게 구성되어 있는가―를 이해하기 위해서는 주체 모델과는 다른 대안적인 무언가가 필요할 수 있다'라는 가능성을 열어놓는다. 이 가능성은 국가 인종주의에 대해서뿐만 아니라 개인 주체로 설명될 수도 없고 집단 주체로 설명될 수도 없는 인구군이 보여주는 행위주체성과 저항성의 형태들에 대해서도 논의해볼 수 있는 방향을 열어주지만, 유감스럽게도 푸코는 결국 그 방향으로 가지 않았다.*

그 버려진 기획이 되살려질 가능성이 아직 있을지도 모르겠다. 푸코가 주장했듯이 '주권권력하의 주체는 권리를 가진 주체로 구성되어 있는 경우에만 생명권을 가질 수 있다'라고 한다면, '생명권력하의 인구군은 잠재적 애도가치를 가진 존재로 인지되는 경우에만 생명권을 주장할 수 있다'라고도 할 수 있다. 이것이 나의 논제다. 다시 말해 나는 이런 방식―인종 도식이 생명 존재들의 인종차별적 형상화에 어떻게 들어와 있는가를 묻는 방식, 애도가치는 누구에게 있고 누구에게 없는가, 지켜져야 하는 것은 누구의 생

---

* Kim Su Rasmussen, "Foucault's Genealogy of Racism", *Theory, Culture, and Society* 28:5, 2011, pp. 34~51; Ann Stoler, *Race and the Education of Desire*, Durham, NC: Duke University Press, 1995 참조.

명이고 제거되거나 죽게 내버려져도 되는 것은 누구의 생명인가라는 인구학적 평가들의 바탕이 되는 인종차별적 망상에 대해서 묻는 방식—으로 파농의 논의를 끌어와 푸코의 보론을 쓰고 있다. 물론 애도가치 연속체는 대단히 넓으니, 같은 인구군이라도 이 맥락에서는 애도받을 수 있는데 저 맥락에서는 흔적 없이 스러지기도 하고, 같은 애도라도 이렇게 양식화될 때는 주목받을 수 있는데 저렇게 양식화될 때는 무시되거나 외면당하기도 한다. 단, 생명의 가치에 등급을 매기는 지배 도식은 애도의 양식에 의지한다(그 등급표가 언급된 적이 있든 없든 마찬가지다).

'이것이 생명이(었)다' 또는 '이것이 생명들이(었)다'라는 주장을 가능하게 하는 역사-인종 도식은, 생명을 가치화하는 필수적 양식들—생명을 추모하기·보살피기·인정하기·지켜내기—의 가능성과 밀접하게 연결되어 있다. ("이것이 살릴 만한 생명, 지켜질 만한 생명이다" "이것이 생명으로 살아 있을 수 있는 조건, 생명으로 인지될 수 있고 생명으로 인정받을 수 있는 조건을 얻어야 하는 생명들이다.") 인종차별의 환등상은 그 인종 도식의 한 부분이다.* 인종차별의 환등상이 애도가치 등급표 속에서 작동하는 방식을 보려면, 그것이 하나의 생각 시퀀스가 되어(일련의 움직이는 그림들로 구체화되어) 생명의 위험에 처해 있는 사람의 생명권을 부정하

---

* 이러한 환등상에서는 인종-피부 도식과 역사-인종 도식이 동시에 작동한다. 비주류 인종에게 모종의 본질적 속성을 부여하는 것은 그들의 생명가치를 부인하는 방식일 수도 있지만, 그들의 생명을 생명으로 감지할 수 있는 가능성 자체를 미리 부인하는 방식일 수도 있다.

려는 의도의 전개과정 속으로 들어서는 방식을 보면 된다. 예를 들어 2014년에 미국에서 에릭 가너Eric Garner라는 사람의 생명이 위험에 처했을 때, 인종차별의 환등상은 다음과 같이 전개되었을 것이다. '경찰이 그의 목에 초크홀드를 건다' → '그가 숨막힌다고 말하는 소리가 들리고 그가 숨쉬지 못하는 모습이 보인다' → '경찰이 힘을 풀지 않으면 그가 곧 죽게 되리라는 것을 현장에 있는 모두가 인지한다' → '그가 숨막힌다고 말한 후에 경찰의 목 조르기가 점점 더 강해지다가 결국 살해에 이른다.' 이렇듯 사람이 죽기까지 목을 조르는 경찰은, 자기에게 목이 졸린 사람이 자기를 정말로 공격해올 것이라는 상상, 또는 자기의 목숨이 정말로 위험에 처해 있다는 상상을 하는 것일까? 아니면 그저 그 사람의 생명이 없어져도 되는 생명 ─ 생명으로 인정되지 않고 있는, 생명으로 인정된 적이 없는 생명, 곧 인종 도식에서의 생명 기준에 들어맞지 않는 생명, 그런 까닭에 애도가치를 가진 생명으로 인지되지 않는, 지켜질 만한 생명으로 인지되지 않는 생명 ─ 인 것일까? 다른 예로, 2015년에 사우스캐롤라이나에서 월터 스콧Walter Scott이 경찰에게 등을 돌리고 그대로 달리기 시작했을 때(무장하지 않은 상태였고 분명 겁에 질린 상태였을 텐데), 그 사람이 갑자기 휙 돌아서는 환등상, 그 사람이 죽임당해야 할 위협적 인물이 되는 환등상이 펼쳐졌을까? 어쩌면 경찰관에게 이 순간은 인종전쟁 논리에 속하는 결정과 행동의 순간 ─ 위험에 빠진 것이 상대방의 생명이 아니라 자기 자신의 생명이라고 믿는 순간 ─ 일 수도 있다. 또 어쩌면 이것은 그저 한 생명정치 장치의 폭력적 계기 ─ 그 생명을 관리해 죽음에 이르게 하는 한 방식 ─ 일 수도 있다. 그럴 경우, 흑인은 그저 살해당할 위험이 높은 곳에 있던 탓에 살해당한 것이 된다. 마치 흑인은 사냥감이고 경찰은 사냥꾼들이라는 듯이. 다른 예로 트레이번 마틴Trayvon Martin을 생각해볼 수도 있지만(그를 살해한 조지 짐머만George Zimmerman은 무죄판결을 받고 석방되었다), 같은 동네에 살았던 마리사 알렉산더Marissa Alexander를 생각해볼 수도 있다(성폭행에 대한 정당방위를 시도했다는 이유로 20년 형을 선고받았다).

무장하지 않은 흑인 남녀, 또는 퀴어와 트렌스젠더가 경찰에게 등을 돌린 채로 걷거나 뛰다가 경찰의 총격 ─ 많은 경우 정당방위로 변호되거나 심지어 사회를 지키기 위해서 행해진 것으로 변호될 행동 ─ 으로 사망할 때, 우리는 이것을 어떻게 이해해야 하겠는가? 그렇게 고개를 돌리거나 걷거나 뛰는 것이 정말 경찰이 예상하는 공격 시도이겠는가? 총을 쏴야겠다는 판단하에 총을 쏘고 있는 경찰관이나 그저 자기가 총을 쏘고 있음을 알아채고 있는 경찰관은 의식적 사고를 진행중일 수도 있고 아닐 수도 있겠지만, 그 생각의 전개과정 ─ 눈앞에 보이는 형상들과 동작들을 역전시키고 이로써 자기가 앞으로 저지를 수 있는 모든 살인적 행동을 사전에 정당화하고자 하는 흐름 ─ 이 모종의 망상에 사로잡힌 상태라는 것은 분명한 듯하다. 경찰관이 곧 저지를 폭력, 경찰관이 지금 저지르고 있는 폭력은 이미 한 사람의 형상, 한 사람의 인종화된 유령 ─ 경찰관 자신의 공격성을 응축하고 역전시킨 형상이자, 경찰관을 향해 경찰관 자신의 공격성을 휘두르는 형상이자, 경찰관 자신이 하려고 한 것을 미리 하고 있는 형상이자, 경찰관이 내놓게 될 정당방위 주장을 (마치 꿈속에서처럼) 정당화해주고 구체화해주는 형상―으로 경찰관을 향해 다가오고 있다.

물론 이 폭력의 틀은 좀더 확장됨으로써 인종과 젠더를 동시에 겨냥하는 폭력 형태들을 포함할 수 있어야 하고, 특히 흑인 여성에게 저질러지는 폭력에서 때때로 다른 장면들이 펼쳐지고 다른 사건 시퀀스들이 이어지고 다른 결과들이 나타난다는 것을 밝힐 수 있어야 한다. 킴벌리 윌리엄스 크렌쇼와 안드레아 리치Andrea Ritchi가 이끄는 교차성·사회정책연구소에서 2015년 7월에 발행한 보고서「피해자 여성의 이름을 말하라: 흑인 여성을 겨냥하는 경찰폭력에 저항하기」는, 미국에서 흑인 대상의 경찰폭력을 보도하고 있는 대중매체가 거의 모든 주요 사례에서 흑인 남성을 다룸으로써, 흑인 혐오적 인종차별 및 경찰폭력을 이해하는 지배적 틀을 비非남성 배제적 틀로 만들고 있음을 분명히 밝히고 있다.[*] 크렌쇼는 "인종 정의racial justice에 대한 젠더 포괄적 접근"을 요구하는 단독 논문에서 흑인 여성들이 과잉단속overpolicing과 과소보호 underprotection에 희생된다는 점과 함께 흑인 여성들의 피해와 죽음은 제대로 보도되거나 인지되지 않는다는 점(심지어 경찰폭력에 대한 저항을 명시적 목표로 삼는 사회운동 진영에서도 마찬가지라는 점)을 지적했다.[**]

---

[*] African American Policy Forum, "#SayHerName: Resisting Police Brutality against Black Women", aapf.org.

[**] Kimberlé Williams Crenshaw, "From Private Violence to Mass Incarceration",

이 문제를 가시화하려면, 흑인 여성들이 경찰과의 접촉으로 죽음을 맞게 되는 다양한 방식을 논의해야 할 것이다(그 장소는 도로일 수도 있고 자기 집일 수도 있고 유치장일 수도 있다). 교통법규 위반으로 정차당하고 결국 사살당하는 여성들이 있다. 가브리엘라 네바레즈Gabriella Nevarez는 2014년에 새크라멘토에서, 샨텔 데이비스Shantel Davis는 2012년에 브루클린에서, 말리사 윌리엄스 Malissa Williams는 2012년에 오하이오에서, 라타냐 해거티LaTanya Haggerty는 1999년에 시카고에서 그렇게 사살당했다. 그리고 다들 알다시피 2015년 7월에 샌드라 블랜드Sandra Bland는 차선을 변경할 때 방향지시등을 켜지 않았다는 이유로 차에서 끌려 내렸고 폭행죄로 기소되어 텍사스의 월러카운티 구치소에 수감되었으며 사흘 뒤에 자기 감방에서 시체로 발견되었다. 자살인지 타살인지는 아직 밝혀지지 않았다. 경찰이 가정불화 신고를 받고 출동한 경우에 경찰에게 사살당한 흑인 여성의 숫자도 눈여겨볼 만하다. 경찰은 여성이 공격적이라고 주장하거나 칼을 휘두르고 있었다고 주장하는 경우가 많지만(주장 그 자체는 사실일 수도 있고 아닐 수도 있다), 경찰의 명령에 복종하지 않은 것이 사살의 원인 같은 사례들도 있다. 하지만 죽게 되는 것이 언제나 직접적 살해행위 때문은 아니다. 예컨대 천식 환자의 의사 호출이 무시되어, 슈니크 프락터 Sheneque Proctor가 2014년에 앨라배마 배서머 교소도의 어느 감방에서 죽게 된다. 흑인 여성들은 공격적이거나 위험하거나 자제력을 잃은 인물 또는 마약밀반입인으로 형상화되는 경우가 많고(이 는 과잉단속과 직결된다), 흑인 여성들의 구조 요청은 의료 요청 이나 정신치료 요청과 마찬가지로 무시당하거나 조롱당하는 경우 가 많다(이는 과소보호와 직결된다).

최근 유럽에서의 인종차별은 조금 다른 형태를 띠는 것 같지만, 이주자 유입을 막으려는 노력들의 뿌리 중 하나는 백인의 유럽을 지키고 싶다는 욕망, 순수한 내셔널리티라고 상상되는 무언가를 망가뜨리고 싶지 않다는 욕망이다. 유럽이 백인만의 것이었던 적 은 한 번도 없지만(유럽이 백인의 것이라는 생각은 북아프리카·터 키·중동 출신자들을 포함하는 현존 인구군이 무시될 때라야 비로 소 실현될 수 있을 판타지다), 그런 것은 거의 문제가 되지 않는다. 여기서 우리가 생명권력에 관한 푸코의 논의를 계속 읽으면서 시 체정치에 관한 아킬레 음벰베의 논의*를 함께 읽는다면, 이러한 애 도가치 등급표를 재생산하는 정책들을 분석적으로 다뤄볼 수 있을 것이다. 지금껏 지중해에서 수천 명의 이주자들이 죽어간 것은 바 로 그들의 생명이 보살핌받을 만하다고 여겨지지 않았기 때문이 다. 이곳은 무역·해사 안전을 위한 모니터링 해역이고, 대개 휴대 전화 사용 가능 해역이다. 그러니 그 사람들을 그렇게 죽게 내버려 두려면 얼마나 많은 나라에서 책임을 부인해야 하겠는가? 조난당 한 배에 대한 구조 거부 결정을 내린 것이 유럽 모 某 정부의 이 공

---

* Achille Mbembe, "Necropolitics", Public Culture 15:1, 2003, pp. 11~40 ; Necropolitics, Durham, NC: Duke University Press, 2019 참조.

무원 또는 저 공무원이라는 것을 알아낼 수 있었다고 하더라도, 어떤 인구군들을 사실상 죽게 내버려두는 정책—들어오게 하느니 차라리 죽게 내버려두는 정책—이 광범위하게 추진되고 있음을 알아내기는 어려울 것이다. 한편으로는 이것도 엄연한 결정이니 이 결정을 내린 책임자를 알아낼 수는 있겠지만, 다른 한편으로는 이 결정에 장착되어 있는 애도가치 등급표에서 처음부터 이주자군의 애도가치는 인정받지 못하고 있다는 것이다. 애도받지 못하는 존재는 손실로 인지되지 못한다. 이주자군은 손실로 인지될 수 없는 존재, 이미 죽어 있는 존재, 살아 있던 적이 없는 존재, 생명권을 부여받은 적이 없는 존재로 취급되고 있다.

죽여 없애기와 죽게 내버려두기의 이 모든 형태는 애도가치 등급표의 작동방식을 보여주는 구체적 사례들이지만, 이러한 형태들 자체가 애도가치와 생명가치를 결정하고 분배하는 권력을 휘두르고 있기도 하다. 이 형태들이 애도가치 등급표의 구체적 작동 그 자체(애도가치 등급표의 기술력이자 작용점)라는 것이다. 이러한 사례들 속에서 우리는 역사-인종 도식의 생명정치적 논리가, 사회적 유대관계를 비가시화하는 환등상적 역전들과 합쳐진다는 것 또한 확인할 수 있다. 그저 지금 한 번 저질러진 폭력이라고 여겨졌던 것, 또는 그저 한 개인이 표출한 정신병리라고 여겨졌던 것이 큰 그림의 한 부분—폭력이라는 반복되는 관행의 일각—이었음을 확인할 수 있다는 것이다. 이러한 관행은 공격성을 정당화하는 인종 도식과 긴밀하게 연결되어 있다(전자는 후자에 의지하고 후자는 전자에 의해서 강화된다). 공격성의 환등상적 공격성 역전 논리를 통해서 공격성을 정당화하는 이 인종 도식은, 잠재적 방어 역할을 할 뿐만 아니라 살인을 윤리적으로 정당화하는 역할을 한다. 애도가치의 지각장이 이민자의 생명가치를 인지하지 못하는 것은 애초에 이 인종 도식이 그런 생명을 지켜질 만한 생명으로 인지해본 적이 없기 때문이다.

법의 폭력성: 벤야민, 커버, 발리바르

그런 경우들에 맞닥뜨릴수록 더 강력하고 더 정의로운 법 감각을 발휘해야 하리라는 것이 우리의 결론이 될지도 모르겠다. 하지만 갈등이 생기면 법으로 처리해야 한다는 생각, 법과 폭력이 별개의 것이라는 생각에는, 법이 발휘될 때는 폭력이 휘둘러지지 않는다는, 그리고 법이 범죄의 폭력성을 더욱 강화하는 것은 아니라는 잘못된 전제가 깔려 있다. 초법적 차원의 폭력적 갈등을 뒤로하고 법치로 넘어가는 것 자체가 폭력의 극복이라는 식의 관점을 선뜻 받아들여서는 안 된다. 알다시피 파시즘적이고 인종차별적인 합법 정권에도 나름대로의 법치—초법적 차원에서라면 '불의한' 법치라고 부를 수도 있을 무언가—가 있으니, 법치가 폭력의 극복이라는 식의 관점은 금방 무너진다. 이런 정권들에서의 법은 악법 사례라고 말할 수도 있겠고, 이런 법은 실은 법이 아니라고 말할 수도 있겠지만(그러면서 법이란 이러저러해야 함을 열거해볼 수도 있겠지만), 그런 식의 논의는 법의 합법적 구속성이 강제력을 요구하고 제도화하는 것인가의 문제, 또는 강제성과 폭력성이 별개의 것인가의 문제를 다루지 못한다. 양자가 별개의 것이 아니라면, 초법적 차원의 갈등의 역장에서 법의 역장으로 옮겨가는 일은 한 폭력에서 다른 종류의 폭력으로 옮겨가는 일일 뿐이다.

발터 벤야민은, 법이란 자유를 토대로 삼는 시민사회 관계들을 만들어내는 것이고 전쟁이란 행동을 강제하는 상황을 만들어내는 것이라는 관점을 지양하면서, 강제력이 곧 폭력이라는 것―합법 정권의 핵심에 강제력이 존재한다는 것, 그 강제력은 처벌하고 감금하는 권력으로만 존재하는 것이 아니라 법 자체를 제정하고 부과하는 형태로도 존재한다는 것―을 명확하게 밝혀낸다. 벤야민의 「폭력 비판을 위하여」는 순수하게 파괴적인 아나키즘으로 이해되는 신적 권능의 형상으로 끝나는 글로 읽히는 경우가 많다(그리 놀라운 일은 아니다). 하지만 「폭력 비판을 위하여」는 전통적인 자연법과 실정법을 고찰하고 각각의 한계를 밝히는 데서 시작하는 글이다. 이 글의 도입부에서 벤야민은 자기가 행하는 종류의 비판 critique을 '역사철학적' 작업이라고 설명하는데, 그런 작업을 한다는 말은 특정한 변명의 양식들이 어떻게 합법적 변론의 효력을 확보해왔나를 이해해보고자 한다는 뜻이다. 특히 벤야민은 폭력을 자기가 살펴보고 있는 법 전통의 맥락에서 논의하는 경우 폭력을 거의 항상 "수단"으로 여기게 된다는 사실에 주목한다. 자연법주의자는 폭력이 '정당한 목적'에 봉사하는가의 여부를 추궁할 것이고, 이를 위해 이미 결정되어 있는 정의 관념에 호소할 것이다. 실정법주의자는 법이란 우리의 정의 관념을 형성하는 무언가이므로 어떠한 목적을 법체계의 맥락 바깥에서 정당화하기는 불가능하다고 주장할 것이다. 어쨌든 폭력에 대한 논의를 '무엇이 폭력을 정당화하는가' 또는 '폭력은 어떤 목적에 봉사할 때 정당화되는가?'라는 질문으로 시작하는 것은 둘 다 마찬가지다. 이런 식으로 시작되는 논의는 '폭력을 다루는 정당화 도식의 외부에서 폭력을 알아본다는 것이 가능할까?'—'폭력이 어떤 것인지를 그 도식이 미리 정해 놓았다면, 그 도식과 무관하게 폭력을 알아본다는 것은 불가능하지 않을까?' 그리고 '그 도식이 법체계와 합법정권의 폭력을 정당화하는 양식, 정당화되는 폭력과 정당화되지 않는 맞폭력을 구별하는 양식일 때, 좀더 큰 그림, 국가나 합법적 권력이 자기가 저지르는 폭력만을 적법한 강제력으로 정당화하고 모든 형태의 맞폭력을 폭력으로 치부하는 그림이 나타나려면 그러한 정당화 양식이 어느 정도까지 유보되어야 할까?'—라는 질문에는 답하지 못한다.

벤야민이 「폭력 비판을 위하여」에서 하는 일은 "법을 정하는 rechtsetzend" 폭력과 "법을 지키는rechtserhaltend" 폭력을 구분하고 후반부에서 "신적 폭력göttliche Gewalt"을 들여옴으로써 세 가지 형태의 서로 연관된 폭력을 설명하는 것이다. 대강 말하자면, '법을 지키는 폭력'은 법정이 주로 행사하고 경찰도 당연히 행사하는 폭력으로, 이미 만들어져 있는 법을 확인하고 적용하고자 하는(이로써 법이 다스리는 인구군에 대한 법의 구속력을 유지하고자 하는) 반복적 제도적 노력들을 대표하는 폭력이다. '법을 정하는 폭력'은 새 법—예를 들어 통치체가 새로 생겨날 때 생겨나는 법—

을 만들어내는 폭력이다. 벤야민이 볼 때, 자연상태에서의 숙의에서 법이 만들어지는 것은 아니다. 법은 응징, 곧 권력 행사를 통해 생겨난다. 법을 만든다는 것은 군대나 경찰의 권한—군대나 경찰이 방해나 위협이 된다고 여겨지는 인구군을 처리하기 위해 모종의 강제적 조치를 개시함으로써 행사하는 특권—이다. 벤야민이 볼 때, 법이 정해지게 하는 것, 법이 생겨나게 하는 것은 '운명das Schicksal'의 일이다. 먼저 있던 법이 새로 생긴 법을 정당화해주는 것도 아니고, 합당한 논리나 합당한 목적을 가지고 법을 정당화할 수 있는 것도 아니다. 법의 정당화는 항상 법이 생긴 뒤에 행해진다. 법이 유기적으로 형성되면서 기존의 관습이나 규범을 서서히 성문화하는 것이 아니다. 법이 제도화되는 것이 먼저고, 정당화 절차가 마련되기 위한 조건과 정당한 행동에 관한 숙고가 이루어질 수 있는 조건이 창출되는 것은 나중이다. 표현을 바꾸면, 법이란 폭력에 대한 우리의 생각—'폭력이 어떤 주어진 목적을 성취하기 위한 정당한 수단인가 아닌가?'라는 생각, 나아가 '어떤 주어진 힘을 폭력이라고 불러야 하는가 아닌가?'라는 생각—을 좌우하는 암시적 명시적 프레임이다. 합법정권이 수립됨으로써 정당화 도식과 명명 관행이 만들어지고, 이 과정은 명령을 통해서 진행된다(법을 정하는 것이 폭력이라는 말 속에는 법을 정하는 것이 명령이라는 뜻도 포함되어 있다). '법을 정하는 폭력'에서 폭력이라는 말은 구속력 있는 명령—'이것이 법이 될 것이다' '이것이 법이 되었다'로 시작되는 폭력—을 뜻한다. 합법정권이 유지되려면 법의 구속성이 계속 확인되어야 하니, 그 확인을 수행하는 공권력과 군사력은 법을 건국 제스처—'이것이 법이 될 것이다'—를 반복하고 있을 뿐 아니라 법을 지키고 있다. 벤야민은 '법을 정하는 폭력'과 '법을 지키는 폭력'을 별개의 것으로 다루지만, 경찰은 두 가지 형태의 폭력을 함께 행사하고 있다(이 말은, 법이 "지켜지기" 위해서는 법적 구속성이 지속적으로 확인되어야 한다는 뜻이다). 이렇듯 법은 확인되고 지켜지기 위해 경찰 또는 군대에 의지하고 있다.

벤야민은 이처럼 폭력이 법 안에서 어떻게 작동하는가를 설명하고자 하는데, 그렇게 보자면 벤야민의 의도는 법폭력에 관한 비판적 입장을 마련하는 것이다. 「폭력 비판을 위하여」의 많은 독자가 "신적 폭력"이 언급되는 후반부로 직행하지만 이 부분은 대개 오독되고 있고, 이처럼 가장 자극적인 부분을 향해 내달리는 독자들은 비폭력의 가능성을 열어 보이는 부분을 그냥 지나치는 경향이 있다. 사실 이 글에서 벤야민이 유일하게 "비폭력"이라는 표현을 쓰는 때는 "시민사회의 합의도출 기술"이라는 형태를 취하는 "비폭력적 갈등해결 방안"을 논의하면서다. 여기서 말하는 기술은 (이 점이 중요한데) 목적을 달성하기 위한 수단이 아니다. 비폭력은 목적을 달성하기 위한 수단이 아닐 뿐 아니라 목적 그 자체도 아니다. 좀더 정확하게 말하자면, 비폭력은 도구논리를 초과할 뿐만 아니라 발전을 말하는 모든 목적론적 도식을 초과하는 기술이다(그런 의미에서 통치당하지 않는 기술이니, 통치 불가능한 기술이라고 말할 수도 있겠다). 비폭력은 현재진행형이고, 끝이 열려있으며, 그런 의미에서 벤야민이 "모종의 순수 수단ein reines Mittel"

이라고 칭하는 무언가다(벤야민은 도구논리나 목적논리에 구속당하지 않는 활성적 양식의 사고 또는 이해로서의 비판이라는 개념을 발전시키고 있으므로, 비폭력은 비판을 칭하는 또하나의 이름이기도 하다). 여기서 벤야민의 이론적 의도가 법폭력에 의해 마련되어 법폭력의 목적에 봉사하는 정당화 도식들의 한계를 묻는 것이라고 한다면, 갈등해결 기술은 그런 논리 바깥에서 행해지는 실천, 곧 그런 논리의 폭력성에서 탈피해 모종의 비폭력적 대안을 구현하는 실천이다.

홉스는 계약이 '자연'(법 제정 이전)의 폭력적 갈등을 해결하는 방법이라고 이해하는 반면, 계약이 법폭력의 시작이라고 보는 벤야민은 「폭력 비판을 위하여」에서 홉스의 이해에 맞서서 "갈등이 철저하게 비폭력적으로 해결되는 경우, 해결은 계약으로 이어지지 않는다"고 주장한다.* 이후 벤야민은 다음 단계로 넘어가 "폭력을 철저히 불허한다는 의미에서 비폭력적이라고 할 수 있는 인간적 합의의 영역Sphäre menschlicher Übereinkunft이 있으니, 그것이 바로 '이해Verständigung' 본연의 영역인 언어다"라고 주장한다.** 언어Sprache가 '이해'의 동의어이면서 동시에 '비폭력'의 동의어라니 무슨 이런 설명이 다 있나? 이후 벤야민이 신적 폭력이라는 어마어마하게 파괴적인 듯한 무언가에 대해 설명할 때 언어에 대한 이

---

* Walter Benjamin, "Critique of Violence", *Walter Benjamin: Selected Writings, Volume 1: 1913~1926*, eds. Marcus Bullock and Michael W. Jennings, Cambridge, MA: Harvard University Press, 2004, p. 243.

** 같은 책, 245쪽.

설명이 어떤 식으로 도움이 될까?

거의 비슷한 시기인 1921년에 나온 벤야민의 「번역자의 과제」가 여기서 간접적 참고문헌이 될 것 같다. 이 글에서 벤야민이 '폭력'과 '비폭력'을 언급하는 것은 아니지만, 전달 가능성Mitteilbarkeit을 심화시키는 번역의 힘을 강조함으로써 번역이 소통에서의 교착상태를 타개할 수 있음을 암시하는 것은 사실이다.* 그렇다면 번역과 갈등해결 방안 사이에는 어떤 관계가 있는 것일까? 우선, 번역은 낱낱의 자연적 감각적 언어들에 의해 만들어진 "불통"의 상황을 극복하고자 한다. 이어, 한 텍스트를 다른 텍스트로 옮기는 번역은, "상위의 언어Sprache überhaupt"—교착과 불통과 접속 불가능성을 극복하는 언어—의 본질적 속성인 이상이 밖으로 펼쳐져 좀더 실현되는 데 일조한다. 1916년 에세이 「상위의 언어와 인간의 언어에 대하여」에서 벤야민은 전달의 궁지를 넘어서는 것이 "신적 이름"—"언어에 불과한 단어의 신적 무한성"—이라고 주장한다.** 나중에 「번역자의 과제」에서 벤야민은 모든 언어를 관통하는 비감각적 "의향"을 가리켜 "신적 언어"라고 한다. 이 말은 '신적 현존이 말한다'라는 뜻도 아니고 '모든 주어진 언어는 번역 가능하다'라는 뜻도 아니다. 벤야민이 볼 때, "번역을 주관하는

---

* Walter Benjamin, "The Task of the Translator", *Walter Benjamin: Selected Writings, Volume* 1, pp. 260~262. 이 전집(100~110쪽)에 실린 글 "On the Program of the Coming Philosophy"(1918)에 따르면, 전달 가능성의 연속적 전개가 철학과 종교를 연결하기 위한 조건이다(한국어판: 발터 벤야민, 『언어 일반과 인간의 언어에 대하여/번역자의 과제 외』(선집 6), 최성만 옮김, 길, 2008).
** W. Benjamin, "On Language as Such", 같은 책, p. 69.

법"은 원본 안에 포함되어 있고, "궁극적으로 번역은…… 언어들 사이의 깊은 상호관계를 표현하는 데 그 목적이 있다."* 물론 번역은 바벨 이후에 생겨난 딜레마지만, 벤야민의 번역론은 바벨의 꿈을 이어나간다. 벤야민의 번역론은 번역의 과제를 이해의 과제—한때 교착이 있었던 곳, 심지어 갈등이 있었던 곳에서 이해를 확장해야 한다는 과제—와 연결한다. 지금까지 본 것처럼, 번역을 주관하는 법은 사법과 무관한 법으로서, 비폭력이라는 사법권 바깥의 갈등해결 방안—방안 계약 관계를 맺기에 앞서, 또는 계약 관계와 무관하게, 그때그때 갈등을 해결하는 방안—과 공명한다.

번역과정에서 도착언어가 변형된다고 할 때, 그렇게 한 언어가 또다른 언어에 영향을 미치는 과정은 벤야민이 보기에는 상호적이다. 번역으로 만난 두 언어는 각각 이 상호작용을 통해 변화하고 강해지고 풍요로워지니, 모든 언어에 스며들어 있는 그 비감각적 '의향'이 이렇게 부분적으로 실현됨으로써 언어에서의 전달 가능한 영역이 확장된다. 그 의향이 어떤 실현된 상태일 수는 없으니, 그 실현도 그때그때 달라진다. 이렇듯 전달 가능한 영역이 확장되고 증강된다는 이상은, 벤야민이 「폭력 비판을 위하여」에서 언어를 가리켜 "폭력을 일체 불허하는 합의의 영역"**이라고 말하는 대목과 중요한 면에서 닮아 있다. 한편으로, 그때그때의 갈등해결 방안이라고 설명되어 있는 이 합의도출 기술은 상위의 언어—모종

---

* W. Benjamin, "The Task of the Translator", p. 255.
** W. Benjamin, "Critique of Violence", p. 245.

의 번역 가능성으로 구성되어 있을 가능성을 품고 있는 언어 —에 의지하고 있다. 단, 여기서 번역 가능성이라는 말은, 서로 다른 언어들 사이의 번역 가능성을 뜻할 뿐만 아니라, 한 언어 안에서 서로 갈등하는 입장들 사이의 번역 가능성을 뜻하기도 한다. 각 언어는 외국어를 향해 열려 있는 어떤 문을 자기 안에 품고 있을 뿐만 아니라, 이질성과 접촉할 수 있고 이질성에 의해 변모할 수 있는 어떤 개방성을 자기 안에 품고 있기도 하다.

이렇듯 언어와 번역을 강조하는 것은 대(大)관념론의 한 차원이니, 이 논의 전체가 언어적 관념론일 수도 있겠지만, 신적 언어라는 말은 종교적 비유의 애매한 용어일 수도 있다(단, '신적' 언어라는 말만 나올 뿐, 신에 대한 그 어떤 설명도 나오지 않는다). 신적인 무언가가 존재한다면, 그 용어는 형용사적으로 기능하는 듯하다. 번역이라는 복잡한 과정을 통해 풀려나오는 그 신적 언어와 「폭력 비판을 위하여」에 나오는 이른바 "신적 폭력"은 어떤 관계일까? 신적 폭력을 벤야민이 시민사회의 갈등해결 방안을 이야기하는 대목과 연결해볼 수 있을까? 후자는 '비폭력적' 방안이라고 명시되어 있다. 신적 폭력을 「폭력 비판을 위하여」 중 언어가 비폭력 영역의 비유로 등장하는 대목에서의 비폭력으로 재명명하는 것이 가능할까?

신적 폭력을 이 '비폭력적' 합의도출 기술과 연결해보자는 나의 주장은 그리 인기를 끌지 못하고 있다. 「폭력 비판을 위하여」의 종결부가 갑작스럽게 마무리되면서 마치 또다른 종류의 폭력이 등장할 것 같기 때문이다. 하지만 글의 중간 어디쯤에서 마치 괄호 속에 넣어진 것처럼 슬며시 나오는 이 대목이 이 글을 읽기 위한 열쇠일지도 모른다. 벤야민이 「폭력 비판을 위하여」에서 "갈등해결 방안"이라고 설명하는 그 보완된 이해, 무한히 보완될 수 있는 이해는, 그가 앞서 「상위의 언어와 인간의 언어에 대하여」와 「번역자의 과제」에서 언어와 번역에 대해 생각하면서 전개해보기 시작한, 언어 안에 어떤 잠재력이 깃들어 있다는 논의의 부활일지도 모른다. 그런 식의 비폭력적 기술들이 폭력에 대한 우리의 이해를 지배하는 합법 프레임을 잠시 중단시킨다면, 법폭력을 그런 식으로 "잠시 중단"시킨다는 것이 바로 '신적 폭력'의 의미일지도 모른다. 법폭력의 유해함을 폭로한다는 점에서, 그리고 갈등을 그때그때 해결하는 대안적 기술을 시민사회 내부에서 법에 기대지 않고 마련한다는 점에서, 신적 폭력은 법폭력에 가해지는 폭력일지도 모른다.

'폭력'이라는 용어를 다양하게 사용함으로써, 그리고 모종의 비폭력적 기술을 폭력이라고 명명하면서, 벤야민은 법의 전체화 프레임을 잠시 무효화할 수 있는 힘을 이 기술이 가지고 있음을 지적한다. 또한 벤야민은 '폭력'이라는 용어가 새로운 의미로 사용될 가능성을 보여주기도 하는데, 여기서도 암시되듯, 이 용어는 법이 폭력을 독점하는 것에 반대하는 활동들을 명명하기 위해 사용되고 있다. 예컨대 파업은, 잠재적 혁명의 동력으로 제시되는 경우에는 이 '신적 폭력'과 동맹하게 되는데, 그 이유는 바로 총공의 형태를 취하는 파업이 합법정권의 구속성을 거부하는 활동이라는 데 있다. 신적 폭력은 죄의식으로 물들어 있는 유대관계들, 폭력적 합법 정권에 대한 선량한 시민들, 선량한 법적 주체들의 충성을 담보하는 그 유대관계들을 파괴한다는 이유만으로도 '파괴적' 폭력일 수 있다. 신적 폭력이 법폭력을 파괴한다는 것은(이제 비폭력적 갈등 해결 방안 차원에서 논의될 수도 있고 번역 차원에서 논의될 수도 있다) 폭력에 주목할 수 있는, 하지만 그러는 동시에 비폭력을 견지할 수 있는 초법적 소통의 가능성을 마련한다는 것이다. 이 초법적 소통은 합법정권의 관점에서는 폭력적 소통인 데 비해, 또다른 관점에서는 '비폭력적'이라고 칭해진다.

이러한 벤야민의 관점은 법해석행위 자체에 폭력이 수반된다는 점에 주목한 법학자 로버트 커버에 의해 채택되었다. 커버의 논점은 "법해석과 가학 간의 관계성은 가장 통상적인 법률행위에서도 작동한다"는 것이다.[*] 그 관계성이 가장 분명하게 드러나는 곳은 선고행위, 곧 누군가를 평생 감금할 수 있고 누군가의 생명까지 빼앗을 수 있는 힘을 발휘하는 발화행위일 것이다. 판사가 도달한 해석의 발화가 선고인데, 판사의 법해석행위는 처벌을 개시하는 행위이자 처벌에 정당성을 부여하는 행위이기 때문이다. 처벌에는 죄수를 감금하거나 상해하거나 무력하게 만들거나 살해하거나 치명적으로 방치하는 경찰과 간수까지 포함되니, 발화행위는 이후의 폭력행위들로부터 분리될 수 없다. 선고는 이 폭력과정의 개시 모멘트이고, 그런 만큼 폭력행위와 대단히 닮아 있다. 커버는 "법해석은 예속 해석bonded interpretation의 한 형식이다"라고 주장한 뒤,

---

[*] Robert M. Cover, "Violence and the Word", Yale Law School Faculty Scholarship Series, 문서 2708, 1986, digitalcommons.law.yale.edu, p. 1607.

"사람들이 감옥에서 실종되거나 급사한다면, 그 사망 건件을 정당화하고 공식화하려는 조치들은 취해지겠지만, 우리는 해당 건件의 핵심에서 합헌적 해석을 볼 수 없고, 이 나라 헌법의 핵심에서 해당 건, 그 사망 건을 볼 수 없다"라는 논쟁적 주장을 내놓는다.* 하지만 감옥에서의 죽음이 일어나지 않을 수도 있었을 죽음, 법이 필요한 조치를 취하지 않은 탓에 일어난 죽음이라면? 감옥에서 죽음에 직면한 사람들에게는 헌법상의 보호받을 권리, 생명유지에 필요한 치료와 물품을 제공받을 권리가 없는가? 다시 말해, 감옥이 사형을 통해서 죽음을 할당할 뿐 아니라, 누구의 생명인가에 따라 달라진다는 점에서 구조적 형태를 띠는 생명 방치를 통해 죽음을 할당하고 있다면, 취해져야 하는 법적 보호조치들, 심지어 헌법상의 권리에 해당하는 조치들이 취해지지 않고 있는 것은 분명한 듯하다. 감옥은 물론 죽음을 (서서히 혹은 빠르게) 할당하는 곳이지만, 생명을 관리하는 곳이기도 하다. 이처럼 감옥은 신체를 관리하되 신체의 생명을 저평가하는 방식으로 관리하는 곳이니, 수감자는 애도가치를 인정받지 못하는 존재의 한 예이고, 수감자에 대한 불공정·불평등 처우에는 애도가치를 인정받지 못한다는 점도 분명 포함되어 있다. 우리는 여기서 이의를 제기할 수 있다. '기본적으로 법률상 사람들에게는 감옥에서, 국경에서, 해상에서 생명을 빼앗기지 않을 권리, 죽게 내버려지지 않을 권리, 생명유지에 필요한 치료와 물품을 제공받을 권리가 있잖은가?'

* 같은 책, 1624쪽.

커버는 판사들이 발화행위를 포함한 해석행위를 통해 폭력에 참여하고 있다고 주장했다(커버의 관점에 따르면, 판사들은 본인의 업무가 감옥의 더 어두운 현실들로부터 떨어져 있다고 생각하겠지만, 판사의 업무나 감옥의 업무나 동일한 폭력체제의 일부인 것은 마찬가지다). 커버의 결론은 그러한 폭력이 정당한 방식으로 수용되고 조직되어야 한다는 것이었다. 커버는 "그러한 폭력을 안전하고 효과적으로 행하려면 폭력에 대한 책임이 공유되어야 한다"고 지적하면서, "많은 행위자"를 이러한 협력적 행위로 끌어들일 것을 제안했다. 이처럼 근본적으로 커버는 정당한 폭력적 합법정권과 부당한 폭력적 합법정권을 구분했다. 여기서 커버의 관점은 폭력이 임의적어서는 안 된다는 것, 그리고 폭력이 단 한 명의 행위자에 의해 발생하는 무언가여서는 안 된다는 것이었다.

커버의 관심사는 '우리는 판사의 업무에 대해서 어떻게 생각하는가?'였지만, 커버의 견해들은 '우리는 사법제도에 스며들어 있는 폭력에 대해서 어떻게 생각하는가?'로까지 확장될 수 있다. 폭력이 만연한 무법의 세계가 따로 있고 폭력 없이 작동하는 법치의 세계가 따로 있는 것이 아니다. 법치의 세계에서 법폭력은 선고 제도, 그리고 이것과 연결된 처벌 및 감금 제도 안에도 스며들어 있지만, 법의 구속성에도 스며들어 있다. 법이 무언가를 불허하고 금지할 때 우리가 그 법을 지키지 않는다면 법이 우리를 가만두지 않을 것이라는 의미에서, 이미 법폭력의 위협성이 작동하고 있다. 커버는 정당한 것으로 받아들여지는 강제력이 따로 있고 부당한 것으로 받아들여지는 폭력이 따로 있다는 식의 손쉬운 구분을 허락지 않는다. 커버의 관점에 따르면 비교적 바람직한 법폭력과 비교적 바람직하지 못한 법폭력이 있을 뿐이다.

커버는 법 안에서 폭력이 작동한다는 것을 솔직하게 인정하는 입장, 덜 나쁜 폭력과 더 나쁜 폭력 사이의 판정은 필요하겠지만, 어쨌든 폭력을 아예 안 쓰고 살 수는 없다는 입장이다. 커버가 볼 때, 법에 따라 사는 것은 우리의 의무다. 벤야민이 볼 때는, 문제가 더 깊은 곳에 있다. 무언가를 폭력이라고 또는 비폭력이라고 지칭하려면 그러한 지칭의 맥락이 되는 프레임을 함께 불러내야 한다. 이렇게 설명한다면 상대주의의 한 형태(이를테면 당신은 그것을 폭력이라고 지칭하지만 나는 그것을 폭력이라고 지칭하지 않는다)라고 느껴질 수 있겠지만, 내가 설명하고자 하는 것은 상대주의와는 전혀 다른 무언가다. 벤야민의 관점에 따르면, 법폭력은 때마다 스스로의 폭력성을 정당한 강제력coercion이라고, 또는 적법한 무력force이라고 재명명함으로써, 법폭력의 폭력성을 비가시화한다.

벤야민은 '우리가 폭력과 비폭력이라는 용어의 안정적 정의에 필요한 프레임이 동요하고 있다는 것을 알게 되었을 때, 그 용어들에 무슨 일이 일어나는가?'를 보여준다. 벤야민에 따르면, 폭력의 독점을 꾀하는 합법정권은 자기를 위협하거나 자기에게 도전해오는 모든 것을 '폭력'이라고 부른다. 그 덕분에 합법정권은 스스로의 폭력을 불가피한 무력이나 부득이한 무력이라고, 심지어 정당한 강제력이라고 재명명할 수 있게 되는 것이고, 그 덕분에 합법정권의 폭력은 법을 통해 작동하는 합법 폭력이자 법의 이름으로 작동하는 법폭력이라는 이유에서 정당한 폭력이 되는 것이다.

이 지점에서 분명해지듯, 정당화 도식이 어떻게 만들어지고 어떻게 스스로를 타당화하는가를 묻는 작업인 이른바 '비판'은, 벤야민이 볼 때, 정당화 도식에 대한 비판을 묵살하고자 하는 권력의 관점에서는 쉽게 '폭력'이라고 명명될 수 있다. 이렇듯 벤야민이 볼 때, 정당화 도식의 바탕이 되는 법폭력 프레임에 이의를 제기하는 그 어떤 질문, 그 어떤 발언, 그 어떤 행동도 '폭력적'이라고 지칭되기 마련이고, 정당화 도식에 대한 근본적 이의를 묵살하는 조치는 법치에 대한 위협을 차단하고 진압하는 합법조치라고 이해되기 마련이다. 한편으로, '합법정권에 대한 비판은 정의상 폭력적이다'라는 비난이 나올 때(이 비판이 비폭력적 수단을 따를 때조차도 그런 비난이 나온다), 벤야민은 바로 그 비난이 비논리적임을 밝혀낼 방법을 일러주고 있다. 다른 한편으로, 정당화 도식이 모종의 합법성 프레임 안에서 만들어진다고 할 때, 비판이라는 입장은 그러한 도식을 받아들이지 않는다는 점에서 합법정권의 탈수립de-constitution을 가장 큰 목표로 삼는 입장인 듯하다.

법폭력과의 혁명적 단절을 특징짓는 반전의 역학을 이해하기 위해 우리가 굳이 신적 폭력의 역동을 들추어내야 하는 것은 아니다. 『폭력과 시민다움』에서 에티엔 발리바르는 우리가 지금껏 추적해온 폭력의 이중성을 이해할 수 있는 훌륭한 프레임을 제공해주었다.* 우리가 프레임의 '동요'라고 부른 무언가를, 발리바르는 이 폭력에서 저 폭력으로의 영구 전도과정이라고 설명해준다. 발리바르는 비폭력 정치가 아니라 반폭력anti-violence 정치를 지지한다. 발리바르의 주장은, 홉스가 자연상태의 폭력적 조건이라고 설명했던 무언가가 사실은 "인간/남성men" 무리에서 발생하는 사회적 폭력의 한 형태라는 것이다. 홉스가 볼 때, 자연상태의 인간/남성이 아무리 평등하다 해도, 그때의 평등은 폭력에 시달리는 평등, 만인에 대한 만인의 전쟁이 되는 평등이다. 주권을 불러내는 목적은 그러한 투쟁관계를 종식시키는 것이지만, 그 목적을 달성하는 유일한 방법은 국가라는 새로운 형태의 사회를 상정하는 것뿐이다. 국민국가nation-state가 휘두르는 주권폭력은 (자연상태state of nature의 인간/남성 사회로 상정된) 전前국가 사회의 '원초적' 폭력을 겨냥한다. 이렇듯 폭력을 제어하는 것은 또다른 폭력이니, 이 순환, 이 리듬에서 벗어날 방법은 없는 것 같다(국가폭력이 또다른 폭력을 진압하는 이 정치적 리듬 속에서, 전자가 후자를 제어하는 순간에는 어떤 관점이냐에 따라 후자가 '대중적' 현상 아니면 '범죄적' 사태라고 지칭되고, 후자가 전자를 제어하는 순간에는 어떤 프레임이냐에 따라 후자가 정당한 대중 봉기 또는 반국가 범죄라고 간주된다). 발리바르는 "홉스의 이론에서······ 주권은 곧 자연법 원칙들의 합리적 적용이니, 홉스 본인은 주권에 의한 폭력 진압이 곧 폭력이기도 하다는 양가적 해석에 의식적으로 찬성하지는 않았을 것이다"라고 쓰고 있다.** 하지만 발리바르는 "그럼에도 홉

---

* Étienne Balibar, *Violence and Civility: On the Limits of Political Philosophy*, New York: Columbia University Press, 2016(한국어판: 에티엔 발리바르, 『폭력과 시민다움』, 진태원 옮김, 그린비, 2012).

** 같은 책, 31쪽.

스의 이론에서는 법의 강제력과 국가의 강제력이 시민사회에서 돌발하는 갖가지 모순들 이면의 '자연' 폭력(무한폭력)과 연결되어 있다"라는 점을 지적하기도 한다.* 뒷부분에서 발리바르는, "국가는 폭력을 전도conversion시키는 경향이 있고 역사 속에서 이런 전도를 통해 폭력의 내재적 목적을 이룬다"라는 헤겔의 테제에 주목한다.** 그리고 여기서 한발 더 나아가 발리바르는 "폭력Gewalt이 전도된다는 것은 힘Gewalt의 형태가 달라진다는 것, 곧 폭력이었던 무언가가 권위세력이 된다는 것이다"라고 말한다.*** 권력power과 폭력violence이 확실히 구분된다고 보는 한나 아렌트는 발리바르의 정식화에 반대하겠지만, 아렌트가 법폭력 문제에 (벤야민의 형태로든 홉스의 형태로든) 충분한 답변을 해줄지는 아직 불확실하다.****

발리바르의 분석으로부터 나올 수 있는 한 가지 결론은 폭력이 때마다 두 번 나타난다는 것이다('폭력'과 '힘' 중에 어느 쪽이 게발트Gewalt의 올바른 번역어인지는 때마다 불확실하지만 말이다). 그 전도는 폭력의 내적 논리—권위세력이 '자연' 폭력, 곧 사법권 바깥의 폭력을 억누르거나 몰아내기 위해 폭력을 행사할 때

---

* 같은 책, 32쪽.
** 같은 책, 33쪽.
*** 같은 책, 34쪽.
**** Hannah Arendt, "On Violence", *Crises of the Republic,* San Diego: Harcourt, 1972(한국어판: 한나 아렌트, 「폭력론」, 『공화국의 위기』, 김선욱 옮김, 한길사, 2011).

의 논리―에 속한다(이 책에서 나는 그 전도를 '동요'라고 불러왔다). 그런 까닭에, 폭력의 명명과 사용, 그리고 폭력이 겪어나가는 반전들은 모두 중요한 추적 대상이다(이 형태가 저 형태로 전도되고, 그러한 전도과정중에 이름이 바뀌거나 뒤집히니, 변증법적 과정까지는 아니어도 역동적 과정인 것만은 분명하다). 우리의 논의가 단순히 폭력을 정의하는 데서 시작해서 폭력이 어떤 조건하에서 정당한지 또는 그렇지 않은지로 이어지는 방식일 수 없는 것은 그 때문이다. 우리는 우선 '어느 프레임이 이것을 폭력이라고 명명하고 있는가, 무엇을 삭제하는 명명인가, 무엇을 위한 명명인가?'라는 질문을 해결해야 한다. 그러니 그 명명의 정형화된 방식들(폭력이 자기에게 저항해오는 것을 폭력이라고 명명할 때 주로 어떻게 하는가)을 추적하는 것, 그리고 합법정권이 폭력성을 드러내는 경우들(반대의견을 압살하는 경우, 계약의 착취적 조항을 거부하는 노동자를 처벌하는 경우, 소수자를 격리하는 경우, 정권의 비판자를 감금하는 경우, 정권의 잠재 경쟁자를 축출하는 경우 등등)을 추적하는 것이 우리의 과제가 된다.

내가 벤야민의 아나키즘적 결론까지 전부 따라갔던 것은 아니지만, 지금껏 따라온 벤야민의 논점―'단순히 폭력의 정의 한 가지를 상정한 뒤 윤리학적 정당성 논쟁을 시작하기는 불가능하다' '우선은 폭력이 어떤 방식으로 규정되어왔는가에 대한, 그리고 폭력의 정당성 논쟁이 그중 어떤 방식의 규정을 전제하고 있는지에 대한 비판적 검토가 이루어져야 한다'―에는 조금도 반대하지 않는다. 그러한 비판적 검토에서는 폭력의 정당성 논쟁에서 어떤 정당화 도식이 작동하고 있는가(그러한 도식이 생기기까지의 역사적 기원들, 그러한 도식이 작동하기 위한 전제들과 폐제들)도 다뤄질 것이다. 우리의 논의가 이런 종류의 폭력은 정당하고 저런 종류의 폭력은 그렇지 않다는 말로 시작될 수 없는 이유는, '폭력'이 처음부터 특정 프레임 내부에서 정의되어 있고, 이미 항상 그러한 정의 틀에 의해 해석된 상태('정리된' 상태)로 우리에게 오기 때문이다. 무언가가 왜 그렇게 정의되어 있는지 이해하지 못하고 있거나 왜 그렇게 서로 상충하는 방식으로 정리되어 있는지 설명하지 못하고 있을 때, 우리가 그 무언가에 찬성하거나 반대하기란 거의 불가능하다. 그러한 정리의 역사성은 무언가를 '폭력'으로 가시화하는 설명 프레임 내부에 감추어져 있다(그런 프레임은 일반적으로 법폭력을 비가시화하는 경향이 있고, 그중에서 특히 제도화된 폭력들을 비가시화하는 경향이 있다). 어떤 폭력이 정당한 폭력이고 어떤 폭력이 정당하지 않은 폭력인가라는 질문에 대답하기를 거부하는 사람이 있다면(그리고 그 사람이 그 질문에 대답하기를 거부하는 이유가 그 질문에 깔려 있는 정당화 도식의 한계에 주의를 환기시키고 싶다는 바람 때문이라면), 그 사람은 난해한 저자라고 찍힐 수도 있겠고, 위험인물이라고(심지어 위협세력이라고) 찍힐 수도 있을 것이다. 이처럼 법질서에 적법성을 부여하는 근거를 묻는 급진적 비판적 연구가 '폭력행위'라고 명명되어 비난받는 일도 있을 수 있는데, 그런 식의 비난은 비판적 사고를 억누르는 방향으로 작용해 결국 현행법에 적법성을 부여한다는 목적에 봉사하고 만다.

여기서 '폭력'은 법폭력을 휘두르는 제도들에 저항하고 그런 제도들을 없애려고 하는 노력들을 가리키기 위한 이름일까? 만약 그렇다면 그런 행동들을 '폭력'이라고 부르는 것은 묘사하기 위해서라기보다는 부정적 평가를 내리기 위해서이고, 이런 맥락에서라면 논란이 된 어떤 연구, 어떤 행동, 또는 어떤 비행동이 '폭력'이라는 말로 적절하게 묘사될 수 있는가의 여부는 그리 중요한 문제가 아니다. 평가는 묘사에 선행하면서 묘사의 조건이 된다(기의가 존재하지 않는다는 뜻이 아니라 기표의 작용이 기의에 인식 가능성을 부여하는 프레임에 의존한다는 뜻이다). '폭력'이라고 정의되어 있는 무언가가 실제로 폭력적이라고 간주되는 것은 그 무언가를 '폭력'이라고 정의하는 프레임에 착근되어 있는 특정 관점을 통해서인데, 그러한 프레임 자체도 저마다 다른 프레임들과의 관계속에서 정의된다(억압·저항 전략들과의 관계 속에서 각 프레임을 분석하는 것도 가능하다). 여기서 폭력이 언제나 물리적 폭력이기만 한 것은 아니다(물리적 폭력인 경우가 많은 것은 사실이지만). 심지어 물리적 폭력의 경우도 인종차별폭력·성차별폭력·성폭력을 포함하는 좀더 넓은 구조에 속하니, 우리가 물리적 타격에 주목하느라 그러한 구조를 외면한다면, 언어적 감정적 제도적 경제적 차원의 폭력들—생명을 약화시키거나 손상이나 죽음에 노출시키는, 하지만 실제로 물리적 타격의 형태를 띠는 것은 아닌 폭력들—을 설명해내지 못할 위험이 생긴다. 반면, 우리가 물리적 타격을 도외시한다면 위협·가해·훼손의 신체성을 이해할 수 없게 된다. 구조적 형태의 폭력들도 신체의 희생(신체의 마모, 신체적 형체의 해체)을 초래하잖은가. 급수망이 파괴되었다면? 특정 인구군이 유해 환경 속에 방치되었다면? 마땅히 폭력이 가해진 것으로 보아야 하지 않겠는가? 초크홀드와 강제억류·독방감금·제도폭력·고문도 그렇게 보아야 하지 않겠는가?* 물리적 타격의 형상으로 폭력의 스펙트럼 전체를 설명하기는 불가능하다(어떤 형상으로도 불가능하다). 많은 사람들이 해왔던 것처럼 유형 분류표를 작성해볼 수도 있겠지만, 폭력 유형 간의 경계선은 흐릿해지는 경향이 있다. 폭력에 대한 현상학적 설명(폭력은 어떻게 "존재의 구조에 대한 공격"이 되는가)은 제도폭력과 구조적 폭력(특히 감금권력)에 대한 비판 작업에서 매우 중요한데, 폭력 현장에서 폭력 유형들이 실제로 흐릿해진다는 것도 현상학적 설명이 중요한 한 가지 이유다.**

이 말은 폭력이 없어졌으면 하는 마음만으로 폭력을 없앨 수 있다는 뜻도 아니고, 폭력이 그저 주관적 견해의 문제라는 뜻도 아니다. 정당한가, 적법한가라는 질문들을 중심으로 작동하는 프레임들의 동요를 지속적으로 겪어야 하는 무언가가 바로 폭력이다. 이 말이 무슨 뜻인지를 우리는 살상에 대한 탈랄 아사드의 중요한 인

---

* 고문이라는 폭력의 합법성과 정당성을 설명하는 John Yoo의 메모를 보자. 발신자: John Yoo, 수신자: William J. Haynes II, 문서명: "Re: Military Interrogation of Alien Unlawful Combatants Held Outside the United States", 2003. 3. 14, US Department of Justice Office of Legal Counsel, aclu.org/files/pdfs/safefree/yoo_army_torture_memo.pdf.

** Lisa Guenther, *Solitary Confinement: Social Death and Its Afterlives*, Minneapolis, MN: University of Minnesota Press, 2013.

류학적 분석에서 확인할 수 있다.[*] 어떤 살상은 정당화되고 심지어 미화되는데, 어떤 살상은 비난받고 형을 선고받는다. 국가에 의지하는 폭력, 국가가 승인한 폭력은 정당한 폭력이 되지만, 국가 기반 폭력이 아닌 것은 부당한 폭력이 된다. 특정 국가의 지지를 받는 살상은 정의와 민주주의를 위한 것이라는 말을 들을 수 있지만, 살상이 국가 기반 폭력이 아닐 때는 범죄이거나 테러다. 각 프레임 안에서 죽음은 살상의 형태로 발생하지만(살상의 방법은 같거나 다를 수 있고, 살상의 위력은 똑같이 엄청날 수 있고, 살상의 결과는 똑같이 끔찍할 수도 있다), 살상 형태 간에 우리의 예상을 뛰어넘는 공통점이 존재한다는 통찰이 항상 얻어지는 것은 아니다.

우리가 할 일은 보편적 상대주의를 받아들이는 것이 아니다. 오히려 우리의 과제는 명명 관행의 바탕이 되는 프레임들의 동요를 추적하고 폭로하는 것이다. 그럴 때 비로소 비폭력이란 무엇인가를 확실히 이해하는 것이 가능해지고, 아울러 뒤집힌 명명(1 폭력을 외화하여 비폭력 행동에 전가하는 명명, 2 '폭력'의 외연을 확장해 비판작업·반대의견·불복행위까지 포함하는 명명)을 지양하는 것이 가능해진다. 그것은 비폭력적 전술들—법률적 경제적 형태의 착취나 정치적 형태의 제약에 저항하는 방식으로 확립되어 있는 행동들(예컨대 파업, 수감자의 단식투쟁, 업무중단, 정부 청

---

[*] Talal Asad, *On Suicide Bombing*, New York: Columbia University Press, 2007(한국어판: 탈랄 아사드, 『자살폭탄테러』, 김정아 옮김, 창비, 2016).

사나 관공서의 실내외 공간들 또는 공유지인지 사유지인지가 논란
이 되는 곳들의 비폭력적 점거, 상품 및 문화의 불매운동을 비롯한
다양한 유형의 거부운동), 또는 비행동들(대중집회·청원 등 부당
한 권위를 인정하기를 거부하는 온갖 방식) —의 어의를 확정하기
위한 투쟁이어서는 안 된다. 이런 식의 행동 또는 비행동을 하나
로 연결할 수 있는 공통점은 일련의 정책 또는 일련의 조치의 정당
성에 이의를 제기한다는 것이다(총파업이나 반식민주의적 저항의
경우에는 특정 통치 형태의 정당성에 이의를 제기하기도 한다).
이런 식의 행동 또는 비행동은 하나같이 어떤 변화를, 경찰·국가
조직·통치에서의 변화를 요구하고 있으며, 그런 의미에서 '파괴'
행위라고 명명될 수 있다. 현상태의 실질적 변경을 요구하면서 합
법성에 대한 문제제기 —궁극의 비판적 사고—를 감행한다는 이
유로 '폭력행위'로 간주된다는 것이다. '폭력'이 법폭력에 맞서는
비폭력적 저항들을 가리키는 이름이 되었다면, 그러한 명명 관행
을 정치 프레임의 자기정당화 도식 내부에 비판적으로 자리매김해
야 한다는 과제는 그만큼 더 중요하다. 내가 볼 때 이것은 최신 비
판이론의 과제일 뿐 아니라 모든 자기성찰적 비폭력의 윤리학-정
치학의 과제다.
　나는 '그런 종류의 정당화 도식을 무작정 사용하기에 앞서 그것
이 어떻게 만들어졌나를 비판적으로 검토해야 한다'라는 벤야민의
주장을 진지하게 받아들이고 있지만, 특정 프레임에의 참여로 이
어지는 결정을 내리는 것이 우리의 의무라는 생각도 하고 있다. 폭
력이 정당한가 아닌가에 대한 결정을 내리기 위해서는 무엇을 가

리켜 폭력적이라고 하는가를 알아야 하는 만큼, 폭력과 비폭력이 어떻게 다른가에 대한 결정을 내리라는 요구를 회피해서는 안 된다. 다시 말해, 비판작업을 진행하면서 참여와 판단을 배제해서는 안 된다. 벤야민의 분석은 왜 특정 행동이 폭력적 행동, 아니면 비폭력적 행동으로 여겨지는가를 질문한다. 이 질문을 제기하는 틀이 이 질문의 해결방식을 상당 부분 좌우한다. 법에 의해 창출된 정당화 도식은 법의 정당성을 재창출하면서 바로 이 질문의 언어, 이 질문을 제기하고 해결하는 언어를 차용하는 경향이 있다.

여기에 두번째 논점을 덧붙여보자면, 대개의 사람들에게 폭력을 지각·명명하려는, 그리고 정당성 없음이라는 폭력의 속성을 포착·선언하려는 의향이 존재한다고 할 때, 불평등한 구조들은 바로 그 의향에 영향을 미친다. 모종의 비폭력 운동이었던 것이 힘을 획득하면서 법폭력을 휘두르는 권위가 될 수도 있고, 폭력적 권위였던 것이 해체되면서 법 프레임을 포기하게 될 수도 있다는 것이다. 합법정권(폭력을 강제력의 형태로 독점하는 법이 뒷받침해주는 권력)의 관점에서 보면, 정권의 해체를 꾀하는 사람을 국민에 대한 위협, 범죄자, 폭력분자, 내란세력, 생명 그 자체에 대한 위협 등등으로 명명할 기회는 항상 있다. 하지만 정권의 해체를 꾀하는 사람을 생명 그 자체에 대한 위협으로 명명하는 것은 법이 생명과 동연적coextensive으로 포개져 있을 때라야 가능하다. 벤야민의 관점은, 법은 결코 생명과 완전히 포개져 있지 않다는 것이다.

생명의 관계성

나도 알고 있듯, 지금까지의 논의에 미처 대답하지 못한 질문이 많다. '우리가 다만 인간의 생명에 대해서, 세포조직과 배아의 생명에 대해서 말하고 있는 것인가, 아니면 모든 생물종과 생명과정에 대해서 말하고 있고 따라서 생명의 생태적 조건에 대해서 말하고 있는 것인가?'라는 중요한 문제도 그러한 질문 중 하나다. 여기서 논점은, 때마다 생명 유형 분류표에 의해 은폐되는 생명의 관계성을 재검토해보자는 것이다. 나는 그러한 관계성 안에 상호의존성 개념을 포함시키고 싶고, 특히 인간이라는 생물 사이에서의 상호의존성 개념을 넘어서고 싶다. 인간이라는 생물에게는 살 곳이 있어야 하는데(인간이라는 생물은 생명의 지속을 위해서 흙과 물이 필요하다), 그곳은 인간이 아닌 생물의 생명권이 인간의 생명권과 분명하게 겹쳐지는 세계이자 인간이 아닌 생물과 인간이라는 생물이 살아가기 위해 서로에게 때로 크게 의존하는 세계다.* 우리는 이렇게 겹쳐지는 생명 영역(또는 생물 영역)들을 겹쳐지는 관계이자 겹쳐지는 과정으로 생각해야 할 뿐만 아니라, 각각의 생명 영역을 생명을 보살피기 위한 고유의 조건을 필요로 하는 영역으로 생각해야 한다.

---

* Donna Haraway, *The Companion Species Manifesto*, Chicago: Prickly Paradigm, 2003(한국어판: 도나 해러웨이, 「반려종 선언」, 『해러웨이 선언문』, 황희선 옮김, 책세상, 2019); *When Species Meet*, Minneapolis: University of Minnesota Press, 2007.

폭력이 사회적 불평등의 악화 요인으로 작용한다는 것, 이것이 바로 내가 비폭력을 근본적 평등에 대한 참여와 연결시켜야 한다고 주장해온 이유 중 하나다. 어떤 형태의 사회적 불평등을 만들어내느냐는 생명정치적 인종차별이냐 전쟁논리냐에 따라 다르지만, 애도가치를 지닌 생명과 그렇지 않은 생명, 소중한 생명과 없어도 무방한 생명을 때마다 구분한다는 것은 생명정치적 인종차별이든 전쟁논리든 마찬가지다. 생명정치적 폭력이 전쟁논리를 정확하게 답습하는 것은 아니지만, 전쟁논리의 망상적 각본을 흡수해 나름대로의 논리—'유럽, 또는 미국이(또는 오스트레일리아가) 이주자의 국내 유입을 막지 않는다면, 국경을 개방하고 이주자를 환대한 이 나라들은 파괴적 결과를 맞게 될 것이다'라는 논리—를 마련하는 것은 사실이다. 새로 유입되는 이주자는 이처럼 집주인을 집어삼키는 파괴력으로 형상화된다. 이주자군에 대한 폭력적 파괴를 정당화하는 근거가 되는 것이 바로 이러한 판타지—'이주자군은 파괴의 화신이자 파괴의 위험이니 파괴당해 마땅하다'라는 판타지—다. 판타지에서 작동하는 논리는 전쟁논리지만, 실제로 저질러지는 폭력은 이주자군에 대한 폭력이다. 이러한 전쟁논리의 상상 속에서 국가는 급박한 상황—폭력과 파괴를 자행할 이주자들을 상대로 방어에 나서야 하는 상황—에 처한다. 하지만 실제 상황을 보면, 폭력은 국가폭력이고, 폭력의 동력은 인종차별과 피해망상이며, 폭력의 희생자는 이주자군이다. 이중의 잘못이 행해지는 상황, 폭력이 가해지면서 동시에 사회적 불평등이 재생산되는 상황이다(여기서 사회적 불평등이 재생산된다는 말은 생명에

할당된 가치의 격차, 생명의 애도가치 그 자체의 격차가 심화된다
는 뜻이다). 폭력 비판이 근본적 불평등 비판이어야 하는 이유다.
나아가, 이처럼 인종차별의 환등상이 작동되는 상황—어떤 사람
들의 생명은 순전한 폭력이라고 상상되거나 당장이라도 폭력을 저
지를 수 있는 위험이라고 상상되는 반면, 어떤 사람들의 생명은 자
기방어의 권리, 지켜질 권리를 가진 생명이라고 간주되는 상황—
에서 불평등에 반대하는 일은, 인종차별의 환등상을 폭로하는 비
판작업을 행하는 일이기도 하다. 공적인 삶에서 폭력과 비폭력의
문제들을 토론하고 판정하는 개념 장치 안에는 이러한 권력의 격
차가(그리고 이 격차를 역전시키는 환등상이) 들어온다.

폭력 비판과 비폭력 실천이 같은 것은 아니지만, 폭력 비판 없
이는 비폭력 실천도 있을 수 없다. 비폭력 실천은 이 모든 환등상
적 정치적 시험에 맞서야 하는데, 여기서 절망이 생겨날 가능성도
있다. 물론 프란츠 파농은 지금 폭력을 정당화한다는 목적과 폭력
에 반대한다는 목적을 포함해 여러 가지 목적에 이용되고 있다. 하
지만 『검은 피부, 하얀 가면』에서 매우 중요하게 등장했던 신체가
파농의 에세이 「폭력에 대하여」에서 평등에 대한 통찰을 낳는 방
식으로 다시 등장한다는 것을 고려했을 때, 나의 논의에서 파농은
매우 중요하다. 물론 이 글에는 초인적 남성성의 판타지, 식민권력
의 아성을 무너뜨릴 수 있을 만큼 강력한 신체에 대한 상상—많은
논자가 비판해온 초남성성의 판타지—가 있다. 하지만 이 글을 다
른 방식—신체적 근접 상황에서 비롯되는 평등의 의미에 주목하
는 방식—으로 읽는 것도 가능하다.

선주민indigène은 자신의 생명·호흡·맥박이 백인 정착민의 생명·호흡·맥박과 같음을 발견한다. 자기 피부보다 백인 정착민의 피부가 더 값나가는 것은 아님을 발견한다. 이것은 세계를 근본적으로 뒤흔드는 발견이다. 선주민의 새로운 자신감, 혁명적 자신감은 거기서 나온다. 나의 생명에 백인 정착민의 생명과 똑같은 무게가 있다면, 그의 시선은 더이상 나를 제압하거나 마비시킬 수 없다. 그의 음성은 더이상 나를 얼어붙게 할 수 없다.*

인종차별적 망상이 깨지는 순간이자 평등의 주장이 세계를 흔들어 창세 가능성을 여는 순간이다.

지금껏 우리는 합법정권의 구조적 인종차별을 폭로·타도하고자 하는 사람들이 오히려 합법정권에 의해 폭력적이라고 명명되는 방식을 일반적인 맥락에서 추적해보고자 했다. 평등에의 요구, 정치적 자결에의 요구, 안보지상주의적 협박이나 검열로부터 자유로운 삶에의 요구가 '폭력' 행위라고 명명될 때, 그것은 분명 충격적이다.

이런 식의 명명과 투영을 폭로하고 비판하고 물리치려면 어떻게 해야 할까? 개념적 역전을 초래하는 판타지가 국가폭력 강화를 지지한다는 것에 대해 생각해보자. 터키에서는 평화 청원서에 서명한 사람들이 테러 혐의로 기소당하고 있고, 팔레스타인에서는

---

* Frantz Fanon, "Concerning Violence", *The Wretched of the Earth*, trans. Constance Farrington, New York: Grove Press, 1963, p. 44(한국어판: 프란츠 파농, 「폭력에 관하여」, 『대지의 저주받은 사람들』, 남경태 옮김, 그린비, 2010).

주민 전체의 평등과 정치적 자결을 보장하는 정치 형태를 모색하는 사람들이 폭력과 파괴 혐의로 기소당하고 있다. 국가가 이런 식으로 혐의를 거는 의도는, 비폭력을 주창하는 사람들을 무력화하기 위함, 전쟁을 막으려고 하는 입장을 마치 전쟁 당사자의 입장들 중 하나인 것처럼 왜곡하기 위함이다.

그런 일이 일어날 때(그런 일은 일어나고 있다), 전쟁 비판은 폄계, 공격, 위장된 침략이라고 해석된다. 비판작업, 반대의견, 시민 불복종은 국민·국가·인류 그 자체에 대한 공격이라고 해석된다. 이러한 해석은 추정적 전쟁 프레임 내부에서 출현한다(그 틀 안에서는 어떠한 외부의 입장도 상상할 수 없다). 다시 말해 모든 입장이 (아무리 자명하게 비폭력적인 입장이라 하더라도) 폭력적 입장의 한 형태로 간주된다. 그러니 내가 언급하는 실천들이 아무리 '자명하게' 비폭력적이라고 하더라도, 피해망상적으로 역전된 논리의 지배하에 있는 에피스테메 내부에서는 분명하게 비폭력적이라고 간주될 수 있는 실천들이 극히 한정되어 있는 것이 분명하다. 전쟁 자체에 대한 비판작업 또는 사회적 경제적 불평등 종식에 대한 요구가 전쟁을 걸어오는 방식들이라고 간주될 때, 절망에 빠지는 것, 모든 말은 뒤틀릴 수 있고 모든 뜻은 흩어질 수 있다고 결론 짓는 것은 쉽다. 나는 그것이 결론이라고 믿지 않는다.

공격하고 있지 않은 사람, 심지어 공격을 당하고 있는 사람이 공격을 '하고' 있는 것처럼 뒤집혀 보일 때, 허무주의에 빠지는 대신 그것이 뒤집힌 환등상임을 폭로하려면, 비판적 인내가 있어야 한다. 그런 뒤집힘을 초래하는 것이 바로 '중동이나 북아프리카를 떠나온 이민자들은 유럽과 인류를 파괴할 것이니, 유럽은 그들의 입국을 거부해야 하고 필요하다면 그들이 죽게 내버려두어야 한다'라는 식의 관점·정책이다. 이 시대의 반동분자들과 파시스트들 사이에서는 이러한 살인적 논리가 팽배해 있다. 말하거나 행동하고 있는 사람의 자리에, 말하거나 행동하고 있는 것 같은 사람의 자리에, 망상이 대신 들어와 있다. 이 망상에는, 남들의 잠재적 공격을 두려워하면서 자기의 파괴성을 상대방의 형상으로 외화시키는 사람들의 공격성이 구현되어 있다. 요컨대 이 망상은 상대방의 형상에 투영되어 대면하게 되는 자기의 파괴성 — 외화된 파괴성의 살인적 완성 — 이다. 이런 형태의 방어적 공격은 이 생명과 저 생명을 갈라놓는 수많은 장벽에도 불구하고 이 생명과 저 생명은 따로 떼놓을 수 없다는 통찰과는 정반대다. 두 생명을 갈라놓는 장벽들조차 두 생명을 하나로 묶는 경향이 있지만, 그때의 사회적 유대는 대개 불행한 형태의 사회적 유대다.

이러한 관점을 염두에 둔다면, 평등과 공거共居에 접근할 때 새로운 맥락에서 (모든 생명이 애도가치에서 평등하다는 가정에서 출발해서 그 가정이 죽었을 때뿐 아니라 살아 있을 때도 중요하다는 점을 확인하는 수순으로) 다시 접근해볼 수 있다. 살아 있을 때 잠재적으로 애도가치를 가진 생명은 미래를 가질 자격이 있는 생명이며, 그 미래는 미리 단정될 수 없는 형태의 미래다. 한 생명의 미래를 보살핀다는 것은 그 생명이 취할 형태와 그 생명이 따를 진로를 강요하지 않는다는 것이며, 다시 말해 그 생명이 어쩌면 취할 수도 있을 예단 불가능한 형태들을 열어두는 방식이다. 그러한 보살핌을 적극적 의무로 간주한다는 것은, 다른 사람들을 희생시켜 자기 자신이나 자기 공동체를 지켜내는 것(그러면서 그 다름을 계속 위협으로 형상화하는 것)과는 이처럼 완전히 다르다. 예컨대 이주자들이 파괴의 징조, 파괴의 화신으로(인종적 국민적 정체성의 순수성을 더럽히는 존재로) 형상화되어 있을 때는, 그들을 붙잡아 무기한 억류하거나 그들을 다시 바다로 밀어내거나 그들이 탄 배가 난파하고 죽음이 임박한 상황에서 그들의 조난신호에 응답하기를 거부하거나 하는 조치들이 모두 토착 공동체의 정당한 '자기방어'(분노와 응징을 함축하는 개념이자 암묵적으로든 명시적으로든 인종 특권으로 정의될 수 있는 개념)가 된다. 이처럼 윤리적으로 허용된 형태의 파괴성을 들여다보면, 그 파괴성을 유발시키는 것은 악의적 허세적 자기방어 개념이고, 그 개념의 폭력성은 그 개념의 명명 관행들을 통해 정당화된다. 요컨대 자기방어의 폭력성은 인종차별적 도덕화 과정 ─ 인종 방어와 인종차별 옹호에서 비슷하게 작동하는 과정 ─ 에 의해 전이·은폐·허용된다.

우리는 어쩌면 인간 세계를 구성하는 심리메커니즘을 설명하고 있는 것인지도 모르겠고, 우리가 폭력에 반대하는 것이 어쩌면 인간 심리(또는 인간 심리를 정의하는 결정적 관계들)에 잠재해 있는 파괴성을 바꿔보겠다고 하는 헛수고인지도 모르겠다. 폭력에 대한 정치적 비판작업은, 때때로 '인간의 파괴성을 완전히 극복하기는 불가능하다' ─ '파괴성은 인간 공동체의 추진력(또는 속성 또는 잠재적 성향), 우리가 알고 있는 형태의 사회적 유대관계들을 강화하기도 하고 단절하기도 하는 무언가다' ─ 라는 반론에 부딪힌다. 홉스는 확실히 그러한 관점을 가지고 있었고, 발리바르는 그러한 관점을 매우 날카롭게 현대적으로 재검토해왔다. '파괴성이 사회관계의 추진력(또는 속성)인가 아닌가?'라는 문제는 아직 해결되지 않았다. 심지어 우리가 일반적으로 존재하는 파괴 가능성, 또는 파괴 경향성을 인정한다 하더라도, '폭력에 대한 정치적 비판작업이 그로 인해 불리해지는가 아니면 유리해지는가?'라는 문제가 해결되는 것은 아니다. 위의 두 질문에 대답하기 위해서는 먼저 다음과 같이 질문해봐야 한다. '파괴성은 사회이론과 정치철학에서 어떠한 함의를 갖는가?' '파괴성은 상호의존성의 부산물, 곧 인간관계의 특징인 애증병존(인간 공동체를 위협하거나 인간 공동체를 결속하게 하는 무언가)의 한 부분인가?'

사회적 유대관계를 재검토하는 논의(상호의존성의 구체적 형태를 사회적 유대관계의 토대로 보는 논의)는, 우리에게 개인주의의 재생산에 의존하지 않는 사회적 평등이라는 비전을 이해할 수 있는 프레임을 제공해준다. 공동체가 개인을 대체한다는 것이 아니라, 불가피함과 양가감정이라는 속성으로 정의되는 사회적 유대관계가 개인을 만들어내고 가득 채운다는 것이다. 이런 맥락에서 생명의 평등한 애도가치를 말하는 것은, 모든 개인에게 적용될 수 있는 애도가치 등급표를 마련하자는 것이 아니라, 끝이 열려 있는 미래를 가질 자격이 있는 생명은 어떤 종류의 생명이고 애도가치를 지닌 생명은 누구의 생명인가를 둘러싼 공론에 영향을 미치는 인종차별적 망상을 문제시하자는 것이다. 이처럼 생명의 가치를 차별하는 망상적 영역을 해체하기 위해서는 생명을 적극 긍정해야 하는데, 이러한 생명 긍정은 '생명친화/낙태반대pro-life' 같은 것들과는 구분된다. 좌파는 반동적 우파에게 생명 담론을 빼앗겨서는 안 된다. 공거를 정의하는 속성 중 하나가 신체라는 개인적 구획의 모서리를 부드럽게 다듬기도 하고 그 구획의 사회적 정치적 가능성을 위해 그 모서리를 더욱 날카롭게 벼리기도 하는 상호의존성이라고 할 때, 평등을 적극 긍정한다는 것은 바로 그 공거를 적극 긍정한다는 것이다.

이러한 생명 긍정에는 물론 나의 생명도 포함되겠지만, 나의 생명만 생명인 것은 아니다. 이러한 생명 긍정은, 다른 생명들의 희생을 통해서 획득되는 자기보존—공격자의 형상들(모든 사회적 유대관계에 잠재해 있는 파괴성을 사회적 유대관계 그 자체를 파괴하는 방식으로 외화하는 망상의 산물들)을 통해서 요새화하는 자기보존—과는 전혀 다른 것으로 밝혀질 것이다. 우리 중에 파괴수행 능력으로부터 자유로운 사람은 아무도 없음에도 불구하고, 아니, 그런 사람이 아무도 없기 때문에, 생명 긍정이라는 윤리적 정치적 성찰이 비폭력의 과제와 합류하는 것이다. 우리는 파괴할 수 있으며, 바로 그렇기 때문에 우리에게는 왜 우리가 파괴하지 말아야 하는지 그 이유를 알아야 할 의무가 있는 것이고, 우리의 파괴수행 능력을 억제시키는 대항력을 확보해야 할 의무가 있는 것이다. 우리가 비폭력이라는 윤리적 의무에 묶여 있게 되는 것은 바로 우리가 서로에게 묶여 있기 때문이다. 이 의무가 우리의 발악을 불러일으키기도 하고, 양가감정으로 요동하는 심리가 이 의무를 통해 밝혀지기도 하지만, 양가감정을 명확하게 해결하지 못한 상태라고 해도, 사회적 유대관계를 지켜내겠다고 결단하는 것은 가능하다. 서로를 파괴하지 말아야 한다는 의무는, 우리의 삶이 괴로운 사회적 형태를 띤다는 사실에서 비롯하는 결과이자 그 사실을 반영하는 거울이기도 하고, 자기보존이 다른 사람들의 삶을 지켜내는 일과 연결되어 있는 것은 아닌지를 재검토하도록 우리를 이끄는 길잡이이기도 하다. 자기보존의 '자기'를 정의하는 속성 중 하나가 바로 그 연결관계, 그 불가피하고 난감한 사회적 유대관계다. 자기보호가 폭력을 행사할 이유가 되어야 한다면, 다시 말해 자기보호가 비폭력 원칙의 예외로 인정되어야 한다면, 그렇게 자기를 보호하는 '자기'는 어떤 존재일까? 그렇게 자기 자신의 권역에 속한 존재들만을 보호하는 '자기'는, 자기 자신이 중요하다는 느낌을 강화해주는 것들에게만 속해 있는 만큼, 이 세계에 속하지 못한 채 이 세계를 위협하고 있다.

4장

프로이트의 정치철학:
전쟁, 파괴성, 열광, 비판력

당신의 관심은 전쟁을 막는 데 있으니, 내가 이렇게 우리 분야의 이론을 논의하는 것이 당신의 관심을 악용하는 일이라고 생각됩니다만, 그래도 우리의 파괴충동에 대해 잠시 논의하고 싶습니다. 의미는 큰데 인기는 없는 내용입니다.

_지크문트 프로이트가 알베르트 아인슈타인에게, 1932년

지크문트 프로이트가 한 공동체를 결속시키는 유대관계들에 대해, 그리고 그 유대관계들을 끊는 파괴적 권력에 대해 성찰한 것은, 일차대전 중이던 1915년의 「전쟁과 죽음에 대한 고찰」에서였다.* 1920년에 '죽

---

* Sigmund Freud, "Thoughts for the Times on War and Death", *The Standard Edition of the Complete Psychological Works of Sigmund Freud*, trans. James Strachey, vol. 14, London: Hogarth Press, 1915, pp. 273~300. 이후 'SE'로 약칭.

음충동' 논의를 처음 시작하면서,[*] 그리고 이후 10년 동안 이 논의를 점점 발전시키면서, 인간 존재의 파괴능력에 대한 프로이트의 관심은 점점 더 커지고 있었다. 프로이트가 '사디즘' '공격성' '파괴성'이라고 부르는 것들은 죽음충동의 예비적 양태들이 되었다. 죽음충동이 가장 완전하게 정식화된 것은 1930년『문명 속의 불만』에서였다.[**] 에로스(점점 복잡해지는 인간의 유대관계들을 만들어내는 힘)와 타나토스(그것들을 끊는 힘)를 양축으로 하는 이 원론적 형이상학을 전개하는 이 책에서, 프로이트가 그로부터 10년 전에『쾌락원리의 저편』에서 "정복 불가능한 인간 본성의 일부"라고 불렸던 것은 새로운 설명을 얻게 된다. 내구성 있는 정치체에서는 사회적 유대관계들이 비교적 장기간 그대로 유지될 수 있다는 것이 당연시되는데, 프로이트가 파괴력으로 묘사하는 이 힘을 정치체들은 대체 어떤 식으로 처리하고 있을까?

프로이트는 일차세계대전에 대해 성찰하면서 파괴성에 대한 일련의 통찰을 내놓았다. 1915년의 글에서는 아직 죽음충동 개념을 내놓지 않았지만, 그 시대에 압도적 파격적 규모로 터져나온 듯한 인간의 파괴성에 대해서는 이미 인지하고 있었다.

설마설마하던 전쟁이 이렇게 발발하면서 환멸을 촉발시켰다. 이번 전쟁은 고도로 개량된 공격용·방어용 무기로 인해 과거의 그

---

[*] S. Freud, *Beyond the Pleasure Principle*, SE vol. 18, 1920.

[**] S. Freud, *Civilization and Its Discontents*, SE vol. 21, 1930.

어떤 전쟁보다 심각한 인명·재산 피해를 초래하고 있을 뿐 아니라 무참하고 원한에 차 있고 잔혹하기가 과거의 그 어떤 전쟁에도 최소한 뒤지지 않는다. 국제법이라고 불리는, 평화 시기에 의무로 받아들여졌던 모든 억제조치를 무시하는 전쟁, 부상병·의료진 우선권도, 민간인과 군인 간의 차이도, 사유재산권도 인정하지 않는 전쟁이다. 전쟁이 끝난 뒤 인간들 사이에 그 어떤 미래, 그 어떤 평화도 남아 있어서는 안 되리라는 듯, 이번 전쟁은 자기 앞을 가로막는 모든 것을 눈먼 분노 속에서 짓밟고 있다. 교전국 사이의 모든 공동체 관계를 끊어버리는 전쟁, 끊어진 관계의 재개를 장기적으로 불가능하게 만들 원한을 남길 것으로 예상되는 전쟁이다.*

이 대목은 여러 가지 이유에서 주목할 만한데, 파괴성의 역사에서 모종의 전환이 일어나고 있다는 느낌―파괴성이 이런 식으로 드러난 적은 지금껏 없었다는 느낌―을 준다는 점에서 특히 그러하다. 전쟁에서의 파괴 정도가 신무기 개발로 인해 예전에 비해 심해지긴 했으나, 프로이트가 볼 때 잔혹함의 정도가 심해진 것은 아니다. 문제는 인간들이 더 잔혹해졌다는 데 있는 것이 아니라, 같은 정도의 잔혹함이 기술력으로 더 심한 정도의 파괴를 초래할 수 있게 되었다는 데 있다는 것이다. 그런 무기 없이 전쟁을 한다 해도 파괴야 덜하겠지만 잔혹함이 덜하지는 않을 것이다. 우리에게는 잔혹함 자체가 기술력으로 인해 심화된다는 관점이 솔깃하게

* S. Freud, "War and Death", pp. 278~279.

느껴지지만, 프로이트는 그러한 우리의 관점에 맞서, 파괴는 때마다 새로운 형태로, 역사적으로 다양한 형태로 자행되지만, 잔혹함 자체는 변하지 않는다고 말하는 듯하다. 이처럼 인간의 잔혹함이 모든 파괴성을 설명해주지는 않는다(기술력의 행위주체성이 함께 감안되어야 한다). 그리고 기술력과 구분되는 인간만의 파괴성 용량은 인간 주체의 양가감정적 심리 성분들에 좌우된다. 그러니 어떻게 해야 파괴성을 억제할 수 있는가라는 질문에서는, 특히 전쟁의 맥락에서는, 양가감정과 기술력을 함께 감안해야 한다.

전쟁은 국민들이 일으키는 것이라고 간주되는 경우가 많지만, 전쟁을 일으키는 힘인 눈먼 분노는 국민을 가능하게 하는 사회적 유대관계 자체를 파괴하기도 한다. 물론 그런 힘은 한시적으로는 전쟁과 적의로 뒷받침된 결속력을 만들어내면서 한 국민의 내셔널리즘을 공고히 할 수도 있지만, 정치를 가능하게 하는 사회관계들을 마모시키기도 한다. 전쟁으로 분출되어나온 파괴적 권력은 사회적 유대를 망가뜨리고 불신과 울분과 복수심('원한')을 불러일으키며, 이로써 과거에 맺어져 있었을 관계들을 약화시키는 것은 물론이고 미래의 평화 공존 가능성마저 약화시키면서 보상 가능성 여부도 불확실하게 만든다. 프로이트는 위 인용에서 분명 일차세계대전에 대해 성찰하고 있지만, 전쟁이 "자기 앞을 가로막는 모든 것을…… 짓밟는다"는 말은 전쟁 일반에 대한 주장이기도 하다. 여기서 프로이트는 가동중인 억제조치들을 깨뜨리는 것(예컨대 군대에 살인면허를 주는 것)이 전쟁의 한 가지 목표임을 시사하고 있다. 전쟁이 명시적으로 내세우는 전략적 정치적 목표가 어떤 것들이건, 파괴라는 목표에 비하면 설득력이 없다(전쟁이 제일 먼저 파괴하는 것이 바로 파괴면허 관련 억제조치들이다). 전쟁의 말하지 못한 '목표'에 대해 올바로 말해도 된다면, 일차적으로 전쟁은 정치 풍경을 바꾸거나 새로운 정치 질서를 세우려고 하는 것이 아니라, 정치의 사회적 토대 자체를 파괴하려고 한다. 무엇을 믿느냐에 따라 (예컨대 정당한 전쟁—민주주의의 이름으로 파시즘 정권이나 제노사이드 정권과 싸우는 전쟁—을 믿는다면) 이 주장이 과장으로 들릴 수도 있다. 하지만 심지어 그런 전쟁에서도, 전쟁이 말하는 목표와 전쟁으로 분출되어나온 파괴성은 결코 같지 않다. 전쟁이 말하는 목표, 전쟁이 의도한 목표를 초과하는 파괴가 저질러질 위험을 감수해야 하는 것은, 이른바 '정당한 전쟁'에서도 마찬가지다.

전쟁이 공언하는 목표가 무엇이건, 언제나 또다른 목표가—프로이트가 위 인용에서 '눈먼 분노'라고 부르는 것이—작동하고 있다. 이러한 분노가 한편으로는 한 국민에게 전쟁을 일으킬 힘을 주기도 하고 심지어 전쟁중인 국민을 통합시켜주기도 하지만, 다른 한편으로는 국민들을 분열시키면서 국민적 차원의 의도들, 예컨대 자기보존이나 자기고양 등을 방해하는 방향으로 작동하기도 한다. 이러한 분노는 기존의 파괴억제 조치들을 무너뜨린다는 목표, 파괴억제 조치들 가운데 하나로 볼 수 있는 사회적 유대관계들을 끊어냄으로써 파괴성을 심화시킨다는 목표, 파괴를 예측 가능한 미래 속에서 재생산한다는 목표(미래를 파괴의 시간으로 만드는 것일 수도 있고 미래 그 자체를 파괴하는 것일 수도 있는 목표)를 갖는다. 이러한 목표, 아니 '충동'—무제약적 파괴성—은 전쟁이 말하는 지엽적 임시적 목표들 내부에서 생겨난다. 한 집단 또는 한 국민이 전쟁중에 나라를 지키고 적을 무찌른다는 전쟁의 명시적 목표를 위해서 일시적으로 결속될 수 있다 하더라도, 그러한 결속 내부에서 뭔가가 나타날 수도 있고, 그렇게 나타난 뭔가가 점점 강해져 전쟁의 명시적 목표들을 초과할 수도 있다(그럴 경우, 적 집단의 사회적 유대관계뿐 아니라 전쟁을 일으킨 집단의 사회적 유대관계까지 망가질 수 있다). 프로이트가 그리스비극에서 가져오는 '눈먼 분노' 개념은 그로부터 바로 5년 뒤에 프로이트가 '죽음충동'이라고 부르게 될 무언가를 예표하고 있다. 프로이트는 1915년에 이미 죽음충동 계열의 사태(죽음충동의 힘이 파괴 기술력을 통해 증강되어 전 세계에 파괴를 초래하고, 파괴성을 제어할 수 있는 힘을 가진 사회적 유대관계마저 파괴하게 되는 사태)를 우려하고 있다. 『문명 속의 불만』을 보면 알 수 있듯, 1930년의 프로이트는 좀더 솔직하게 제노사이드의 가능성을 우려하게 된다. 프로이트는 이렇게 쓰고 있다.

내가 볼 때 인류의 운명을 좌우할 질문은, '인간의 공격충동과 자기파괴충동으로 인해 발생하는 공거의 혼선을 문화적 성장으로 제어하는 것이 가능할 것인가? 가능하다면 어느 정도까지 가능할까?' 같다. 그런 측면에서 특히 흥미로운 시대가 바로 지금 같다. 지금 인간들이 자연의 힘을 어느 정도까지 지배할 수 있게 되었느냐 하면, 자연의 힘을 동원해 최후의 한 사람까지 서로를 쉽게 죽

여 없앨 수 있을 정도가 되었다.[*]

1931년 판본에서 프로이트는 이 마지막 문단의 마지막 부분—
"영원한 에로스가 영원한 타나토스와의 투쟁에서 분발해주기를
바란다"—에 한 문장—"투쟁이 성공을 거둘지, 어떻게 끝날지 누
가 미리 알 수 있겠는가?"—을 추가했다. 확실히 프로이트는 전쟁
의 참혹한 파괴성을 막아낼 가능성을 찾는 중이었다(프로이트는
그것을 일차세계대전에서 보았고, 그것이 1930년대에 더 큰 규모
로 유럽으로 돌아오고 있다고 느끼고 있었다). 프로이트는 파괴성
을 이해하려고 노력하지만, 그러면서도 역사를 참조하거나 경험적
사례를 참조하는 대신, 이른바 "충동들"을 참조한다(고작해야 사
변적이라고 여겨지는 행보다). 왜 충동들의 삶을 참조하는가? 프
로이트가 볼 때, 한 집단이 특정한 행동을 하면서 왜 그런 행동을
하는지에 대해 스스로에게 내놓는 의식적 이유는 그 행동을 끌어
가는 심층적 동기와 같지 않다. 따라서 어떻게 해야 파괴를 최대
한 막을 수 있는가에 대한 성찰은 합리적 사고가 환영할 만한 주장
을 내놓는 방식이 아닌, 충동에 호소하는 방식—자칫 전쟁으로 터
져나올 수 있는 파괴성을 검토 대상 또는 투쟁 대상으로 놓는 방
식—이어야 하는 것이다.

충동이론drive theory이 회의적 입장에 맞닥뜨리게 되는 한 가지
이유는 프로이트의 '충동Trieb'이 '본능instinct'으로 오역된 데 있

---

[*] S. Freud, *Civilization and Its Discontents*, p. 145.

다. 프로이트의 작업에서 Instinkt와 Trieb가 둘 다 사용되기는 하지만, 좀더 자주 나오는 용어는 후자이고, 죽음충동Todestrieb은 절대로 '죽음본능'이 아니다. 제임스 스트레이치James Strachey 번역의 『전집』에서는 시종일관 두 용어가 'instinct'로 옮겨진 탓에 영어권에서는 이 용어에 대한 생물학주의적 이해가 빚어지기도 하고, 어떤 경우에는 충동에 대한 프로이트의 논의가 생물학 결정론을 따른다는 식의 관점이 취해지기도 한다. 하지만 프로이트 자신이 「충동과 그 운명Triebe und Triebschicksale」(영역본 제목은 "Instincts and Their Vicissitudes", 더 나은 제목은 "Drives and Their Destinies")이라는 에세이에서 분명히 밝히고 있듯이, 충동('밀어낸다'는 뜻의 Trieb)은 생물학에만 속하거나 전적으로 자율적인 심리 영역에 속하는 것이 아니라, 신체 영역과 심리 영역 사이의 경계 개념으로 작용한다.*

1920년까지만 해도 프로이트는 심리적 삶이 쾌락·성욕·리비도에 지배당한다고 주장했다. 프로이트가 소망충족(쾌락을 향한 충동의 차원)으로는 설명될 수 없는 반복강박 계열의 증상들이 존재한다는 것을 고려하기 시작한 것은, 일련의 전쟁신경증을 접한 이후였다. 그렇게 보자면 프로이트가 죽음충동을 정식화하기 시작한 것은 전쟁의 여파 속에서 파괴성, 특히 반복적 형태의 파괴성

---

* S. Freud, "Instincts and Their Vicissitudes", SE vol. 14, 1915, pp. 121~122: "이렇듯 '충동Trieb'은 영혼과 몸 사이의 경계 개념Grenzbegriff 같다." S. Freud, *Psychologie des Unbewussten*, Frankfurt am Main: Fischer Verlag, 1982, p. 85.

(프로이트가 나중에『문명 속의 불만』에서 "에로스와 무관한 공격성"이라고 부르게 되는 것)을 고려하면서였다.* 프로이트가 그 어떤 소망도 충족시켜주지 않는 듯한 반복적 행동을 설명해보고자 한 것은『쾌락원리의 저편』에서 죽음충동을 처음으로 정식화하는 과정에서였다. 프로이트가 그 무렵에 접한 환자들은 전쟁신경증으로 고통받는 사람들, 폭력과 죽음의 트라우마 장면들을 몸소 재생하되 쾌락원리로 설명될 수 있는 형태의 반복과는 전혀 다른 방식으로 재생하는 사람들이었다. 이 반복적 고통은 그 어떤 소망충족과도 연결되어 있지 않는 듯한 고통이었을 뿐 아니라 환자의 건강상태를 점진적으로 악화시키는 고통(환자의 생명의 유기체적 토대까지 위태롭게 하는 고통)이었다. 프로이트가 죽음충동의 첫번째 버전—'유기체는 그 어떤 자극도 느끼지 않을 수 있던 원초적 무기체상태로 되돌아가고자 한다'—을 내놓은 것이 이 단계에서였다. 이처럼 모든 인간 유기체가 무기체라는 기원으로 되돌아가고 한다면, 생명의 궤적은 그저 "죽음으로 가는 우회로"로 밝혀진다.** 인간에게는 소망을 충족시키고 자기 자신의 유기체적 생명을 보존하고자 하는 경향이 있는 것에 못지않게, 소망충족을 비껴가면서 (다른 누군가의 생명이든, 자기 자신의 생명이든, 아니면 복잡하게 생동하는 환경으로서의 생명이든) 생명의 유기체적 조건들을 부정하고자 하는 경향이 있다.

---

* S. Freud, *Civilization and Its Discontents*, p. 120.
** S. Freud, *Beyond the Pleasure Principle*, p. 38.

프로이트가 인간 심리에서 두번째 경향—인간 유기체라는 개체화된 생명 이전의 시간으로 생명을 되돌리고자 하는 경향—을 받아들인다는 것은 무슨 의미일까? 파괴에 대한 프로이트의 생각들은 다른 누군가의 생명이 파괴될 수 있다는 것, 특히 전쟁의 조건들하에서 무기제조 기술력으로 인해 인간의 파괴성이 점점 강력해진다는 것에 집중된다. 전쟁의 심리적 결과물을 살아내고 있는 전쟁신경증 환자들을 통해, 프로이트는 파괴가 다른 사람들에게만 가해지는 것이 아니라 자기 자신에게도 가해진다는 점을 생각해볼 기회를 얻었다. 전쟁신경증은 전쟁의 고통이 끈질긴 반복으로 특징지어지는 트라우마의 형태로 계속 경험되는 증상이니, 환자는 예컨대 폭격당하기·공격당하기·포위당하기—외상 후에 계속 사용되는 전쟁의 은유들—에 시달린다. 프로이트는 이것을 가리켜 파괴의 반복성이라고 한다. 이러한 파괴는 환자 개인에게는 사회적 고립을 초래하고, 좀더 넓은 맥락에서는 사회가 유지되게 하는 사회적 유대관계를 약화시키는 데 일조할 뿐 아니라 자살로 귀결될 소지가 다분한 자기파괴로 형태화된다. 이런 형태의 파괴에서는 리비도와 성욕의 역할이 크게 축소되거나 거의 무화되고, 정치적 생명이 유지되는 데 없어서는 안 될 사회적 유대관계의 한복판에서 대대적 균열이 발생한다.

『쾌락원리의 저편』 후반부에서 프로이트는 '모든 인간 유기체는 어떤 의미에서 자기 자신의 죽음을 추구하는 성향을 가지고 있다'라고 주장할 뿐만 아니라 '그 성향이 성충동으로부터 나온다고 말할 수는 없다'라고 주장한다. '죽음충동이 존재한다는 증거는 성적 사디즘 안에서, 좀더 넓게 보면 사도마조히즘 안에서 발견된다'라고 주장하기도 한다.[*] 죽음충동이 성욕화sexualization된다면 애초의 파괴성이 성욕sexuality의 목표들—프로이트의 관점에 따르면, 비非파괴적 목표들—의 지배하에 들어올 수 있겠지만, 죽음충동이 다른 목표들을 지배하는 상황도 벌어질 수 있다(성폭력은 그러한 상황의 분명한 사례다). 사도마조히즘 안에 자기파괴 작용과 상대방을 파괴하는 작용이 함께 잠재해 있다는 사실은, 프로이트가 볼때, 성충동이 아닌 충동이 성충동으로 작용할 수 있음을 의미한다. 도피적이고 기회주의적인 죽음충동은, 자기의 정체를 얼버무리면서 성충동에 편승한다. 결합 욕망으로 시작되는 성관계를 갖가지 자기파괴들—연인들이 겉으로 말하는 목표들과 분명하게 반대되는 듯한 행위들—이 방해하기 시작한다. 죽음충동의 정체가 성생활에서 저질러지는 여러 가지 파괴로 드러난다고 할 때, 자기 자신을 파괴하거나 자기 자신이 간절히 유지하고 싶어하는 유대관계들을 파괴하는 행위들의 그 충격적 속성은, 성생활에서 드러나는 죽음충동의 흔한 국면들 중 하나일 뿐이다.

『문명 속의 불만』에서 프로이트는 또 한번 사디즘을 죽음충동의 한 '양태'로 등장시키지만, 이 후기작에서는 죽음충동을 공격성·파괴성 개념과 좀더 명시적으로 연결시키고 있다. 이것은 죽음충

---

[*] 사도마조히즘에 대한 프로이트의 이론화 과정을 보면, 「충동과 그 변화」(1915)에서는 리비도 이론을 가지고 이 현상을 설명해보려고 하지만, 『쾌락원리의 저편』(1920), 그리고 「마조히즘의 경제적 문제」(SE vol. 19, 1924)에서는 죽음충동을 들여오면서 기존의 이론을 수정한다.

동의 두번째 버전, 또는 후기 버전으로 간주될 수 있다. 공격성이 전적으로 성적 사도마조히즘의 맥락에서 작동한다는 식의 이해는 더이상 찾아볼 수 없다. 프로이트가 직접 말하고 있듯, "우리는 에로스와 무관한 공격성과 파괴성의 편재성Ubiquität을 더이상 간과할 수 없다."[*] 프로이트는 유럽 전역에서 도를 더해가는 호전성과 내셔널리즘을, 그리고 점점 강력해지는 반反유대주의를 인지하고 있다. 이런 형태의 공격성은 쾌락 계열의 소망충족과는 연결되지 않는 공격성이다. "에로스와 죽음충동이 세계를 지배하는 두 힘이라고 할 때, 공격충동은 죽음충동에서 파생된 충동이자 죽음충동을 대표하는 충동이다."[**] 프로이트가 '에로스'와 '타나토스'라고 부르고 있는 두 힘이 따로 등장하는 경우는 별로 없지만, 어쨌든 두 힘은 상반된 목표를 갖고 있다. 에로스는 사회 내부의 개체들을 결합·종합하고자 한다(개인들을 한 집단으로 모아들이기도 하고, 집단들을 한데 모아 좀더 큰 사회적 정치적 형태에 복무하게 하기도 한다). 타나토스는 바로 그 개체들을 해체하고자 한다(개체들을 서로에게서 떼어놓기도 하고, 각각의 개체를 자기 자신으로부터 떼어놓기도 한다). 그러니 사회적 유대관계를 생성·강화하고자 하는 경향과 바로 그 사회적 유대관계를 해체하고자 하는 반대 경향이 한 행동 안에 공존하고 있다는 것이다('나는 당신을 사랑하는데, 나는 당신을 미워한다' '나는 당신 없이 살 수 없는데, 내가

---

[*] S. Freud, *Civilization and Its Discontents*, p. 120.

[**] 같은 책, 122쪽.

당신과 계속 산다면 나는 곧 죽게 될 것이다').

프로이트는 사랑과 관련된 이 문제에 두 가지 방식으로 접근한다. 프로이트는 한편으로는 전기·후기를 통틀어 양가감정이 모든 애착관계의 필수성분이라고 주장한다. 이러한 주장은 특히『토템과 터부』중 '감정의 양가성'을 다룬 장「터부와 감정 자극의 양립」*에서 분명하게 나타나고,「애도와 우울」에서도 애착 대상의 상실과 공격성이 연결된다.** 이러한 관점에서는 사랑 자체가 양가감정이다.*** 하지만 또 한편으로는 '사랑'('에로스'의 또다른 이름)은 양가감정의 두 감정 중 하나를 부르는 이름일 뿐이다. 사랑이 따로 있고 미움이 따로 있다는 것이다. 이처럼 사랑은 사랑과 미움이라는 양가적 성좌를 부르는 이름이기도 하지만, 그 성좌의 두 극 중 한 극만을 부르는 이름이기도 하다. 프로이트의 입장 자체가 양가적인 것 같기도 하다(프로이트가 본인의 주장에 대한 증거를 수사적으로 추가하는 것 같기도 하다). 이처럼 역설적으로 정식화되어 있는 논의가 프로이트의 글 안에서는 완전히 해결된 적이 없다(그리고 풍성한 논의의 토양이 되고 있다). 이러한 논의―'사랑은 한 사람과 다른 한 사람을 잇는 무언가이기도 하지만, 내재적으로 양가적인 무언가, 따라서 사회적 유대관계를 파괴할 가능성을 자기 안에 품고 있는 무언가이기도 하다' 또는 '사랑 그 자체가 그러한 사회적 유대관계를 파괴하는 것은 아니라고 하더라도, 어떤 파

---

* S. Freud, *Totem and Taboo*, SE vol. 14, 1913.
** S. Freud, "Mourning and Melancholia", SE vol. 14, 1917, pp. 248~252.
*** 같은 책, 250쪽.

괴적인 힘—인간이라는 생물을 파괴·자기파괴로 몰아가는 힘, 자기가 가장 사랑하는 대상까지 파괴하게 하는 힘—이 사랑 안에 들어 있거나 사랑에 들러붙어 있다'는 논의—가 프로이트의 후기 작업에서 징후적으로 표면화된다.

이처럼 프로이트의 관점은 사랑과 파괴성의 관계—'사랑은 파괴성을 품고 있는가 아니면 파괴성에 맞서고 있는가'—에 대해 끝내 결론을 내리지 못한다. 사실 이 질문은 친밀한 애착관계들에 대한 논의에서뿐 아니라 집단심리와 그 파괴적 잠재력에 대한 논의—'파괴성은 그런 집단들을 한데 묶는 유대관계 내부에 잠재해 있는 힘인가(파괴적 유대관계의 형태로 존재하는가), 아니면 "공동체의 유대관계들을 전부 파괴하는" 종류의 힘인가(사회관계를 파괴하는 반사회적 움직임의 형태로 존재하는가)'—에서도 되풀이된다.

이처럼 사회적 유대관계를 파괴하는 힘에 맞설 만한 무언가가 심리 내부에 있을까? 프로이트가 볼 때 한 집단은 자기 집단의 내적 유대관계를 파괴할 수도 있고 자기 집단의 파괴성을 다른 집단에 향하게 할 수도 있는데, 비판력critical faculty이 억제당하면 이 두 가지 파괴성이 모두 심화된다. 프로이트가 집단심리학에 관한 여러 글에서 이러한 비판력(억제력) 강화를 과제로 삼는 것은 그 때문이다. 어떤 경우에는 사랑이 파괴성에 맞서는 대항력으로 간주되지만, 또 어떤 경우에는 이 '비판력'이 가장 중요한 힘인 듯이 논의된다. 1921년 논문 『집단심리학과 자아 분석』에서는 '비판력'이 다양한 형태의 의도와 성찰을 포괄하고 있는 반면, 다음해에 나온

『자아와 이드』에서는 비판력이 '초자아'—자아에게 분출되는 잔혹의 한 형태—와 연결되기 시작한다. 나중에는 초자아가 "죽음충동의 순수배양물"로 간주되기까지 하니, 여기까지 오면 파괴에 맞서는 방법은 의도적 성찰적 형태의 극기(다시 말해 파괴성을 자기 자신의 파괴충동으로 향하게 하는 것)가 된다. 이처럼 극기는 의도적 성찰적 형태의 파괴성, 곧 파괴적 목표의 외화에 맞서는 파괴성이다.* 다시 말해 터져나오는 파괴충동을 틀어막는 일은, 이전 논의에서라면 '억제'로 설명될 수 있었을 테지만, 프로이트가 초자아 개념을 들여온 뒤로는 잔혹함을 겨냥하는 심리메커니즘으로 설명되기 시작했다. 초자아의 과제는 자기의 파괴력을 자기의 파괴충동으로 향하게 하는 것이다. 물론 이러한 해법의 문제점은, 상대방을 파괴하는 힘을 자기를 파괴하는 힘으로 변환하는 초자아의 무절제한 활동이 자살로 귀결될 수 있다는 점이다. '비판력'은 한편으로는 자기의 표현이나 행동에 주의를 기울임으로써 해로운 결과를 예방하고자 하는 것 같지만, 다른 한편으로는 죽음충동의 표현으로서 결국은 자아를 공략하게 된다. 온건한 자기억제였던 것이 무절제한 자멸적 자책으로 악화되는 것을 막으려면 죽음충동 자체를 제어해야 한다. 파괴충동을 제어하는 데 동원되었던 비판적 행위주체성이 역설적이게도 파괴충동의 도구로 내면화되어 자아의 생명 자체를 위험에 빠뜨릴 수 있다는 뜻이다. 죽음충동의 공세를 억제하고자 할 때 에로스의 자기보존 성향이 필요해지는 것

---

* S. Freud, *The Ego and the Id*, SE vol. 19, 1923, p. 53.

은 그런 까닭이다. 초자아는 그저 자아의 파괴적 표현을 억제하기 위해 자아를 공략하지만, 그럼에도 초자아는 파괴의 노선을 벗어날 수 없다(자아의 공략 대상이 상대방 또는 세계라면, 초자아의 공략 대상은 자아 자체다). 이처럼 비판력으로는 초자아 형태의 파괴를 억제할 수 없으니, 비판력만으로는 파괴를 억제할 수 없다. 자기보존을 위해 파괴에 맞서는 힘―좀더 일반적으로 말하면, 생명을 지켜내기 위해 파괴에 맞서는 힘―이 필요해지는 것은 그런 까닭이다. 그 힘을 사랑이라고 불러야 할까, 열광/조증mania이라고 불러야 할까? 탈동일시dis-identification와 관련된 힘일까, 사회에 만연해 있는 사디즘적 격정들로부터 비판적 거리를 확보하고자 하는 신경증 환자의 입장을 채택하는 것과 관련된 힘일까?

초자아 이론이 정리되기 한두 해 전에 집필된『집단심리학과 자아 분석』에서 프로이트는 일련의 질문을 던진다. 잔혹의 탈억압은 어떤 메커니즘을 통해 작동하는가? 그 작동은 어떤 방식으로 설명되어야 하는가? "감정의 물결"이 대중을 휩쓸고 있다면, 그것은 무슨 의미인가? 모종의 계기가 없었다면 표현되지 않았을 감정들이 지금 대중 사이에서 "분출"하고 있다면, 그것은 무슨 의미인가? '분출'한다는 것은 모종의 욕구가 그저 억압된 채 항상 거기 있었다는 의미인가? 아니면 '분출'은 항상 어떤 구조를 가지고 있어서 때마다 그렇게 분출되는 무언가에 욕구나 분노의 형태를 부여하고 있는 것인가? 만약에 우리가 '한 선출직 공무원이 여성 혐오의 새 물결을 허용했다' '그가 인종차별의 허용 한도를 크게 늘렸다'라고 말하고 있다면, 우리는 그에게 어떤 종류의 행위

주체성을 전가하고 있는 것인가? 여성 혐오와 인종차별은 원래 존재했던 것들인가, 아니면 그가 생겨나게 한 것들인가? 아니면 그것들이 어떠한 형태로 존재하고 있었는데, 이제 그의 발언과 행동이 그것들에 새로운 형태를 제공하고 있는 것인가? 충동은 억제되어 있는 경우에나 분출되고 있는 경우에나 구조화되어 있는 것은 마찬가지다(충동을 '억압하는' 힘은 충동을 특정 방식으로 명명·조형하고, 충동을 '해방시키는' 힘은 이전의 억압과 관련해 충동에 특별한 의미를 부여한다). 만약에 우리가 단순히 억제-분출 모델hydraulic model —억제가 풀릴 때 일정량의 '에너지'가 분출된다고 가정하는 모델—을 받아들인다면, 충동은 억제되어 있건 분출되고 있건 같은 충동이다. 하지만 억제조치가 어떤 수단에 의해 취해졌는지가 중요하다면(억압되어 있는 무언가의 내용을 조형해내는 것이 그 수단이라면), 억제되어 있던 충동이 분출되고 있다는 것은 단순히 충동의 힘이 억제의 힘을 밀어내고 있다는 뜻이 아니라 억제의 형태를 띤 권력을 상대로 총력전이 벌어지고 있다는 뜻, 그 권력의 논리들, 그 권력의 적법성, 그 권력의 자격들이 오류로 밝혀지고 있다는 뜻이다. 충동은 분출될 때 이미 해석들에 의해 가공된 상태로 분출되는 것인 만큼, 미가공 에너지 또는 무매개적 에너지가 불허메커니즘 또는 허용메커니즘의 외부에 따로 존재하는 것은 아니다. 억압의 토대가 되어온 도덕적 정치적 주장들에 적극적으로 맞서온 것도 이 충동이고, 비판력의 무력화—도덕적 판단들과 정치적 평가들의 무력화뿐 아니라 그 둘 다를 가능하게 하는 반성적 사고 전반의 무력화—를 위해 안간힘을 써온 것도 이 충동이다. 이렇듯 충동은 프로이트가 '초자아'라고 부르게 되는 것의 토대가 된 도덕적 자기구속self-restriction을 무화시키고자 한다. 이런 식으로 초자아에 도전해오는 충동 앞에서, 우리의 과제는 도덕적 구속들—그중에서도 특히 자기 자신에 의해 부과된 구속들—이 무너지지 않게 지탱하는 것이라고 여겨질지도 모른다. 하지만 초자아 자체가 파괴의 잠재력이라는 것이 분명하게 밝혀지게 되면, 문제는 좀더 복잡해진다.

프로이트는 이 문제를 이런 식으로 표현하고 있다.

> 의식을 차지하면서 지나치게 강해진 초자아가 자아를 가혹하게 몰아붙이고 있다. 한 개체에게 주어져 있는 사디즘을 초자아가 무력으로 독차지해버린 형국이다…… 지금 초자아는 마치 죽음 충동의 순수배양물인 듯 작동하는데…… 많은 경우 자아를 죽음에 이르게 하는 데 사실상 성공하고 있다.*

이처럼 자기의 일부가 자기의 또다른 일부를 무자비하게 몰아붙일 때 그러한 폭력을 억제할 수 있는 것이 있을까? 있다면 그것은 무엇일까? 프로이트는 조증이 자기파괴의 성공을 방해하는 한 방법이라고 주장한다. 위 인용의 마지막 말줄임표를 채우자면, "자아가 미리 조증으로 옮겨감으로써 스스로를 초자아라는 폭군으로부터 지켜내지 않았을 때, 초자아는 많은 경우 자아를 죽음에

---

* 같은 곳.

이르게 하는 데 사실상 성공하고 있다"이다.

여기서 프로이트는 자신의 「애도와 우울」—'애도Trauer'(죽은 사람이나 잃어버린 이상을 현실로 인정하면서 슬퍼하는 것)와 '우울Melancholie'(상실을 현실로 인정하지 못하는 것)을 구분하고자 하는 1917년 작업—을 참조하고 있다. 우울하다는 것은 없어진 대상이 자아의 한 속성으로 내면화된다는 뜻(다시 말해 자아가 없어진 대상을 신체적으로 흡수한다는 뜻)이자 고조된 자책이 자아와 없어진 상대와의 관계를 심리 차원에서 연출한다는 뜻(이로써 그 관계가 역전된다는 뜻)이다. 죽은 사람이나 잃어버린 이상을 향했던 비난이 "뒤로 돌아" 자아를 향하게 되니, 자아와 대상의 관계였던 것이 되살아나 심리 내적 관계가 된다.* 이 에세이에서도 프로이트는 자아를 향해서 분출되는 적개심이 잠재적으로 자멸적이라는 것을 분명히 하고 있다. 그렇게 보자면, 나중에 초자아와 자아의 심리 지형이 그려질 때 모델이 되는 것이 바로 이 우울증적 자책 장면이다.

우울증은 서로 상반되는 두 흐름으로 이루어져 있다. 첫번째 흐름이 자책('양심'의 업무들 중 대표 업무)이라면, 두번째 흐름은 '열광'(없어진 대상과의 유대관계를 끊음으로써 잃어버린 대상을 적극적으로 단념하고자 하는 흐름)이다.** 대상에 대한 '조증적' 열광적 비난(잃어버린 대상이나 이상과의 유대관계를 끊어내고자

---

* S. Freud, "Mourning and Melancholia", p. 251.
** 같은 책, 253~255쪽.

하는 심화된 노력)은 생존하려는 욕구(상실 이후에도 살아남으려
는 욕구, 자기의 생명을 상실 그 자체에 빼앗기지 않으려는 욕구)
를 시사한다. 다시 말해 열광은 살아 있는 유기체의 저항, 무절제
한 초자아에 의해 파괴당할 가능성에 맞선 저항이다. 초자아가 죽
음충동을 이어나가는 힘이라면, 열광은 그러한 파괴에 맞선 저항,
세계를 파괴하고 자아를 파괴하는 힘에 맞선 저항이다. '파괴성에
맞서기 위해 자기파괴성을 동원하게 되는 이 악순환을 탈출하는
길이 어딘가에 있지 않을까?'라고 열광은 묻는다.

　우울에서 출발해 초자아에 도달하는 길을 따라가는 경우가 너
무나 많은데, 파괴에 저항할 열쇠는 어쩌면 열광이라는 반대편 흐
름에 있을지 모른다. 독재자 타도를 시도하는 열광력은 지속적 동
일시 관계라고 여겨온 무언가를 깨뜨릴 수 있는 유기체의 능력이
다. 유기체는 이미 신체 영역과 심리 영역이 만나는 경계 개념이
니, 열광력은 저항적 생명이 내뿜는 순수하게 자연주의적인 용솟
음 같은 것이 아니다. 여기서 탈동일시가 자기파괴를 초래하는 힘
들에 맞서 유기체 자신의 생명을 확보하는 한 방법으로 등장한다.
열광이 유대관계를 깨뜨리고 탈동일시(독재자로부터의 탈동일시,
독재에 필요한 예속화로부터의 탈동일시)에 성공하는 만큼, 열광
에 비판 기능(위기 해결에 힘쓰는 편에 서는 기능, 유기체의 생명
을 위협하는 힘들로부터 거리를 확보하는 기능)이 생긴다. 프로이
트가 볼 때 초자아는 심리적 제도지만, 어쨌든 제도이니만큼 사회
적 형태를 띠게 된다. 예를 들면, 한편으로는 초자아가 독재를 비
롯한 사회적 권력의 형태들을 흡수하지만, 다른 한편으로는 독재

가 그 심리적 예속의 형태에 의지한다. 비판능력의 투쟁은, 나를 확실하게 파괴해온 유대관계들을 거부하려는, 그러면서도 내가 벗어나고자 하는 파괴성의 사회적 형태를 똑같이 모방하지 않으려는 투쟁이다. 따라서 독재자를 비판하는 일은, 초자아를 비판하되 초자아의 (생명을 위협하는) 자아 "비판"을 모방하지 않는 일의 연습일 수 있다.

열광은 억제되지 않을 경우 자아에게 사형을 언도하게 될 고삐 풀린 초자아의 자살적 살인적 목표들을 물리칠 수 있는 유일한 힘으로 밝혀진다. 그 힘이 있어야 독재자를 거부하는 것도 가능하고 주체 논리의 구조가 되어온 독재자 논리를 거부하는 것도 가능하기 때문이다.

물론 열광을 옹호하겠다는 것은 아니다. 그저 나는 권위적 폭군적 통치를 거부하는 "비현실적" 형태의 저항 연대들을 이해할 수 있는 모종의 암호를 열광이 제공해준다고 주장하고 싶은 것뿐이다. 결국 독재자는 권력네트워크에 의해 지탱되는 우상화이며, 그런 의미에서 독재자 타도는 열광적 연대적 병렬적 타도다. 국가의 우두머리가 폭군 아이일 때(이 아이는 사방팔방으로 마구 성질을 부리고 언론은 이 아이의 일거수일투족을 홀린 듯이 주시할 때), 연대네트워크를 구축할 수 있는 사람들, 이 아이가 사용하는 분별력 상실 전략들의 매혹을 "떨쳐낼" 수 있는 사람들에게는 드넓은 공간이 열린다. 미친 독재자를 추종하는 사람들의 동일시가 권력자의 고의적 위반—법을 무시하고 권력(파괴능력)에 가해지는 모든 제약을 무시하는 작태—과의 동일시인 만큼, 반독재운동은 탈동일시를 토대로 삼게 된다.* 이러한 연대의 토대가 되는 것은 지도자와의 동일시가 아니라 '생명'이라는 기표와 함께 작동하지만 생명주의로 환원되지는 않는 탈동일시(타인의 생명을 지지하고 미래의 생명을 지지하는 생명)와의 동일시다.

동일시는 흔히 감정이입과 사회적 유대관계의 유지에 중요하다고 여겨지지만, 동일시에 파괴성이 잠재해 있는 것은 사실이고, 파괴적 행위를 처벌하지 않는 것이 동일시 때문일 때도 있다. 때로 너무 쉽게 '동일시'라고 불리고 있는, 다양한 형태의 내면화 메커니즘을 고려하는 것도 중요할 것이다. 우울에서의 내면화, 곧 죽은 사람이나 잃어버린 이상의 내면화는, 살아 있는 유기체 자체를 파괴할 수 있을 정도의 강력한 적의를 유지·촉발하는 메커니즘이다. 그렇게 보자면 초자아는 한편으로는 파괴성의 외화를 억제하는 도구, 곧 살인적 목적을 억제하는 데 동원되는 도구지만, 다른 한편으로는 언제든 그러한 살인적 목적에 가장 자기파괴적인 방식(다시 말해 자살이라는 방식)으로 동원될 수 있다는 점에서 잠재적으로 파괴적인 도구다. 이러한 맥락에서 프로이트는 도덕주의적 결론—'초자아의 폭력이 아무리 치명적이라고 하더라도, 만약에 우리가 초자아의 폭력과 다른 폭력(외화된 형태의 폭력) 둘 중에서 초자아의 폭력 쪽을 선택하지 않는다면 폭력 억제 도구로서의 초자아는 언제까지나 약체를 면치 못할 것이다'—을 내놓는다. 하지만

---

* José Esteban Muñoz, *Disidentifications: Queers of Color and the Performance of Politics*, Minneapolis, MN: University of Minnesota Press, 1999 참조.

열광은 (생존하려는 열광적 욕구에서도 입증되는 무언가로서) 우리에게 또하나의 가능성을 제시하는 암호다. 물론 열광은 행동 모델이 아니다(열광이 효과적인 정치적 저항의 형태로 곧바로 번역되는 것도 아닐 테니, 우리의 과제는 갑자기 열광하는 것이 아니다). 주체의 능력을 과대평가하고 현실과의 접점을 잃어버리는 것이 열광이다. 하지만 지금 현실로 수용되면서 당연시되는 무언가와 결별하는 데 필요한 심리적 자원을 우리가 달리 어디에서 찾겠는가? 열광의 '비현실주의'는 현상태를 그대로 받아들이지 않는 태도를 시사한다(심한 형태의 자책과 대결하고 있는 사람과 같은 편이 되고 싶다는 욕구는 그러한 태도를 강화시키기도 하고 그러한 태도를 통해 강화되기도 한다). 그러한 심한 형태의 자책(자해 또는 자기파괴)은 실패의 사회적 연대—'우리 중에 이상에 부끄럽지 않게 사는 사람은 아무도 없다' '우리가 이처럼 실패를 공유한다는 사실이 연대의 토대이자 평등 의식의 토대'—로 퇴각함으로써 일시적으로 완화되기도 한다. 하지만 한 집단구성체가 초자아의 폭력성을 정리·봉쇄하는 데 실패했을 때는 그러한 완화가 결국 일시적이었던 것으로 밝혀지면서 초자아의 파괴적 적의가 치명적 형태를 띨 수 있다. 더구나 그 파괴적 적의를 동원해 외부의 적을 겨냥하는 사회구성체들도 있는데, 여기까지 오면 생명의 파괴, 심지어 생명의 대량 파괴도 가능해진다. 한 집단의 유대관계가 그 집단의 잠재적 파괴성이 외화됨으로써 형성되는 경우, 동일시와 탈동일시는 잠재적 파괴성과 맞물릴 수 있다. 이처럼 원집단의 탈통일시를 통해 외화된 집단은 원집단의 파괴성을 마치 유령처럼 형상화하게 되는데, 이렇게 형상화되는 파괴성은 원집단으로부터의 (부인된) 대여물이다. 하지만 동일시와 탈동일시가 꼭 그런 식으로 작동해야 하는 것은 아니다. 예를 들어 탈동일시가 이런저런 독재들과 결별하는 비판적 역량의 발휘를 뜻하는 경우, 탈동일시의 파괴과정은 독재정권 타도과정으로 이해된다.* 이 과정은 공감적 연대 내부에서 행해질 수 있는, 그리고 실제로 행해지는 과정이지만, 여기서 완벽한 형태의 동일시메커니즘이 작동하느냐 하면 전혀 그렇지 않다. 공감적 연대라고 해도 양가감정적 연대—동맹을 위한 불가피한 연대이자 그 짜증스러운 관계에서 비롯되는 긍정적 가능성과 파괴적 가능성을 유념하는 연대—인 것은 마찬가지다. 탈동일시가 독재자를 향한 매혹과 예속화를 방해할 수 있을 때 비로소 탈동일시는 열광적인 동시에 비판적인 메커니즘이 된다.

초자아가 파괴성을 억제할 수 있는 유일한 가능성이라고 떠받들린다면, 파괴성이 주체에게로 되돌아가 주체의 존립은 위태로워진다. 우울증에서는 자아가 잠재적 살의의 대상이 된다(외화되지 못한 적의가 살아 있는 자아, 곧 유기체 그 자체를 파괴할 수 있는 힘을 휘두르게 된다). 조증은 계속 살고 싶은 충동을 들여오지만(그 충동의 토대에 지각 가능한 현실이 있는 것은 아니라는 의미에서 비현실적 충동이다), 특정 정권 안에 그러해야 할 이유가 있는 것은 아니다. 열광이 그대로 정치가 된다면 위험한 형태의 파괴로 전락할 수밖에 없지만, 열광을 통해서 강건한 '비현실주의'를

* 같은 책.

끌어들인 연대 양식들은 곤란을 무릅쓰고 또다른 현실에 매달리면서 폭력 정권의 타도를 모색한다.

폭력성을 억제한다는 것

프로이트와 아인슈타인은 둘 다 '무엇이 파괴성을 억제하는가'—'다른 충동을 통해 죽음충동을 물리칠 수 있는가' '억제책은 양심을 강화하는 것인가'—에 관심을 갖는다. 우리는 대체로 두 가지 주장을 듣게 된다. 그중 첫번째 주장은, 폭력을 윤리적으로 혐오하게 만드는 양심을 우리 쪽과 상대 쪽 모두에게 가르쳐야 한다는 것이다. 두번째 주장은, 죽음충동의 메커니즘을 물리치기 위해서는 사랑의 유대관계를 키워야 한다는 것이다. 하지만 양심이 내셔널리즘적 파시즘적 인종차별적 속성을 지닌 사회적 유대관계들을 지지할 수 있는 그 무엇이라면, 폭력을 억제하려고 할 때 어떻게 양심에 의지할 수 있겠는가? 독재권력에의 복종은 자발적 예속을 윤리적 명령으로 간주하는 주체를 필요로 하는 경우가 많다(그러한 주체가 되기를 강요하기도 한다). 독재의 압제를 떨쳐내는 일은 그러한 주체의 소멸을 각오해야 하는 일이다(그러한 주체가 초자아라는 심리적 제도로 정착되어 있는 경우에는 특히 그러하다). 만약에 우리가 그저 두번째 주장대로 사랑의 불꽃을 키울 수 있다면(그렇게 사랑을 좀더 강한 힘으로 만들 수 있다면), 문제는 해결될 것이다. 하지만 위에서 보았듯 사랑을 정의하는 속성은 양가성이고, 사랑을 구조화하는 힘은 사랑과 미움 사이의 동요다. 그러니 우리의 과제는 양가감정과 함께 살고 양가감정과 함께 행동하는 길 —양가감정을 모종의 교착상태라고 이해하는 대신, 윤리적 방향과 윤리적 실천을 요구하는 내면적 분할이라고 이해하는 길 —을 찾는 것이 아닐까 싶다. 자기 안에 파괴성이 잠재해 있음을 알고 있는 윤리적 실천이라야, 자기 안에 잠재해 있는 파괴성에 저항할 수 있다는 것이다. 외부로부터의 폭력이 폭력의 전부라고 믿는 사람들은 비폭력이어야 한다는 윤리적 요구를 받아들일 수도 없을 것이고, 그러한 요구에 부응하기 위해 노력할 수도 없을 것이다. 어쨌든 폭력과 비폭력이라는 사안은 여전히 사회적 정치적 사안인 동시에 심리적 사안이니, 그러한 사안을 둘러싼 논쟁에 대한 윤리적 성찰은 심리 영역과 사회 영역 사이의 경계 영역에서 전개되어야 한다.

프로이트와 아인슈타인이 1931~1932년에 주고받은 편지들에서도 바로 이 문제가 부각된다(바로 다음해에 히틀러가 집권했고 두 사람은 각각 오스트리아와 독일에서 탈출했다).[*] 그중 한 편지에서 아인슈타인은 인류가 "전쟁이라는 재앙"으로부터 구원받으려면 어떻게 해야 하느냐고 묻는다.[**] 아인슈타인은 인류의 운명이

---

[*] 아인슈타인이 독일을 탈출한 것은 1933년, 프로이트가 빈을 탈출한 것은 1938년이다. 두 사람이 주고받은 편지들은 "Why War?", SE vol. 22, 1933, pp. 195~216 참조. 1931년에 국제지적협력기구가 아인슈타인에게 글을 청탁했다. 사상가 한 명을 선택해 정치와 평화를 주제로 편지를 주고받는 형식의 글이었는데, 아인슈타인은 수년 전에 잠시 만난 적이 있는 프로이트를 선택했다.

[**] 아인슈타인이 프로이트에게 보낸 편지, "Why War?", p. 199.

'지배층'('권력욕구'에 사로잡혀 "국가주권 축소에 맞서는" 자들)
의 손에 놓여 있음을 한탄하면서 프로이트의 "비판적 판단력"(세
계대전이 또 한번 유럽을 위협하고 있는 이 시대에 매우 중요해진
힘)에 도움을 청한다. 아인슈타인은 전쟁을 효과적으로 제어할 수
있을 정치적 조치가 마련되리라는 근거를 충동들(인간의 심리적
삶을 구성하는 힘들)에서 찾을 수 있을지 묻는다. 특히 아인슈타
인은 그 충동들의 파괴력을 억제할 수 있을 연합체나 위원회를 만
드는 것이 가능할지 묻는다. 아인슈타인은 일단 파괴충동이 문제
라고 보고 있지만, 정치제도 차원에서도 문제를 검토하면서, 전쟁
방지에의 동참을 촉구하고 국제안보를 보장할 국제기구를 만들 것
과 그러한 국제기구에 국가주권을 양도할 것을 주장하고 있다. 이
러한 정치적 목표는 인간이 전쟁 방지 권한을 가진 국제기구를 창
설하고 그 권한에 승복하는 능력을 가진 동물이어야만 성취될 수
있다. 그러한 능력을 약화시키는 성향이나 충동이 존재한다면, 전
쟁을 피해 가기는 아마 불가능할 것이다. 아인슈타인은 (프로이트
의 글을 읽었을 테니) 인간의 내면에 "증오욕구와 파괴욕구"가 있
지 않은지, 그리고 그러한 욕구가 "집단정신병의 수준으로 악화
될" 가능성은 없는지 묻는다. 요컨대 아인슈타인은 한편으로는 파
괴충동을 봉쇄할 수 있을지 궁금해하지만, 다른 한편으로는 인간
이 실천이나 제도를 통해서 전쟁 방지 가능성을 높일 수 있을지 궁
금해한다. 폭력이 국가 간 전쟁의 형태를 띨 수도 있지만, 종교적
광신으로 인한 내전이나 "소수인종 박해"의 형태를 띨 수도 있음
을 아인슈타인은 지적하고 있다.*

프로이트는 실천적 제안 같은 것을 기대하지 말라고 경고하지만, 프로이트의 논의는 모종의 정치적 입장을 설명해내고 있다. 프로이트의 첫번째 제안은 아인슈타인처럼 법과 권력을 구분하려고 하지 말고, 법과 폭력을 구분하자는 것이다(독일어 단어 'Recht'는 법질서를 의미하고 심지어 정의를 의미하기도 하는데, 여기서는 이 단어를 '법'이라고 번역했다). 프로이트가 설명해내듯, 예전에는 사람 간의 갈등이나 집단 간의 갈등을 해결할 때 주로 폭력에 의지했지만, 집단의 구성방식Gemeinwesen이 달라지면서 폭력에 의지하는 경우가 점점 줄어들었다. "약자들의 연합체"가 우두머리한 명의 힘을 극복했을 때 "폭력을 벗어나 법으로 가는 길"이 마련되었다는 것이다.** "폭력은 단결 앞에 무너진다"—폭력은 "공동체 Gemeinschaft의 힘"을 통해 무너진다—라고 프로이트는 쓰고 있다. "약자들의 연합체는 남들보다 강한 한 개인의 힘에 맞설 수 있다"는 것이다. 뒤에서 프로이트는 "폭력에서 새로운 법/정의Recht로의 이동이 제대로 이루어지려면…… 연합체가 안정적인, 견고한 연합체여야 한다"고 설명한다. 이 설명에 따르자면 그러한 연합체를 세우기 위해서는 한 가지 심리적 조건—"연합체의 실질적 힘으로 작용할 공동체 감각을 배양"해야 한다는 조건—이 충족되어야 한다.***

『집단심리학과 자아 분석』이 나오고 10년이 지난 지금, 프로이트는 공동체는 이상적 지도자에 대한 공동의 종속을 통해서가 아

---

* 같은 책, 201쪽.
** 프로이트가 아인슈타인에게 보낸 편지, "Why War?", p. 205 참조.
*** 같은 곳.

222 비폭력의 힘

니라 독재자(권위주의적 통치자)를 타도할 수 있는, 그리고 타도 이후 공동의 법률과 제도를 수립·시행할 수 있는 명시적 권한을 통해서 하나가 되는 것 같다는 논의를 펼친다. 독재자를 타도하기 위해서는, 그리고 독재자에 대한 사랑에 기반한 애착들과 절연하기 위해서는, 열광이 형성되어야 할 것이다. 그러기 위한 열광이 "공동체 감각"과 "공감적 유대관계" 내부에서 형성될 수 있을까? 이 질문에 대한 답은 우리가 "권익 공동체"*를 어떻게 해석하는가에 달려 있다. 점점 더 큰 연합체에 권한이 이전될수록(여기서의 힘은 폭력이 아니다), 구성원들에게 점점 더 큰 권익이 생기고 구성원의 행동에서 공동체 감각이 점점 더 중요해진다는 것이 프로이트의 주장이다. 아인슈타인은 주권을 더 큰 국제기구에 넘기는 것이 각 국민국가의 의무라고 했다. 권한의 분배를 주권 모델 너머에서 상상해보는 것은 프로이트도 마찬가지다. 공동체(자체적 협치의 권한)가 확장될 때, 그리고 공동체와 개인 통치자가 점점 분리되고 심지어 점점 대립할 때, 파괴성을 억제하기 위해 우리는 일군의 자기입법적 자기구속적 법으로 표현된 "공동체 감각"에 의지하게 된다. 하지만 폭력이 공동체 내부에서 분출할 수 있다는 것(예컨대 분파 간 분쟁이 생길 수도 있고, 국가에 대한 혁명권이나 국가주권을 제한하는 국제기구에 대한 저항권이 행사될 수도 있다는 것)은 현재진행형의 문제다.

프로이트와 아인슈타인에게는 폭력을 제약해야 한다는 것과 국

---

* 같은 곳.

가주권을 국제주의라는 좀더 넓은 틀 안에서 제약해야 한다는 것이 비슷한 과제인 듯하다. 권력의 우상화를 주권 자체의 필수성분이라고 볼 때, 제약해야 하는 폭력은 바로 그 우상화된 권력이다. 이처럼 1930년대 초의 프로이트와 아인슈타인은 내셔널리즘적 열정이 폭력의 돌발로 이어진다는 것을 이해하고 있었다(물론 그로부터 불과 몇 년 뒤에 국가폭력이 파시즘과 나치즘으로 현현하리라는 것을 구체적으로 예측할 수 있었던 것은 아니다). 1930년대 초의 국제연맹은 두 사람이 상상한 국제기구('위원회')를 어느 정도 재현해주는 제도였지만, 기존 제도들이 국가주권을 실질적으로 제약한다는 것은 불가능했으니, 국제연맹이라는 제도가 최종 권력의 필수성분이었던 적은 거의 없었다. 전쟁을 막기 위해서는 주권에 맞먹는 권력이 필요한데, 국제연맹 같은 기구는 집행력을 가질 수 없으니 그런 권력도 가질 수 없다. 그러니 두 사람의 결론은 '주권을 국제적 관계에 이로운 방향으로 양도하는 것이 평화로 가는 유일한 길이다'라는 것이었다. 자칭 "내셔널리즘으로부터 자유로운" 사람이었던 아인슈타인은 국제적 제도 마련이 감행할 가치가 있는 모험이라고 말했다("국제적 안전을 확보하는 길은 각국이 행동자유권, 곧 주권의 일부를 무조건 포기하는 것입니다. 다른 길이 없다는 것은 확실한 듯합니다"). 이어서 아인슈타인은 이 방향에서의 노력이 실패했다는 점을 언급하면서 "막강한 심리적 힘들이 그러한 노력을 무력화시키고 있다는 데 의심의 여지가 없다"고 말한다.* 프로이트의 질문은 '공동체 감각이 독재자에게 반기를 든다면(공동체 감각이 무절제한 권력을 형상화하는 우상화된 인물과의 동일시를 기반으로 삼지 않는다면) 그때의 공동체 감각을 어떻게 이해하는 것이 좋겠는가'라는 것이었다. 현실에 반기를 드는 한 방법이 바로 열광이다(열광/조증이 우울/우울증의 회로에 속해 있는 것은 그 때문이다). 열광이 작용할 때는 무조건적 자유가 행해지는 것 같지만, 열광은 언제나 삶을 위한 조건이라는 문제로 돌아와야 한다. 그런데 무엇이 조건을 그렇게 정해놓았는가? 그런 조건이 있기 때문에 자유를 행할 수 있다는 것에 이처럼 이의를 제기했다면, 그다음에는? 그다음에는 유토피아를 일별할 수 있다. 물론 한시적이지만 그럼에도 여기에는 분명 정치적인 잠재력이 있다.

이처럼 프로이트는 전쟁을 막을 방법을 알아내려는 마지막 노력을 경주하는 중에 새로운 논의의 길—집단심리학을 논의하던 시점에서는 가지 않았던 길—로 접어드는 듯하다. 프로이트가 탐색하는 첫번째 길은 내셔널리즘의 흥분에 맞설 것을 요구하고, 두번째 길은 '유기체'라는 인류의 자연적 토대에 주목할 것을 요구한다. 마지막으로 프로이트는 호전성에 대적하는 길은 오직 두 가지—"에로스라는 적수"를 동원하는 것, 그리고 공동체 형태의 동일시를 형성하는 것—뿐이라는 강력한 주장을 펼친다.** 프로이트가 '교육을 통해서, 그리고 내셔널리즘과 무관한 공동체 감각의 배양을 통해서 대중의 진화가 가능할지도 모른다'라는 사변을 펼쳐보았던 것도 이 주장을 입증하기 위해서였다.*** 이상적인 조건하

---

* 아인슈타인이 프로이트에게 보낸 편지, "Why War?", p. 200 참조.

** 같은 책, 212쪽.

에서라면, 한 공동체의 모든 구성원이 극기를 행할 것이고, 그러한 극기의 동력은 생명을 지켜내는 일 자체가 이 공동체를 위하는 일이라는 인식일 것이다. 이처럼 프로이트가 생각하는 공동체의 이상—'공동체의 구성원이 생명을 지켜내기 위해 극기의 의무를 평등하게 감당한다'는 이상—은 비판적 판단력과 비판적 사고력을 민주화할 가능성—윤리적 입장에 도달하기 위해 초자아의 극단적 자학에 의지하는 노선에서 벗어날 가능성—을 연다. '인간들의 파괴력은 충동들(곧 생명)에 깊숙이 새겨져 있으니, 어떤 정치적인 조치를 통해서 그런 파괴력을 효과적으로 제어하기는 불가능하다'라는 회의적 입장에 프로이트는 과연 설득력 있는 반론을 내놓고 있는 것일까? 한편으로 프로이트는 '우리의 과제는 사회적 유대관계를 만들어내고 지켜내는 사랑의 편, 공동체 감각을 만들어내고 지켜내는 동일시의 편에 섬으로써, 사회적 유대관계를 무분별하게 깨뜨리는 증오(또는 타나토스)를 지양하는 것이다'라는 주장을 펼친다. 다른 한편으로 프로이트는 사랑과 미움은 충동의 필수성분들이라는 점에서 동등한 차원에 있다는 사실과 에로스를 증폭시키는 것만으로는 파괴성을 제거할 수 없다는 사실을 때마다 강조해왔다. 여기에는 '때때로 우리는 생명의 수호(에로스의 목표)를 위해 우리의 생명을 공격적으로 방어해야 한다'라는 뜻도 있지만, '우리는 강렬한 적의와 살인충동을 불러일으키는 사람들과 함께 살기

*** 내셔널리즘과 시온주의에 대한 프로이트의 저항을 보려면 Jacqueline Rose, *The Last Resistance*, London and New York : Verso, 2007, pp. 17~38 참조.

위해 노력해야 한다'라는 뜻도 있다.

프로이트는 동일시와 우울을 논의하면서 모든 애착관계가 양가 감정—사랑과 미움이라는, 서로 반대 방향으로 떠밀리는 두 힘— 을 포함하고 있음을 분명히 한다. 이처럼 '사랑'은 사랑과 미움이 라는 양극관계에서 한쪽 극을 가리키는 이름이기도 하지만, 양가 감정(계속 변형되는 양가감정의 변주들)으로 경험되는 양극관계 자체를 가리키는 이름이기도 하다. '나는 당신을 사랑하는 것이지 미워하는 것이 아니다'라고 말할 수도 있지만, 사랑과 미움은 하나 로 이어져 있으며 우리는 바로 그 역설을 '사랑'이라고 부른다고 말할 수도 있다. 첫번째 정리에서의 사랑은 일가적一價的이지만, 두 번째 정리에서의 사랑은 양가성을 벗어날 수 없다. 이 두 정리 사 이에서 생기는 모종의 리듬이 (그리 조화롭지 않은 리듬이라 하더 라도) 프로이트에게는 좀더 넓은 사랑 개념의 필수성분이 아닐까?

파괴성과 전쟁에 대한 프로이트의 관점으로부터 (프로이트가 직접 도출하지는 않은) 두 가지 결론이 도출될 수 있을 것 같다. 첫 번째는, 각종 내셔널리즘적 감정이 가속화되는 상황에서 교정책이 되어주는 것이 바로 사회적 유대관계를 '공격'하는 양가감정—자 기의 내셔널리즘적 흥분과 적의를 알아차리는(그리고 내셔널리즘 적 프레임을 알아차리는) 자기-거리두기self-distancing—이라는 결 론이다. 나라를 사랑하면서 동시에 내셔널리즘적 열정에 반대하게 되는 경우가 있을 것이고, 그러한 경우에 만들어지는 양가감정은 전쟁 가능성을 비판적으로 성찰하고 전쟁의 자극에 휩쓸리기를 거 부하는 데 도움이 될 것이다. 두번째는, 우리의 증오를 전쟁에 반대하는 데 동원해야 하리라는 결론이다. 프로이트가 아인슈타인에게 쓴 편지에는 이 내용이 간접적인 방식으로(프로이트 특유의 레토릭으로) 표현되어 있다. 예컨대 프로이트는 "우리가 전쟁을 증오하게 되는 근본적 이유는 전쟁을 증오할 수밖에 없기 때문입니다…… 우리가 평화주의자인 이유는 유기체이기에 평화주의자일 수밖에 없기 때문입니다"라고 쓰고 있다.*

이 대목에서 프로이트는 분명 무차별적이고 미심쩍은 주장을 하고 있다. 프로이트는 이 주장으로 무슨 말을 하려는 것일까? 프로이트는 죽음충동이 우리 유기체적 생명의 '정복 불가능한' 차원임을 말했지만, 다른 한편에는 삶충동, 곧 살고 싶다는 생명주의적 충동—생명에 대한 위협 그 자체를 없애버리고자 하는 충동—도 있는 것 같다. 우리를 평화주의자—파괴세력들을 무찌르고 독재 권력에 대한 우상화를 무너뜨리고자 하는 존재—이게 하는 것은, 우리 유기체성의 전체가 아니라 일부—연대와 결속의 감정들을 높이 평가하는 부분—이다. 요컨대 이 대목에서 프로이트는 우리의 유기체성 중에서 평화주의적 속성—파괴충동을 제압함으로써 공동체적 자기보존의 목표들을 우선시하는 데 성공하는 경우 평화주의적으로 발현될 속성—에 호소하고 있다.

이 대목에서 프로이트는 유기체가 필연적으로 평화주의자가 된다고 말하고 있는 것 같지만, 그럴 수 있는 유기체는 '문화적 성장'을 통해 전쟁에 대한 증오와 전쟁이 감당 불가능하다는 감각을 키

---

* 프로이트가 아인슈타인에게 보낸 편지, "Why War?", p. 214.

운 유기체뿐이다. 요컨대 전쟁의 감각이 더이상 짜릿한 쾌감이 아님을 알 수 있는 유기체는 교육받은 유기체뿐이다. 우리 중에 유기체적 생명을 파괴하는 전쟁의 참상을—감당 불가능한 무언가, 유기체적 생명을 고려해야 하는 인간들에게는 받아들여질 수 없는 무언가를—볼 수 있고 상상할 수 있는 사람은, 교육받은 시지각을 가진 사람뿐이라는 것이다. 한편으로, (죽음충동이 우리를 지배하고 있을 때가 아니라면) 우리의 유기체적 생명 중 적어도 일부는 우리가 파괴되는 것을 바라지 않으니, 우리를 평화주의자로 만드는 것은 유기체적 생명이다. 다른 한편으로, 우리가 유기체적 생명 파괴가 어떠한 결과를 초래하는지를 이해할 수 있으려면 문화적 진전이—우리로 하여금 그러한 파괴를 인식하고 감안하게 하고 이로써 파괴라는 것을 증오하게 하는 무언가가—있어야 한다. 결론적으로 말해서, 프로이트가 바라는 것은 유기체적 생명에 대한 최종 결정권이 죽음충동에 돌아가지 않는 것, 그리고 생명 세계 전체에 펼쳐져 있는 의존관계들이 유기체적 생명의 여러 형태를 서로 연결해주는 그림을 그리는 것이다. 그렇게 보자면 프로이트의 정치학은 (때로 죽음으로 가는 파괴적 우회로가 유기체를 지배한다 하더라도) 유기체의 정치학, 유기체를 위한 정치학이다. 증오가 전혀 없을 때는 없지만, 증오의 부정적 힘이 전쟁에 반대하는 공격적 입장으로 뭉쳐질 수는 있다. 파괴성에는 파괴성으로 맞서겠다는 이 입장은, 예를 들면 공격적 형태의 평화주의(아인슈타인 자신이 '전투적 평화주의'*라고 불렀던 입장)와도 일맥상통한다.

간디가 "삶을 살아간다는 것은 곧 파괴의 틈에서 버텨나간다는 것이니 최고의 법은 파괴의 법이 아닐 것이다"**라고 말했을 때, 간디는 프로이트의 충동이론과 비슷한 충동이론을 전개해보려고 한 것은 아닐까. 간디도 최고의 법을 "사랑의 법"과 연결하고 있다. 여기서의 '법'은 수사적으로 다양한 형태를 띨 수 있을 텐데, 일단은 법에 호소하는 형태, 파괴를 막아달라고 청원하는 형태를 띠는 것 같다. 어딘가에 실재하는 법이라기보다는 유기체성의 원리에 가까운 무언가라고—폭력의 유혹이 너무나도 분명하게 지각될 때 거기에 맞서서 비폭력을 필연화하고자 하는 모종의 정치적 윤리적 레토릭이라고—해야 할 것이다.

행동을 상반된 두 방향으로 떠미는 심리적-사회적 역장에서 말하고 있다는 점은, 비폭력을 소망하는 프로이트도 마찬가지다. 이러한 소망이 폭력을 삼가게 만든다는 의미에서 '법'이라고 하더라도, 여기서의 법은 성문화될 수도 없고 구체적으로 적용될 수도 없는 법이다. 여기서의 법은 오히려 소망의 구조—상대방을 향한 호소의 구조이자 그 호소가 상정하면서 활성화하는 윤리적 유대관계의 구조—가 된다. 비폭력을 소망한다는 것은 종속관계의 파괴나

---

* 알베르트 아인슈타인은 1931년 1월에 조지 실베스터 비어레크와의 인터뷰에서 이렇게 말했다. "나는 그냥 평화주의자가 아니라 전투적 평화주의자입니다. 나는 평화를 위해 기꺼이 싸우겠습니다. 전쟁을 멈추게 하려면 사람들이 병역을 거부해야 합니다. 원대한 이상을 위한 싸움에 나서는 것은 일단 공격적 비주류입니다." *Einstein on Peace*, Otto Nathan and Heinz Norden, eds., Pickle Partners Publishing, 2017, p. 125.
** Mahatma Gandhi, "My Faith in Nonviolence", Arthur and Lila Weinberg, eds., *The Power of Nonviolence: Writings by Advocates of Peace*, Boston: Beacon Press, 2002, p. 45.

부당한 정권의 파괴를 포함한 그 어떤 파괴도 있을 수 없다는 의미가 아니다. 주체가 살인적 폭력을 휘두르는 권력에 복종하고 있다는 것은 그러한 폭력이 주체 자신에게 행해지고 있다는 뜻, 그 정치권력이 초자아로(내면화된 폭력으로) 구조화되고 있다는 뜻이다. 초자아의 극한 지점은 자아가 파괴되거나 유기체 자체가 파괴되는 지점(자살 또는 살인)이지만, 프로이트가 아인슈타인에게 쓴 편지의 끝부분에서 구상하고 있는 공격성은 그런 파괴와는 다른 차원에 있다. 독재자를 물리칠 유일한 희망이 열광의 동원(주권권력을 압도하는 인원수로 하소연하기)에 있다는 프로이트의 말은, 권위주의적 독재에 맞서는 동시에 생명성 자체를 위태롭게 하는 전쟁에 맞서는 저항의 연대를 일별케 해준다. 주체를 독재자로부터 해방시켜주는 것은 열광뿐이라고 할 때, 전쟁에 대한 증오는 비판력의 한 부분으로 비판력의 다른 부분을 공략함으로써 내셔널리즘적 군국주의적 사회성과 절연한다는 점에서 열광을 닮았다. 저항의 민주화를 위해 활성화되는 비판력은 전쟁에 반대하고 내셔널리즘의 도취에 저항하는 비판력(전쟁광의 권위에 복종하는 것이 의무라고 주장하는 지도자를 겨냥하는 비판력)이다. 이처럼 프로이트는 공동체 감각을 토대로 삼는 비판적 판단력—생명을 위태롭게 하는 공격성(그리고 그러한 공격성의 발현으로서의 비판성)에 맞서는 비판성—의 민주화를 상상하고 있다. 물론 공격성과 증오 어느 쪽도 없어지지는 않을 테지만, 지금 공격성과 증오가 향하는 대상은 평등 확장에의 전망을 저해하는 모든 것, 서로 이어져 있는 우리의 유기체적 삶을 위태롭게 하는 모든 것이다. 하지만 죽음충동 또한 유기체적 삶의 한 부분인 듯하니 지금의 상태가 계속된다는 보장은 없다(유기체를 움직이는 힘이 생과 사의 이중성으로 밝혀진다고 해도 그리 놀라운 일은 아닐 것이다). 투쟁이 정치적 동물인 우리의 필수성분이라고 할 때, 그 투쟁은 (경계를 늦추지 않겠다는 갸륵한 결단이 수반되는 경우도 없지는 않지만) 대개는 투쟁중이라는 자각 없이 생과 사의 관행들 속에서 무의식적으로 계속된다.

후기
다시 생각하는 취약성, 폭력, 저항

우리는 분명 무수한 만행과 황당한 죽음의 시대를 살고 있으니, '우리가 이용할 수 있는 재현 양식 중에 이러한 폭력을 포착하게 해줄 만한 것이 무엇이 있는가?'가 엄청난 윤리적 정치적 질문이 된다. 일각에서는 초국적 국지적 당국자들이 취약집단들을 선정하고 보호조치를 마련해야 한다고 말할 것이다. 좀더 많은 이주자의 월경越境을 허용할 '취약자 증명서'의 확대 발급에는 나도 반대하지 않는다. 하지만 그 특정 담론·권력 구성체가 문제의 핵심을 짚고 있는지는 모르겠다. '취약집단' 담론이 온정주의적 권력을 재생산한다—'저마다 나름의 이해관계와 한계를 가지고 있는 여러 규제기관이 그런 담론으로 인해 권위를 얻게 된다'—는 질책도 이미 많이 나와 있다. 그렇지만 다른 한편으로 나는 바로 이 문제를 취약성 편에서 해결하려고 노력해온 실무적 이론적 작업자들을 유념하고 있다.*

다만 분명해 보이는 한 가지는, 취약성을 재평가하고 배려를 제대로 평가하는 것이 중요하다 하더라도, 취약성과 배려를 정치학의 토대로 삼을 수는 없다는 것이다. 물론 나는 더 나은 사람이 되고 싶고, 더 나은 사람이 되려고 노력하고 싶다. 근본적으로 존재하면서 반복적으로 발현된다고 느껴지는 나의 착오성을 인정하는 것은 그러한 노력 중 하나다. 성자가 된다는 것이 모든 선함/좋음 goodness을 독차지하면서 인간 심리의 착오적 파괴적 차원을 외부의 상대방—'나 아님'의 영역에서 살아가는 사람들, 곧 우리가 탈동일시의 대상으로 삼는 사람들—에게 전가한다는 뜻이라면, 우리 중 누구도 성자가 되려고 해서는 안 된다. 예를 들어 '배려'의 윤리, '배려'의 정치를 행하자는 말이 인간의 성향 중 현재진행형의 무갈등 성향을 페미니즘의 정치 프레임의 토대로 삼자는 뜻이라면(그럴 수 있고 그래야 한다는 뜻이라면), 그렇게 말하는 우리의 현실은 두 갈래로 갈라진다(우리의 공격성은 통편집되거나 외부의 상대방에게 전가된다). 마찬가지로 우리가 취약성을 새로운 정치의 토대로 삼을 수 있다면 좋겠지만(그럴 수 있다면 간편하고 효과적이겠지만), 취약성이라는 조건을 다른 조건들로부터 분리해낸다는 것이 불가능한 일일 뿐만 아니라, 취약성이라는 현상을 무언가의 토대로 삼는다는 것 자체가 불가능한 일이다. 취약한 사람이라는 말은 곧 취약한 조건 속에서 버티고 있는 사람이라는 뜻

---

* 마사 파인맨은 자기 팀의 연구 성과를 에모리대학교 공식 웹사이트 첫 화면에 띄워놓았다. "Vulnerability and the Human Condition Initiative", web. gs.emory.edu/vulnerability.

아닌가? 나아가 취약한 조건에 처해 있으면서 그 취약한 조건에 저항하고 있는 사람들을 생각해본다면, 그 이중성을 어떻게 이해해야 하겠는가?

우리의 과제가 취약한 동물들의 집회에 참여하거나 취약자로 정체화되는 계층을 창출하는 것은 아니라고 생각한다. 구조적인 방식으로 폭력의 대상이 되는 사람들을 설명하거나 그런 커뮤니티들을 설명하면서 설명의 대상을 '취약층'이라고 요약한다면, 그것이 대상을 존중하는 설명, 폭력에 맞서는 투쟁의 존엄을 존중하는 설명이겠는가? 보호와 돌봄을 필요로 하는 사람들이 인권사업의 맥락에서는 '취약군' 범주에 들어간다. 식량·거처 등 생존의 기본적 요건을 확보하지 못한 사람들의 상황은 물론이고 통행의 자유와 시민권을 인정받지 못한 사람들(심지어 통행하고 체류함으로써 범죄자가 되는 사람들)의 상황을 보도하는 것은 물론 매우 중요하다. 그 많은 국민국가가, 그리고 유럽연합을 포함한 초국적 통치기구들이 점점 많은 수의 난민들을 방치하고 있다. 지금 전 세계에 거의 1000만 명에 가까운 무국적자가 있다는 것이 유엔난민기구의 추산이다.* 라틴아메리카에서 발생하는 여성살해feminicídio 피해자—많은 수의 트랜스 여성을 포함해 여성화된다는 이유로 잔혹행위를 당하거나 살해당하는 모든 사람을 포함하는 용어—도 그런 방식으로 논의된다(피해자는 연간 거의 3000명, 특히 높

---

* United Nations High Commissioner for Refugees, *Statelessness around the World*, unhcr.org.

은 발생률을 보이는 국가는 온두라스·과테말라·브라질·아르헨티나·베네수엘라·엘살바도르다).* 한편 '단 한 명도 더 잃을 수 없다 Ni Una Menos' 운동은 라틴아메리카 전역에서(그리고 스페인과 이탈리아에서) 100만 명이 넘는 여성을 마초 폭력machista violence에 반대하는 가두시위에 나서게 했다. 여성, 트랜스 커뮤니티, 그리고 트라베스티travesti까지 포함하는 '단 한 명도 더 잃을 수 없다' 조직은, 다양한 경제적 계층과 다양한 지역 커뮤니티에 속한 여성들과의 연계를 통해 여성과 트랜스젠더 살해에 반대하는 것은 물론이고, 차별과 폭행과 구조적 불평등의 끝없는 반복에 반대하기 위해 학교·교회·노조 내부에서 활동하고 있다.

여성살해 사건은 선정적 스토리 형식으로 보도될 때가 많다. 보도 이후 순간적 충격이 있지만 그뿐이고, 똑같은 사건이 다시 발생한다. 경악은 있지만, 경악이 언제나 분석과 연결되거나 공동체적 분노의 집결과 연결되는 것은 아니다. 여성살해 범죄를 저지른 남성을 설명하면서 인격 장애 또는 특이한 병리상태라고 할 때, 여성살해 범죄가 구조적 폭력이라는 사실은 은폐된다. 피해자의 죽음을 묘사하면서 (마치 우주에서 어떤 세력들이 서로 충돌해서 불행한 결과가 빚어졌다는 듯) '비극적'이라고 할 때도 마찬가지다. 코

---

* "Countries with the Highest Number of Murders of Trans and Gender-Diverse People in Latin America from January to September 2018", Trans Murder Monitoring, 2018. 11. statista.com/statistics/944650/number-trans-murders-latin-america-country. Chase Strangio, "Deadly Violence against Transgender People Is on the Rise. The Government Isn't Helping", ACLU, 2018. 8. 21, aclu.org 참조.

스타리카의 사회학자 몬세라트 사고트는 여성 대상 폭력이, 사회
에 만연해 있는 남녀의 구조적 불평등을 집약하는 현상일 뿐 아니
라 독재권력과 군대폭력의 유산 중 하나인 테러를 표면화하는 현
상이라는 논의를 펴왔다.* 잔혹한 살인자들이 응분의 처벌을 받지
않는 현재는 예속, 테러, 사회적 취약성, 말살이 드물지 않았던 과
거의 유산이라는 것이다. 사고트가 볼 때, 개인적 특성이나 병리를
동원하거나 심지어 남성적 공격성을 동원하는 것으로는 여성살해
라는 범죄행위를 전혀 설명할 수 없다. 이러한 범죄행위는 사회구
조의 재생산이라는 맥락 속에서 비로소 설명될 수 있다. 또한 사고
트의 주장에 따르면, 여성살해는 극단적 형태의 여성 혐오 테러로
논의되어야 한다.**

사고트가 볼 때, 살해는 극단적 형태의 지배이며, 여성에 대한
차별·괴롭힘·폭행을 비롯한 다른 형태의 지배들은 여성살해의 연
장선상에서 논의되어야 한다. 이러한 논의가 인과적으로 논증되는
것은 아니지만, 모든 형태의 지배에는 살해라는 결말이 잠재해 있
다고 느껴진다. 성폭력에는 살해하겠다는 협박이 포함되어 있을
뿐 아니라, 피해자가 실제로 살해당할 때가 너무 많다.

여성이기만 하다면 트랜스 여성을 포함해 어떤 여성이든 살해

---

* Montserrat Sagot, "A rota crítica da violência intrafamiliar em países
latino-americanos", Stela Nazareth Meneghel, ed., *Rotas críticas: mulheres
enfrentando a violência,* São Leopoldo: Editoria Usinos, 2007, pp. 23~50.
** Julia Estela Monárrez Fragoso, "Serial Sexual Femicide in Ciudad Juárez:
1993~2001", *Debate Feminista* 13:25, 2002 참조.

당할 수 있다는 공포 분위기를 조성한다는 것도 여성살해의 한 측면이다. 브라질의 유색인 여성과 유색인 퀴어 사이에서는 이 공포가 유독 극심하다. 이러한 위협적 분위기 속에서 사는 사람들은 내가 아직 살아 있구나 하는 느낌으로 살게 된다. 이처럼 가해 요소들이 잠재해 있는 공기 속에서의 삶은 간신히 버티는 삶, 간신히 숨 쉬는 삶이다. 이렇듯 여성살해라는 관행이 만연해 있어 범죄자가 응분의 처벌을 받지 않는 분위기 속에서 살아가는 사람들은 어느 정도는 공포에 질린 상태로 살게 된다. 피해자가 될 운명을 피하기 위해 남성들의 하급자가 되는 방향으로 움직이게 된다는 것이다. 불평등에 시달리며 복종해야 하는 그들의 경험은 '살해 가능한' 존 재라는 그들의 위상과 이미 연결되어 있다. '복종해라, 아니면 죽어라'라는 명령은 과장이 섞인 명령 같지만, 이 명령의 메시지가 자기를 겨냥하고 있음을 많은 여성들은 알고 있다. 이처럼 여성을 공포에 질리게 만드는 권력은 가해자 기소를 거부하고 가해행위의 범죄성을 인정하지 않는 경찰제도와 사법제도에 의해 비호·유지· 강화될 때가 너무 많다. 때로는 법적 고소를 감행하는 여성들에게 도 (그렇게 용기와 의지를 표명하는 것을 처벌하겠다는 듯이) 폭력이 저질러진다.

그런 각본 속에서도 여성살해가 폭력행위라는 것은 자명하니, 살해행위의 범죄성을 부정하고 피살자를 비난하고 감형을 위해 범죄자를 병리화하는 사람들이 없다면 이러한 폭력행위가 이처럼 엄청난 빈도와 강도로 반복되지는 않을 것이다. 무처벌을 법제구조 안에 정착시킨 나라가 너무 많은데(각국 정부가 미주인권재판소의 중재를 거부하는 것은 그 때문이기도 하다), 이 말은 사건 접수 거부, 고소인 협박, 범죄성 불인정을 비롯한 온갖 관행이 살해행위의 폭력성을 영구화하고 여성살해를 허용하고 있다는 뜻이다. 그러한 경우에 우리는 살해행위에서의 폭력성뿐만 아니라, 여성들(그리고 여성화된 사람들)에 대한 사회적 지배에 깔려 있는 복선에서의 폭력성도 짚어내야 한다. 폭력을 폭력으로 인정하지 않는 합법적 거부 또는 합법적 불이행의 사례들 속에서 생겨나는 것이 폭력이다. 사건이 접수되지 않았다는 말은 범죄도 없고 처벌도 없고 배상도 없다는 뜻이다.

페미니즘 투쟁과 트랜스젠더 투쟁은 서로 이어져야 한다. 여성살해를 성테러sexual terror의 일환으로 이해한다면, 이 두 투쟁은 서로 이어져 있을 뿐 아니라, 이 두 투쟁과 퀴어 투쟁, 동성애 혐오와 싸우는 모든 사람들의 투쟁, 지나치게 높은 비율로 폭력과 방치에 노출되어 있는 비非백인들의 투쟁도 모두 이어져 있다. 성테러가 지배와 관련되어 있을 뿐 아니라 말살과 관련되어 있다면, 성폭력은 탄압이 있고 저항 투쟁들이 있는 복잡한 역사들이 펼쳐지는 농밀한 현장을 구성하고 있다. 여성살해 희생자의 죽음 하나하나가 개인의 죽음이고 끔찍한 죽음인 것은 물론이지만, 그 모든 죽음이 여성의 애도가치를 인정하지 않는 사회구조의 일부인 것 또한 사실이다. 모든 폭력행위 너머에는 보이지 않는 사회구조가 있으며, 각 폭력행위는 그 사회구조의 재연(표면화·재생산)이다. 죽임당해서는 안 될 사람들이 죽임당하고 있다. 단 한 명도 더 잃을 수 없다. Ni Una Menos.

내가 여기서 든 예가 여성살해라는 폭력행위의 역사적 특수성을 제대로 다루고 있는 것은 아니지만, 계속 재발하는 살해들을 그저 낱낱의 끔찍한 사건들이 아닌 무언가로 이해해보고자 할 때 도움이 될 만한 일련의 질문을 여기서 시작해볼 수는 있다. 이러한 현실을 전 지구적으로 조망하고 설명하라는 윤리적 인식론적 요구가 있다면, 여기에는 미국 교도소와 미국의 길거리에서 발생하는 살해들—법을 현장에서 제정하곤 하는 경찰의 책임—이 포함되어야 할 것이다. 신新권위주의·신新안보논리·신新공권력—3대 공권력(안보군·경찰·군대), 그리고 공적 공간을 점점 더 치밀하게 사찰하고 있는 듯한 3대 공권력의 합동작전세력—을 아우르는 우익 대중주의 진영은 '대중'을 폭력으로부터 '보호'하기 위해 그와 같은 살인적인 제도들이 필요하다고 보고 있지만, 그런 식의 정당화 논리는 공권력을 점점 확장시키고 비주류를 봉쇄하고 차단하는 수감 전략들을 점점 강화시키기만 할 뿐이다.

시체정치를 이런 식으로 구현하는 표적화 행태를 규명하고 논박할 방법이 있을까? (물론 그 방법이 피해자층을 만들어내는 방법, 곧 여성·퀴어·트랜스·흑인을 비롯한 비非백인에게 네트워크가 있고 이론과 분석이 있고 연대가 있고 효과적으로 저항할 힘이 있음을 부정하는 방법이어서는 안 된다.) 공권력은 대중을 폭력으로부터 '보호'한다는 미명하에 감금권력을 확대하고 있다. 우리가 '취약군'을 논의 대상으로 삼음으로써 그들을 취약성으로부터 구제하는 것을 우리의 과제로 삼을 때, 우리도 부지불식중에 비슷한 짓을 저지르고 있는 것은 아닐까? 그런 구제를 이행하고자 하는 단체나 기관이 그런 짓을 하고 있으니 말이다. 위태로운 상태로부터의 구제는 물론 좋은 일이지만, 특정 인구군을 생존의 위기에 빠뜨리는 경제와 구조적 폭력을 파악·견제하는 일이 과연 그런 접근방식으로 가능할까? '우리'가 그런 식의 사회지배와 사회폭력에 반대하기 위해, 취약자인 동시에 투쟁자인 그들과의 연대네트워크에 합류하기 위해, 이른바 온정주의적 선택지를 포기하는 길을 가지 못하고 있다면 그 이유는 무엇일까? 그들이 '취약층'으로 범주화된 이후에도 그들의 권력이 계속 유지·행사된다고 볼 수 있을까? 취약층으로 범주화된 사람들로부터 사라진 권력이 이제 개입의 의무를 짊어진 온정주의적 돌봄의 권력이 되어 재출현하고 있는 것은 아닐까?

취약층으로 범주화된 사람들의 처지는 실은 이러한 역사적 조건들하에서 나타나는 취약성·분노·인내·저항의 성좌가 아닐까? 만약 그렇다면, 이 성좌로부터 취약성을 추출한다는 것도 똑같이 어리석은 짓일 것이다. 만약에 우리가 그러한 통찰—'취약성은 사회관계들을 연결하는 흐름이자 사회관계들을 지지하는 조건이다'라는 통찰—에 도달하지 못한다면, 바람직한 형태의 실질적 평등을 현실화할 가망은 거의 없다. 우리는 취약성을 완전히 수동적인 무언가로 이해하는 대신, 저항의 실천들을 포함하는 구체화된 사회관계들을 고려할 때 비로소 밝혀질 수 있는 무언가로 이해해야 한다. 취약성이 구체화된 사회관계의 한 부분, 구체화된 행동의 한 부분이라는 관점을 가질 수 있을 때, 비로소 우리는 저항이 어떻게, 그리고 어째서 이러저러한 형태로 출현하는지를 이해할 수 있다. 지배에 언제나 저항이 따라오는 것은 아니지만, 만약에 우리의 권력 프레임이 취약성과 저항의 공조 가능성을 파악하는 데 실패한다면, 취약성이 열어낸 저항의 현장들을 알아보지 못할 위험이 있다.

하지만 어쨌든 유럽의 여러 국경지대에서 발생하고 있는 막대한 박탈과 사망이 다분히 조직적이라는 것은 분명하고, 이주자들과 협력자들의 저항이 (삽화적이기는 하지만) 결정적이라는 것도 분명하다. 지중해 횡단중에 사망한 사람들이 2017~2018년에만 대략 5400명인데, 여기에는 바닷길 이주를 시도한 쿠르드 난민이 상당수 포함되어 있다.[*] 시리아 봉기 8년 만인 2019년 3월까지 민간인 사망자 수가 22만 1161명으로 집계되었다고 시리아 인권네트워크는 전하고 있다.^{**} 박탈과 사망을 예사로 겪는 이러저러한 인구군들을 우리가 어떻게 명명·인식하는가라는 질문을 제기해보고자 할 때 우리가 들 수 있는 예는 여성살해 이외에도 많이 있다. 터키 국경지대에서 발이 묶인 시리아인·쿠르드인에 대한 가혹한 처사, 유럽과 미국의 무슬림 혐오적 인종차별, 그리고 무슬림 혐오, 이주자 혐오, 흑인 혐오가 한데 모여 만들어내는 처치 가능한 종족(머잖아 멸종하리라고 여겨지거나 이미 멸종했다고 여겨지는

_* International Organization for Migration, "Mediterranean Migrant Arrivals Reach 113, 145 in 2018; Deaths Reach 2,242", iom.int, 2018; "Mediterranean : Deaths by Route", Missing Migrants Project, missingmigrants.iom.int, 2019. 5. 15.

_{**} Syrian Network for Human Rights, "Eight Years Since the Start of the Popular Uprising in Syria, Terrible Violations Continue", sn4hr.org, 2019.

종족)이라는 개념 등도 그런 예에 포함될 것이다.

　한편, 인프라의 뒷받침을 잃은 사람들은 국경을 넘기 위해 네트워크를 만들고 일정을 전하며 지중해의 국제 해상법을 배워 유리하게 이용할 방법을 찾고 있다. 루트를 짜야 하고 이러저러하게 힘을 보태주는 커뮤니티들과 접촉해야 하기 때문이다(영업을 중단한 숙박업소에서 생필품을 지원하는 아나키스트들과 함께 하는 점거농성도 그중 하나다). 유럽 국경지대에서 발이 묶인 사람들의 생명은 정치철학자 조르조 아감벤이 "벌거벗은 생명la nuda vita"이라고 부르던 것과는 다르다. 그들을 지금보다 더 무력화시키는 방식으로는 그들의 고통을 인식할 수 없다는 뜻이다. 대부분의 경우 그들은 무력한 것이 아니라 끔찍한 상황에 놓여 있고, 바로 그러한 상황 속에서 사회성의 형태들을 급조해내고 휴대전화를 이용하며 기회가 있을 때마다 지도를 작성하고 외국어를 배우는 등 계획을 세우고 행동을 취한다(물론 그런 활동들이 항상 가능한 것은 아님을 너무 많은 예가 보여주고 있다). 그들의 행위주체성은 항상 가로막히지만, 맞설 방법들—폭력의 지속을 막기 위해 스스로 폭력의 역장을 찾아들어갈 방법들—은 아직 남아 있다. 그들이 서류를 요구하고 통행의 자유를 요구하고 입국할 권리를 요구할 때, 그들은 엄밀히 말해 자신의 취약함을 극복하고 있다기보다는, 자신의 취약성을 입증하고 있고 자신의 취약성과 함께 시위하고 있는 것이다. 취약성이 강력한 힘으로 바뀌는 기적적 영웅적 변신이 일어나고 있는 것이 아니라, 인프라에 대한 요구—'인프라로 뒷받침되는 삶만이 삶다운 삶일 수 있다'—를 표현하고 있는 것이다. 때로는 그 요구에 신체—한 장소에 나타나서 공권력에 노출되는 신체, 그 장소에서 물러나기를 거부하면서 공권력과 대치하는 신체—가 동원되기도 한다. 요구자의 휴대전화 영상은 실제의 삶에 대한 가상 증거로서, 요구자의 삶이 어떻게 삶의 가상적 유포에 의지하고 있는지를 보여준다. 신체가 '이것이 한 생명이다'라고 외칠 수 있으려면, 그러한 시위의 조건—특정한 신체가 공적 공간에서 지시 대상으로 출현할 수 있는 통신 환경—이 확보될 수 있어야 한다.

예컨대 〈데일리 리지스턴스〉는 페르시아어·아랍어·터키어·독일어·프랑스어·영어로 발행되는 독일 일간지로, 일련의 정치적 요구—모든 난민수용소를 없앨 것, 독일의 거주의무Residenzpflicht 정책(난민들의 통행의 자유를 좁은 테두리로 제한하는 정책)을 끝낼 것, 모든 강제송환을 멈출 것, 난민들의 취업과 입학을 허용할 것—를 정식화해온 난민 필자들의 글을 싣고 있다.[*] 2012년에 뷔르츠부르크시㊂의 몇몇 난민은 정부가 응답을 거부하고 있다는 사실에 항의하면서 입 봉합 시위를 벌였다. 입 봉합의 제스처는 그후 여러 시위 현장에서 다시 나타났다. 얼마 전인 2017년 3월에는 프랑스 칼레의 이란인 이주자들이 자기네 거처인 수용소의 철거와 퇴거를 앞두고 입 봉합 시위를 벌이기도 했다. 그들의 관점은 (많은 사람들이 공유하는 관점이지만) '경청되지 않는 목소리는 인지되지 않는 목소리이며, 그런 의미에서 정치적인 목소리가 아니니,

---

[*] 나의 글 "Vulnerability and Resistance", *Profession*, 2014. 3. profession.mla. org 참조.

정치적 응답을 받아내지 못한 난민들은 목소리가 없는 것이나 마찬가지다'라는 것이다. 물론 그들이 자기네 요구를 이처럼 명제의 형태로 표현한 것은 아니다. 하지만 그들은 그 요구의 기표이자 기의로서의 목소리를 소거하는 가독적 가시적 제스처를 통해 그 요구를 분명하게 표현했다. 봉합된 입의 이미지는 그들의 요구에 목소리가 없음을 보여줌으로써 목소리 없는 요구를 한다. 그 요구의 목소리 없음이 전시됨으로써 목소리 갖기에 가해지는 정치적 한계가 밝혀진다. 권력의 건재함을 보여주면서 동시에 그 권력의 한계들을 보여주는 것이 극장정치theatrical politics라고 한다면, 입 봉합 시위는 어떤 면에서 극장정치의 한 형태로 보인다.

터키에서의 또 한 사례는 에르도안 정부의 민영화 정책과 권위주의 기조 등에 항의하는 반정부 운동의 일환으로 2013년 6월에 탁심광장에 서 있던 '스탠딩 맨'이다. 그때 거기 서 있던 사람은 대규모 시위가 벌어진 직후에 내려진 국가의 명령—집회를 열지 말고 집회에서 다른 사람들에게 말하지 말라는, 통행·집회·표현의 자유라는 민주주의의 가장 기본적인 약속을 깨뜨리는 에르도안의 명령—에 복종하고 있는 에르뎀 귄뒤즈Erdem Gündüz라는 공연예술가였다. 그렇게 서 있는 사람은 다른 사람으로부터 규정 거리만큼 떨어져 있었고, 그 다른 사람은 또다른 사람으로부터 규정 거리만큼 떨어져 있었다. 법적으로는 집회를 연 것이 아니었다. 연설을 하거나 행진을 하는 사람은 아무도 없었다. 그들이 그때 거기서 있었던 것은 완벽한 복종 수행/공연performance이었다. 수백 명의 사람들이 그렇게 적당히 거리를 두고 서서 광장을 메우고 있었

던 것은, 기본적 자유를 침해당하고 있다는 입증/시위demonstration
였다. 그들은 명령에 복종하고 있는 동시에 카메라 앞에서 명령에
복종하는 연기를 하고 있었다(촬영하지 말라는 명령에 완벽하게
복종하기는 불가능했다). 이렇듯 'demonstration'에는 최소한 두
가지 의미—한편으로는 명령을 입증한다는 의미, 곧 명령을 체화
한다는, 신체적으로 재연한다는 의미(이런 의미에서 명령은 대본
이 되었다), 다른 한편으로는 명령에 반대한다는 의미, 곧 명령에
반대해 시위한다는 의미—가 있었다. 휴대전화 카메라(발언금지
명령과 통행금지 명령을 회피할 수 있는 기술력)를 통해 열린 시
각장은 이러한 'demonstration'의 바탕이자 동력이었다. 동일한
'performance'가 명령을 따르는 수행이자 명령을 어기는 공연의
바탕이자 동력이었던 것이다. 이런 행동을 통해 한편으로는 주체
의 복종을 폭로하고, 다른 한편으로는 주체의 복종에 저항할 때 복
종하는 주체의 복잡하게 꼬인 입장이 드러나도록 한 것이다.

이런 경우에 전면에 드러나게 되는 또하나는 복종하는 주체가
살아 있다는 점—'이 삶은 계속 복종하는 삶(공론장에 등장할 수
도 없고 공론장에서 발언할 수도 없는 삶)이어서는 안 된다' '이 삶
은 삶다운 삶이어야 한다'는 것—이다(삶이 이렇게 두 번 나오는
것은 아직 죽지 않았다는 뜻, 계속 삶을 요구하고 있다는 뜻이다).
'나는 그렇게 쉽게 사라지지 않을 것이다' '만약 내가 사라진다면
너무나 선명한 흔적이 남을 것이고 거기서 저항이 시작될 것이다'
라고 말하는 신체들은, 실은 공론장과 매체 영역 내부에서 애도가
치를 인정받아야 함을 말하고 있다. 입증/시위의 맥락에서 신체를

노출하는 사람들은 누구의 신체가 감금·추방·사망의 위험에 노출되어 있는지를 알려주고 있다. 신체화된 수행/공연을 통해서 전면에 드러나는 것이 바로 그 역사적 특수성, 폭력에의 노출과 관련된 역사적 특수성이니, 신체화된 수행/공연은 수행/공연하는 신체의 생존을 건 내기이자 주장인 것이다. 이 신체가 신체의 무매개성이 아니라는 점은 주목을 요한다. 이 신체는 사회적으로 규제당하고 방치당한 신체, 그 속에서 버티면서 사회적 규제에 저항하는 신체, 자기가 생존해 있음을 알아보기 쉽게 전하고 있는 신체다.* 이 신체는 이 신체, 이 신체들이라는 역할(스스로의 지시어 역할, 신체가 어떤 상황에 처해 있는가를 지시하고 재연하는 역할)을 하고 있다. 이 신체들은 폭력에 노출되는 신체들, 사라짐에 저항하는 신체들이다.

이 생존은 영웅적 개인주의의 문제도 아니고 미지의 개인적 자원을 퍼올리는 문제도 아니다. 신체가 생존한다는 것은 개인의 표현도 아니고 집단적 의지도 아니다. '신체의 의미 중 하나는 다른 신체들에 의존한다는 것이다' '신체는 생명과정의 한 부분으로서 생명과정에 의존하고 있다' '신체는 한편으로는 지지네트워크에 의존하면서 다른 한편으로는 지지네트워크에 기여하는 존재다'라는 주장(여기서만은 존재론적인 이 주장)을 받아들인다는 말은, 개체들을 서로 철저하게 분리된 존재들로 바라보는 것이 옳지 않

---

* Lauren Wilcox, *Bodies of Violence: Theorizing Embodied Subjects in International Relations*, Oxford, UK: Oxford University Press, 2015 참조.

다는 뜻, 그렇다고 개체들을 전혀 분리되지 않은 한 덩어리의 존재들로 바라보는 것도 옳지 않으리라는 뜻이다. 인체의 정치적 의미를 구상할 때 인체의 생장을 둘러싼 제도·관행·관계들의 맥락을 들여오지 않는다면, 왜 살인을 용납해서는 안 되는지, 왜 방치에 맞서야 하는지, 왜 불안정이 완화되어야 하는지에 대한 최선의 논증을 시작할 수 없게 된다. 이것은 그저 이 신체와 저 신체가 관계 네트워크에서 하나로 묶여 있다는 뜻일 뿐 아니라, 물질적 사회적 세계는 신체의 생명과 행동의 가능성의 조건이며 신체는 (어쩌면 바로 그 신체라는 테두리로 인해) 그 세계와 분리되는 동시에 그 세계에 노출된다는 뜻이다. 생명은 인프라를 그저 외적 지지물로서 필요로 하는 것이 아니라 생명 그 자체의 내재적 속성으로서 필요로 하니, 인프라라는 생명의 조건이 위태로워지면 생명도 위태로워진다. 우리가 이러한 유물론적 관점을 거부한다면, 위태로워지는 것은 우리 자신이다.

생과 사가 사회관계에 대한 우리의 사고방식에 의해 예단되는 방식을 비판적 사회이론이 항상 감안해온 것은 아니다. 물론 생과 사는 사회적으로 구성된 개념이라는 말도 나오고, 살기와 죽기의 사회적 형태를 설명하는 것이 가능하다는 말도 나온다. 그런 말을 하는 것도 분명 중요한 작업일 것이다. 하지만 우리가 그런 논의에서 '사회적'이라는 말이 무슨 뜻인지를 고려하지 않는다면, 죽음의 위협에 시달린다는 것 또는 생명을 약속받는다는 것이 우리가 '사회적'이라는 말로 수식하는 관계들의 필수성분임을 깨닫지 못할 위험이 있다. 그렇게 보자면, 여기서 문제로 부각된 생과 사의 문제—신체적 생존의 문제, 곧 신체적으로 생존하려면 항상 어떤 조건들이 충족되어야 하며, 그러한 조건이 현실적으로 충족되지 않는다면 생존이 위태로워진다는 문제—를 이해하기 위해서는 구성주의라는 우리의 습관을 바꿔야 한다.

생존권이라는 것이 있다면, 그것이 자신의 사회적 조건을 포기한 개인의 권리는 아닐 것이다. 개인주의는 취약성이라는 조건을 (위험성이라는 조건은 물론이고 심지어 의존성이라는 조건도) 담아내지 못한다. (생존권이라는 권리가 이미 취약성이라는 조건을 전제하고 있다. 내가 볼 때 취약성은 어수선한 사회관계들에 둘러싸인 신체에 상응하는 조건이다.) 비틀거리거나 넘어지는 신체가 지지네트워크에 의해 부축받을 수 있는가, 통행하는 신체가 막힘 없이 길을 갈 수 있는가는, 이 세계가 신체의 무거움, 신체의 움직임을 위해 세워져 있는가—그리고 이 세계가 이 상태로 유지될 수 있는가—에 달려 있다. 피부는 애초에 신체의 자연적 노출 양식이지만, 그 노출은 항상 사회적 형태를 띠고 있다. 사회적으로 구축된 관계—거처와의 관계, 의복과의 관계, 보건과의 관계—가 이미 그 노출에 대처하고 있다. 우리가 신체를 맨몸의 노출상태, 심지어 벌거벗은 생명bare life에 처하게 함으로써 신체에 가장 기본적으로 필요한 것을 찾아내고자 한다면, 우리는 사회적 세계가 바로 그 가장 기본적인 차원에서 이미 무대를 구조화하고 있음을 알게 된다. 이동·표현·난방·보건 등의 기본적인 문제들은 신체를 둘러싼 사회적 세계—누구의 신체가 이동하고 있는가에 따라 다른 길(활짝 열린 길 또는 가로막힌 길)을 제공하는 세계, 누구의 신체를 위한 것인가에 따라 의복 양식들과 주거 유형들을 충분하게 또는 빠듯하게 혹은 부족하게 제공하는 세계—와 맞물려 있다. 신체의 의미는 언제나 신체의 생존·유지·생장에 영향을 미치는 사회관계들에 의해 정의되어 있다.

인간의 생명에 의지하는 생장이 인간 아닌 존재의 생장과 연결되기도 하고, 인간의 생명과 인간 아닌 존재의 생명이 생명과정을 통해 서로 연결되기도 하면서(두 생명 모두 생명과정 자체이기도 하고 생명과정을 공유하기도 하고 생명과정을 필요로 하기도 한다), 보살필 책임과 관련된 온갖 종류의 질문들—학자들과 식자들이 본인의 분야와 무관하게 유념해야 하는 질문들—을 제기한다. 정치적 자기보존 개념—대개 폭력행위를 옹호하는 맥락에서 사용되는 개념—으로는, 자기보존이 지구의 보존을 필요로 한다는 점을 고려할 수도 없고, 우리가 자력으로 생명을 보존할 수 있는 존재가 아니라는 점—우리가 지구라는 환경 '안'에서 자생하는 것이 아니라는 점, 지구가 살아야 우리도 산다는 점—을 고려할 수도 없다. 생명을 이어나가기 위해 해롭지 않은 흙과 더럽지 않은 물을 필요로 한다는 점에서는 인간이나 인간 아닌 동물이나 마찬가지다.* 우리 중 누군가가 생장하고자 하고 나아가 좋은/선한good 삶을 살고자 한다면, 그 삶은 다른 존재들과 함께 사는 삶일 것이고 그런 삶이어야 할 것이다. 내가 그런 조건에 있다고 해서 '나'를 잃

---

* Donna Haraway, *The Companion Species Manifesto*, 2003 ; *When Species Meet*, 2007 .

어버리게 되지는 않을 것이다. 내가 누구든, 내가 운이 좋고 세계가 잘못되지 않았다면, 나와 다른 존재들의 관계가 나를 안정적으로 지속시켜주고 꾸준히 변화시켜줄 것이며, 나의 변화와 지속은 바로 그 관계들을 통해 형태를 얻게 될 것이다.

이항관계는 이 이야기의 한 부분—대면 만남으로 예시될 수 있는 부분—일 뿐이다. 이런 '나'는 생장하기 위해 어떤 '당신'을 필요로 한다. 그리고 그 '나'와 그 '당신'은 우리를 지속시켜주는 세계를 필요로 한다. 이러한 사회관계들은 우리가 서로 짊어지고 있는 좀더 넓은 전 지구적 의무로서의 비폭력을 생각해보고자 할 때 토대가 되어줄 수 있다. 내가 살기 위해서는 어떤 특정인들과 함께 살 수밖에 없고, 바로 그 불가피한 관계 속에 파괴 가능성이 거한다는 것은 어김없는 사실이다. 한 집단이 살기 위해서 그 집단과 비슷한 다른 집단이 함께 살 수밖에 없다는 말은, 누군가의 생명이 어떤 의미에서 이미 다른 누군가의 생명이라는 뜻이다. 더이상 국민의 일원이 아니게 된 사람들, 생활 터전을 잃은 사람들(폭격당했거나 수탈당한 사람들), 자기를 허약하게나마 포함시켜주던 울타리 밖으로 쫓겨난 사람들(감당 불가능한 상실을 새로 배운 언어로 전달해보고자 애쓰는 사람들, '무국적자' '이주자' '선주민'이라고 약칭되는 사람들)의 수는 점점 늘어나고 있다.

지정학적 폭력의 영역들을 연결하는 잠재적 끈은 온정주의와 권력으로 점철된 무자각적이고 허약한 끈일 수도 있지만, 폭력의 우선성과 필요성을 반박하는 횡적 연대 형식들을 통해 강화되는 끈일 수도 있다. 연대감을 지켜나가려면 우리의 관계가 횡적으로 맺어진 관계라는 것(영원히 번역되어야 하는 관계라는 것)을 받아들이는 동시에, 연대감이 도용되거나 소멸되는 등 실책을 드러낼 수도 있다는 인식적 한계를 받아들여야 한다. 취약성이 주체의 속성이 아니라 사회관계의 속성이라는 말은 취약성이 정체성도, 인식의 범주도, 정치적 행동의 토대도 아니라는 뜻이다. 취약한 상황에도 불구하고 살아남는 것은 강인함의 일종이며, 이는 난공불락의 상황으로서의 강인함을 추구하는 것과는 다르다. 난공불락이라는 지배자적 상황은 연대와 변혁적 동맹의 원천으로서의 감응성과 전파력을 저평가하여 저항의 대상이어야 할 지배 형태들을 재형성한다.

마찬가지로, 비폭력이 수동적이고 무익하다는 편견은 은연중에 남성은 능동적, 여성은 수동적이라는 속성들의 성별 구분에 의지하고 있다. 양항의 위치를 바꾸는 가치전도로는 이러한 이항대립의 허위성을 타도할 수 없다. 비폭력의 힘이 발휘되는 때는, 폭력이 아닌 듯 저질러지고 또 저질러지는 폭력에 저항할 때다. 비폭력이 국가폭력의 책략을 폭로하는 때는 국가가 흑인·갈인·퀴어·이주자·노숙자·불복자를 상대로 (마치 그들이 '안보상의 이유'로 억류·감금·추방당해야 할 파괴성의 그릇들이라도 된다는 듯) 자기방어에 나설 때다. 간디가 생각한 '영혼의 힘'은 신체화된 스탠스(신체 안에서 살아가는 법, 생존의 조건을 공격하는 조건하에서 생존하는 법)로부터 전적으로 분리될 수는 없는 그 무엇이었다. 사회관계들의 시달림 속에서 계속 생존해나가는 것이 폭력적 권력의 최종적 타도일 때도 있다.

비폭력을 힘과 연결한다는 것, 비폭력 실천을 폭력이 아닌 힘(저항과 생존의 연대 협력에서 표면화되는 힘)과 연결한다는 것은, 비폭력이 약하고 무익한 수동성이라는 관점을 거부한다는 것이다. 거부하는 것은 아무 일도 하지 않는 것과는 다르다. 수감중인 단식 농성자는 수감자 신체의 재생산을 거부함으로써 수감자의 생존을 위협해온 감금권력을 규탄하는 일을 하고 있는 사람이다. 파업농성은 어떻게 보면 '행동'이 아닌 것 같지만, 자본주의적 형태의 착취가 계속되는 데 없어서는 안 될 노동의 제공을 중단함으로써 노동자들의 힘을 알리는 행동이다. 시민 불복종은 어떻게 보면 단순한 '불참'인 것 같지만, 법제가 부당하다는 판결을 공식화하는 방식의 참여다. 시민 불복종은 초법적 판결을 내리는 일이다. 장벽(사람들이 들어오지 못하도록 막기 위해 세운 벽)을 무너뜨리는 것은 곧 자유라는 초법적 권리(기존의 법제가 지켜주지 않고 있는 권리)를 행사하는 일이다. 식민통치를 계속하면서 특정 인구군의 수탈·퇴거·박탈을 심화시키는 정권을 보이콧하는 것은 정권의 부당성을 주장하는 일이자 정권의 범죄성을 정상성인 양 재생산하기를 거부하는 일이다.

지켜질 가치가 있는 생명과 그렇지 않은 생명을 구분하는 전쟁 논리에서 벗어나고자 한다면, 비폭력은 평등 정치의 일부가 되어야 한다. 예컨대 가시적 영역—대중매체, 그리고 최근의 달라진 각종 공론장들—에 참여하는 일은, 모두의 생명을 애도받을 만한 생명—표현을 바꾸면, 살아갈 자격, 자기 생활을 영위할 자격이 있는 생명—으로 여기게 하는 데 필요한 일이 된다. 하나하나의 생명에 애도가치가 있을 것을 요구한다는 것은 모두의 생명이 폭력, 구조적 방치, 군사적 말살 등에서 벗어나 지속적인 생활을 영위할 수 있어야 한다고 말하는 것이나 마찬가지다. 흑인·갈인 커뮤니티를 겨냥하는 경찰폭력과 이주자들을 겨냥하는 군사폭력과 불복자들을 겨냥하는 국가폭력을 때마다 정당화하는 살인적 환등상의 도식에 반대하려면, 새로운 상상계, 곧 생명들의 상호의존성을 포착해내는 평등주의적 상상계가 필요하다. 비현실적이라면 비현실적이고 무용하다면 무용하지만, 어쩌면 그런 상상계야말로 또다른 현실—도구논리에 의지하지 않는, 그리고 국가폭력을 재생산하는 인종차별의 환등상에 의지하지 않는 현실—을 존재하게 하는 한 방법인지도 모른다. 그 '비현실주의'가 바로 그런 상상계의 힘이다. 이 말은 '그런 세계에서라면 각각의 생명은 평등한 대우를 받을 만한 생명이자 평등하게 생장할 권리를 지닌 생명일 것이다'라는 뜻에 그치지 않는다(물론 그런 뜻도 당연히 긍정되어야 할 것이다). 이 말은 여기서 한발 더 나아가 '각각'의 생명이 사회적 의존적이라는 뜻(누군가의 생명은 처음부터 다른 누군가에게 맡겨져 있다는 뜻), 하지만 적절한 방안이 없으면 그렇게 생존에 필요한 의존이 착취인지 사랑인지 알 수가 없다는 뜻이다.

유의미한 연대에 동참하기 위해 우리가 서로 사랑해야 할 필요는 없다. 비판력의 출현, 그리고 비판작업 자체의 출현은, 연대라는 성가시고도 값진 관계에 의지하고 있다. 이 양가감정의 바다에서 방향타가 되는 것이 바로 양가감정을 구성하는 '감정들'이다. 우리가 연대하기 위해 안간힘을 쓰는 것은 바로 우리의 연대가 언제든 무너질 수 있기 때문이다. 비폭력이 상대방이 살고 싶어하기를 바라는 마음이 될 때, 비폭력이 '당신에게는 애도가치가 있다, 당신의 죽음은 감당 불가능한 손실이다, 나는 당신이 살아주기를 바란다, 나는 당신이 살고 싶어하기를 바란다, 부디 나의 소망을 당신의 소망으로 삼아주기를, 당신의 소망은 이미 나의 소망이 되었으니까'라고 말하는 방식이 될 때, 그때야 비로소 우리는 비판적 공유지에서 생존할 기회를 얻을 수 있다. '나'는 당신이 아니지만, '당신'이 없으면 이런 나를 생각할 수 없다(당신을 잃으면 세계를 잃게 되고 지속 가능성을 잃게 된다). 우리가 분노에 사로잡혀 있든 사랑에 빠져 있든(우리를 잇는 끈이 분노하는 사랑이든 전투적 평화주의든 공격적 비폭력이든 급진적 생존이든), 우리가 그 이어짐을 살아낼 수 있기를, 살아 있는 이들과 함께 살아가면서 죽은 이들을 똑똑히 기억할 수 있기를, 집단행동이라는 험하고 짜증스러운 길, 운명의 그림자길로 다닐지라도, 슬픔과 울분의 한복판에서 생존을 입증/시위할 수 있기를 바라자.

옮긴이의 말

평등을 상상하는 철학

『비폭력의 힘』(2020)은 그리 길지 않은 책이지만, 이 책에서 펼치는 주장은 상당히 크다. 인간들이 이 세계에서 함께 살아가기 위해서는 완전히 새로운 방식, "급진적 평등"의 방식을 상상해내야 하리라는 것이 그 주장이다. 주장이 큰 만큼, 새로운 의미로 사용되는 개념들도 많다. 예를 들어 "비폭력"은 흔히 어떤 집단의 투쟁 전략, 또는 어떤 개인의 윤리 규범 같은 것으로 이해되는 경우가 많지만, 이 책에서 "비폭력"은 그보다는 탈개인적 차원에서 구상되는 어떤 바람직한 존재방식 같은 것에 가깝다. 나중에 이 책의 비폭력 개념에 대해서 부연해달라는 요구를 받았을 때 버틀러가 좌파의 전술적 폭력을 다시 한번 비판했던 것도 그런 맥락에서였던 듯하다.*

---

* 이 책이 출간된 직후에 저명 저널리스트 겸 액티비스트 마샤 게센Masha Gessen

『비폭력의 힘』은 이렇듯 크고 이상적이면서 동시에 명시적으로 정치적이라는 점에서 이례적인 철학서라 하겠지만, 어쨌든 이 책의 분야는 철학이고 이 책이 비폭력의 힘을 말하는 방식은 철저한 개념적 논증이다. 물론 각 챕터의 논의는 어느 정도 독립적이지만, 대담하면서도 치열한 논증으로부터 묵직하면서도 후련한 결론이 도출된다는 점은, 폭력을 비판할 때 왜 개인주의를 비판해야 하며 개인주의를 비판할 때 왜 자립한 성인 남성으로 형상화된 개인 개념을 비판해야 하는가를 보여주는 1장, 취약성과 상호의존성이 사회적 유대관계의 불가피한 속성임을 밝혀내는 2장, 폭력과 비폭력 사이의 관습적 구분이 사회적 주류의 망상임을 증명하는 3장, 정신분석학에서 주로 병리적 징후와 연결되는 충동들이 평등주의적 상상계의 동력이 될 가능성을 타진하는 4장을 모두 아우르는 특징이다.

에 의해 진행된 버틀러 인터뷰 「주디스 버틀러는 우리의 분노를 다시 빚으로라고 한다Judith Butler Wants Us to Reshape Our Rage」가 〈뉴요커〉에 실렸는데, 이 글에서 버틀러는 "나는 '어떤 상황에서도 절대 폭력을 행사하지 않겠다'라고 말하는 완전히 정신 나간 이상주의자는 아니다. 오히려 나는 질문을 '우리가 함께 만들려고 하는 것은 어떤 종류의 세상인가?'로 바꾸어보려고 하고 있다. 좌파인 내 친구 몇몇은 폭력 전술이 자기네가 원하는 세상을 만드는 방법이라고 믿는다. 그 친구들은 자기네가 원하는 결과가 실현되면 폭력도 사라지리라고 생각한다. 하지만 그들은 그저 이 세계에 더 많은 폭력을 가져왔을 따름이다"라고 했다. 게센은 이 인터뷰 중 한 질문에서 버틀러의 "비폭력"을 가리켜 "살아가는 일의 사회철학"이라고 하기도 했는데, 기사가 나온 뒤 게센은 자신의 일부 팬들로부터 이례적으로 온건한 인터뷰였다는 비판을 받았다. https://www.newyorker.com/culture/the-new-yorker-interview/judith-butler-wants-us-to-reshape-our-rage 참조.

* * *

『비폭력의 힘』의 저자 주디스 버틀러는 60대 중반의 철학자이
자 활동가로 여러 분야에서 영향력을 행사해온 인플루언서지만,*
지금도 버틀러라고 하면 30년 전에 나온 『젠더 트러블』(1990)이
가장 먼저 떠오르는 것이 사실이다.** 『비폭력의 힘』을 포함하는
버틀러의 모든 저작들과 활동들에 『젠더 트러블』의 아우라가 드리
워져 있는 것만 같다. 그래서였을까, 이 두 저작이 어떻게 연결될
수 있을지에 대한 궁금증, 그리고 비슷한 궁금증을 느낄 독자들에
게 뭔가 답을 내놓아야 할 것 같은 부담감이, 『비폭력의 힘』 작업
내내 역자의 마음을 불편하게 했다. 『젠더 트러블』을 정독하고 버
틀러의 이후 저작들의 전체적 의의를 정리한다는 것은, 물론 역자
의 역량을 턱없이 벗어나리라는 의미에서 작업 불가능한 과제였
다. 그러다 마주친 영상 자료 두 편이 있었다. 역자의 궁금증을 많
이 해소해준 자료들인 만큼, 두 자료의 내용과 분위기를 간단하게
나마 독자들과 공유하고 싶다.

---

* 학문적 권위를 인정받으면서 학계 담론을 주도하는 강단 학자인 동시에 엄청난 대
중적 인기를 누리는 공론장의 지식인이라는 버틀러에 대한 흔한 소개말이, 국내 독
자들에게는 EBS의 〈위대한 수업: 주디스 버틀러 편〉(방송: 2021년 9월 21~27일)
을 계기로 불필요해진 것 같다.

** 위에서 인용한 〈뉴요커〉 기사에서 마샤 게센이 『젠더 트러블』과 함께 버틀러
의 주저로 꼽는 책은 『혐오 발언*Excitable Speech: A Politics of the Performative*』
(1997), 『윤리적 폭력 비판*Giving an Account of Oneself*』(2005), 『지상에서 함께
산다는 것*Parting Ways: Jewishness and the Critique of Zionism*』(2012)이다.

그중 하나는 철학자 버틀러를 집중 조명한 프랑스 감독 파울레 자제르만Paule Zadjermann이 2006년에 내놓은 50여 분짜리 다큐영화다.* 한 소개글**에 따르면, 이 영화는 "버틀러라는 교육자 겸 저자와의 근거리에서의 개인적 만남이다. 이 영화에는 버틀러와의 인터뷰가 다수 포함되어 있고, 강의실에서의 모습, 대중 강연장에서의 모습, 동료 연구자와 대화를 나누는 모습 등도 담겨 있다. 젠더와 섹슈얼리티는 어떻게 다른가?*** 가족은 성별 역할을 어떤 방식으로 규정하는가? 사회가 성별 규범을 강요하는 것에 어떠한 위험이 있는가? 그렇게 강요된 역할을 위반하는 사람들이 사회적으로 뿌리깊은 공포증을 유발한다면 그것은 어떤 종류의 공포증인가? 등등의 주제들, 그리고 그 밖에 많은 주제를 탐구하는 영화다." 『젠더 트러블』의 여러 가지 가능한 기원들을 버틀러의 육성으로 들을 수 있다는 점****과 『젠더 트러블』과 이후 작업들에 대한 버

---

* 영어 제목은 Judith Butler: Philosophical Encounters of the Third Kind(주디스 버틀러: 제3류의 철학적 만남들), 프랑스어 제목은 Judith Butler, philosophe en tout genre(주디스 버틀러, 모든 젠더/장르의 철학자)다. 한국에서는 2008년 서울국제여성영화제에서 〈주디스 버틀러: 제3의 철학〉이란 제목으로 상영되었다.

** https://icarusfilms.com/if-judi 참조.

*** 젠더gender와 섹슈얼리티sexuality는 맥락에 따라서 다양하게 옮겨질 수 있지만, 이 영화에서는 각각 남성, 여성, 제3의 성 등의 상위 개념과, 이성애·동성애·양성애·무성애 등의 상위 개념으로 사용된다: "흔히 사람들은 특정 젠더라면 특정한 섹슈얼리티를 가졌다고 생각합니다. 하지만 우리는 젠더와 섹슈얼리티가 그런 식으로 연결되어 있지 않음을 물론 알고 있습니다. 당신은 여성이면서 이성애자일 수도 있고 양성애자일 수도 있고 레즈비언일 수도 있습니다. 섹슈얼리티가 전혀 없을 수도 있지요(웃음)."

**** 이 영화에서 버틀러는 미국에 동화된 유대인 가정에서 성장하면서 가족들을 통

틀러 본인의 생각을 들어볼 수 있다는 점*이 반갑기도 하고 신기
하기도 하다.

공유하고 싶은 또 한 자료는 애스트라 테일러 감독의 〈성찰하는
삶Examined Life〉** 중 버틀러 섹션이다. 이족 보행자 주디와 휠체

해 주류 정체성의 형성과정을 목격한 일, 청소년기에 또래 여성들과 감정적으로 강
도 높은 관계를 맺으면서 성적 지향에 대한 사회적 낙인과 공포심과 거부감을 느
꼈던 일, 페미니즘을 학문적으로 구상하면서 시몬 보부아르의 『제2의 성』(1949)
에 나오는 유명한 문장—"여자로 태어나는 것이 아니라 여자가 되는 것이다"—으
로 되돌아갔던 일 등등이 『젠더 트러블』의 기원적 사건이 되었을 가능성을 언급한
다. 예를 들어, 버틀러가 다음과 같은 내용을 말하는 장면이 있다: "그때부터 나는
그 문제, 되기의 문제에 대한 글을 쓰기 시작했다. 나는 궁금했다. '정말 여자가 되
기는 되는 것일까? 여자는 끝없는 되기가 아닐까? 끝나지 않는 되기, 완결도 없고
목표도 없는 되기가 아닐까?' 생각이 이어졌다. '그렇다면 다른 성별에도 같은 말을
해볼 수 있지 않을까? 남자로 태어나는 것이 아니라 남자가 되는 것이라고 할 수 있
지 않을까? 태어날 때는 남자니 여자니 하는 성별과 함께 태어나지만 시간이 가면
서 남자도 아니고 여자도 아닌 존재가 되어가는 것이라고 할 수는 없을까?' 그러면
서 나는 이 되기 개념이 수많은 방향으로 뻗어나갈 수 있으리라고 느꼈다. 나중에
『젠더 트러블』의 핵심이 될 테제들이 정식화되기 시작한 것은 그때부터다."(정확한
번역은 아니다. 영화의 대사를 글로만 읽게 된 독자들을 위해 생각의 흐름을 다소
굵게 각색했다. 영화를 볼 독자가 있다면 미리 양해를 구한다.)

* 버틀러가 이런 내용을 말하는 대목이 있다: "나는 계속 같은 문제들로 돌아오되,
다른 방식으로 놀아오고, 다른 맥락에서 놀아온다. 학위논문에서는 헤겔에 나오는
욕망과 인정에 대해서 썼고, 『젠더 트러블』에서는 그 질문을 다르게 던졌다. 『젠더
허물기』에서는 또 다르게 던졌다. 같은 질문을 다른 맥락에서 다시 생각해본다고
할까. 예컨대 애도의 문제를 성별과의 관계 속에서, AIDS와의 관계 속에서 묻기도
하고, 이라크 전쟁과의 관계 속에서 묻기도 한다. 어떤 사람에게 애도받을 가능성
이 주어져 있는지. 어떤 생명에게 애도가치가 주어져 있는지. 여기서 보이지 않는
사람은 누구인지. 다시 던져진 질문은 더 깊어지면서 더 복잡해진다."

** 현역 철학자들이 직접 출연해서 자신의 철학을 설명하는 옴니버스 형식의 다
큐멘터리 영화다. 이 영화의 내용을 단행본으로 정리한 것이 Astra Taylor,

어 보행자 서니가 함께 산책하며 대화하는 그 시간이, 역자에게는 영화 감상 인생에서 가장 유익한 15분이었다. 그중에서도 이른바 장애와 젠더가 연결될 가능성, 흩어져 있는 움직임들과 목소리들이 힘을 합칠 가능성을 예감케 해주는 마지막 5분은, 마치 평등주의적 상상계의 필요성을 논증하는 『비폭력의 힘』의 신체적 구현인 듯했다. 각각 2006년과 2008년에 나온 영화들이지만, 역자에게는 『비폭력의 힘』으로 정리될 사유들이 이미 모두 여기에 있다고 느껴졌다.

버틀러의 동영상을 한국어로 시청하고 싶다는 소망은 마침 이 책이 나오기 몇 달 전, 2021년 9월 EBS 〈위대한 수업〉 기획 덕분에 드디어 실현되었다. 방영을 앞두고 버틀러와 EBS로 쏟아진 혐오 발언들이 기대에 차 있던 시청자들에게 우려를 불러일으키기도 했지만,* EBS 방송을 전후로 영국 신문 〈가디언〉에 실린 두 기사—버틀러 인터뷰**와 버틀러의 기고문***—가 젠더 논의의 전 지

Examined Life: Excursions With Contemporary Thinkers, The New Press, 2009(한국어판: 애스트라 테일러 엮음, 『불온한 산책자』, 한상석 옮김, 이후, 2012)이다.

* '차별금지법'을 대표 발의한 장혜영 국회의원이 〈여성신문〉에 기고한 「국회에도 〈위대한 수업〉이 필요하다」: http://www.womennews.co.kr/news/articleView.html?idxno=216420 참조.

** 'We need to rethink the category of woman(우리는 여성이라는 범주를 재고할 필요가 있다)': https://www.theguardian.com/lifeandstyle/2021/sep/07/judith-butler-interview-gender 참조.

*** 'Why is the idea of "gender" provoking backlash the world over?(왜 "젠더" 개념이 전 세계적으로 백래시를 유발하고 있는가?)': https://www.

구적 맥락을 짚어준 덕분에, 버틀러가 지지하고 참여하는 교육 프로그램들과 저항 운동들이 국내에서뿐만 아니라 전 세계에서 차별 세력들의 폭력 앞에 노출돼 있다는 것이 확인되기도 했다. 『비폭력의 힘』「서론」에서 버틀러가 우리에게 얼마나 시급한 과제를 내준 것인지도 함께 확인되었다.

> 우리의 전장은 정치적으로 큰 힘을 행사하고 있는 환등상들의 한복판이다. 이런 입장들의 농간과 전략을 폭로하기 위해 우리는 폭력이 피해망상과 혐오에 물들어 있는 방어논리의 차원에서 어떻게 재생산되는지를 간파할 수 있는 진지를 마련해야 한다.(본문 40쪽)

그 사유의 진지를 마련하고 있는 독자들에게 역자의 번역이 부디 걸림돌이 아니기를 기도한다.

* * *

역자를 믿고 작업을 맡겨주시고 작업 내내 크고 작은 걸림돌들을 걷어내주신 송지선 책임편집자님께 가장 크게 감사드린다. 초고 교정작업을 맡아주신 황지연 편집자님께도 뒤늦게 감사드린다.

---

theguardian.com/us-news/commentisfree/2021/oct/23/judith-butler-gender-ideology-backlash 참조.

최종 수정작업에 동행해시주고 철학 읽기의 기쁨과 보람을 공유해주신 김건우 배우님, 박상희 화가님, 이다울 작가님, 현지수 배우님, 황희수 작가님께 감사와 존경을 보낸다. 모일 공간을 제공해주신 라블레 서점의 번창을, 그리고 책 읽는 인간들을 환영해주시는 마일로 님의 건강을 기원한다.

2021년 가을
김정아

찾아보기

지은이 주디스 버틀러

미국의 페미니스트 철학자이자 젠더이론가. 1984년 예일대에서 프랑스 철학에서의 헤겔 해석 연구로 박사학위를 받았다. 현재 버클리 소재 캘리포니아대학에서 비교문학 및 비평 이론을 가르치고 있다. 페미니즘 내부의 가부장적 이성애 중심주의를 비판하며 젠더 수행성 이론을 개진한 역작 『젠더 트러블』(1990)로 크게 주목받았다. 최근에는 퀴어이론 및 페미니즘 담론에서 더 나아가 정치철학, 윤리학, 사회학적 분석을 통해 인간으로서의 삶의 가능성과 공동체의 윤리를 성찰하는 실천적 연구에 매진하고 있다. 오늘날 가장 영향력 있는 철학자로 평가받으며 젠더 및 성소수자 권리운동, 불법체류자·난민 등 사회적 약자를 위한 인권운동, 인종차별 반대운동, 신자유주의 저항운동 등 다양한 분야에서 목소리를 내고 있다. 여러 대학에서 명예학위를 수여받았고, 2012년 아도르노상을 받았다. 저서로 『혐오 발언』(1997), 『권력의 정신적 삶』(1997), 『안티고네의 주장』(2000), 『젠더 허물기』(2004), 『위태로운 삶』(2004), 『윤리적 폭력 비판』(2005), 『주디스 버틀러, 지상에서 함께 산다는 것』(2012), 『연대하는 신체들과 거리의 정치』(2015) 등이 있다.

옮긴이 김정아

에밀리 디킨슨의 시로 영문학 석사학위를, 소설과 영화의 매체 비교 연구로 비교문학 박사 학위를 받았다. 옮긴 책으로 『자살폭탄테러』 『발터 벤야민, 사진에 대하여』 『발터 벤야민과 아케이드 프로젝트』 『발터 벤야민 평전』 『발터 벤야민 또는 혁명적 비평을 향하여』 『3기니』 『버지니아 울프라는 이름으로』 『아카이브 취향』 『역사: 끝에서 두번째 세계』 『미국 고전문학 연구』 『감정 자본주의』 『슬럼, 지구를 뒤덮다』 『마음의 발걸음』 『걷기의 인문학』 『폭풍의 언덕』 『오만과 편견』 『사랑한다고 했다가 죽이겠다고 했다가』 『카프카의 마지막 소송』(근간), 『프닌』(근간), 『센티멘털 저니』(근간) 등이 있다.

비폭력의 힘
윤리학-정치학 잇기

1판 1쇄 2021년 11월 30일
1판 2쇄 2021년 12월 30일

지은이 주디스 버틀러 ┃ 옮긴이 김정아

기획 및 책임편집 송지선 ┃ 편집 박아름 황지연
디자인 최윤미 이주영 ┃ 저작권 박지영 이영은 김하림
마케팅 정민호 양서연 박지영 안남영
홍보 김희숙 함유지 이소정 이미희
제작 강신은 김동욱 임현식 ┃ 제작처 천광인쇄사(인쇄) 경일제책사(제본)

펴낸곳 (주)문학동네 ┃ 펴낸이 염현숙
출판등록 1993년 10월 22일 제406-2003-000045호
주소 10881 경기도 파주시 회동길 210
전자우편 editor@munhak.com ┃ 대표전화 031)955-8888 ┃ 팩스 031)955-8855
문의전화 031)955-2655(마케팅), 031)955-2686(편집)
문학동네카페 http://cafe.naver.com/mhdn ┃ 트위터 @munhakdongne
북클럽문학동네 http://bookclubmunhak.com

ISBN 978-89-546-8385-2 03100

www.munhak.com